U0472132

现代招商引资操作实务

（第二版）

罗熙昶 著

上海财经大学出版社

图书在版编目(CIP)数据

现代招商引资操作实务/罗熙昶著.—2版.—上海:上海财经大学出版社,2018.9

ISBN 978-7-5642-3038-8/F·3038

Ⅰ.①现…　Ⅱ.①罗…　Ⅲ.①外资利用-基本知识-中国　Ⅳ.①F832.6

中国版本图书馆CIP数据核字(2018)第110240号

□责任编辑　温　涌
□封面设计　张克瑶

现代招商引资操作实务

(第二版)

罗熙昶　著

上海财经大学出版社出版发行
(上海市中山北一路369号　邮编200083)
网　址:http://www.sufep.com
电子邮箱:webmaster@sufep.com
全国新华书店经销
上海新文印刷厂有限公司印刷装订
2018年9月第2版　2023年6月第5次印刷

710mm×1000mm　1/16　20.75印张　361千字
印数:11 501—13 500　定价:50.00元

前 言

回首过去，改革开放历经40个春秋。其间，世界经济政治格局出现了重大变化，中国在世界经济中的地位迅速上升，取得的成就举世瞩目。目前，从总体上来判断，尽管中国面临诸多矛盾叠加、风险隐患增多的严峻挑战，但是仍处于重要战略机遇期。

从国际环境来看，不稳定、不确定因素明显增多，后危机时代，世界经济在深度调整中曲折复苏，增长乏力。金融市场动荡不稳，全球贸易持续低迷，贸易保护主义强化，新兴经济体困难和风险明显加大。新一轮科技革命和产业变革蓄势待发，国际能源格局发生重大调整。

从国内环境来看，经济发展进入新常态，向形态更高级、分工更优化、结构更合理阶段演化的趋势更加明显。消费升级加快，市场空间广阔，产业体系完备，创新累积效应正在显现，综合优势依然显著。但是，仍然存在着诸多挑战，如经济增速换挡、结构调整阵痛、动能转换困难相互交织等。

新形势下，招商引资需要准确把握国内外发展环境和条件的深刻变化，积极适应、把握、引领经济发展新常态，坚持“五大发展理念”，结合具体情况，紧紧抓住国内外产业转移新机遇，提升产业能级，加快发展先进制造业和战略性新兴产业，以“大众创业，万众创新”为抓手，促进产业集聚，优化产业结构，实现区域经济健康、持续、稳定发展。

实践证明，招商引资是全球化背景下专业化分工不断深化和产业跨国、跨地区转移的结果，是企业在成本压力加大、竞争日趋激烈的背景下不断提高核心竞争力的产物。本书着眼于招商引资在新形势下所面临的新机遇与新挑战，紧紧把握国内及全球产业转移趋势，立足于地方招商引资实践，遵循科学发展观，提升招商引资人员的战略意识和综合素养，提高区域产业转移的承接能力，把招商引资工作做实、做强，为地方经济发展做出卓越贡献！

罗熙昶

2018 年 6 月于上海

目 录

第 1 章
新常态下的招商引资内涵、理念和趋势

本章将阐述如下问题:

- 后危机时代世界经济的特征是什么?
- 如何全面理解经济新常态?
- 现代招商引资的内涵是什么?
- 现代招商引资应该坚持哪些理念?
- 新常态下现代招商引资的趋势是什么?

1978 年,中国启动改革开放进程,之后近 40 年间,经济保持高速增长,成为拉动世界经济增长的强大引擎,令世人瞩目。同时,这段时间也是中国经济总体上“加产能”的周期,基本特征就是:国外市场日益扩宽,国内市场不断扩大,旺盛的内外市场需求为企业发展提供了难得的历史性机遇,由此催生了华为、联想、海尔、格力、美的等诸多知名企业。在此背景下,无论是专注于做深做强的专业化战略,还是选择多点开花的多元化战略,都涌现出很多成功的范例。

俗话说:“人无千日好,花无百日红。”2007 年 3 月,美国新世纪金融公司(The New Century Financial Corporation)被纽约证券交易所停牌,由此引发了美国次贷危机;2008 年 9 月,美国雷曼兄弟公司(Lehman Brothers Holdings Inc.)①宣布破产,次贷危机演变成一场全球性金融风暴。在此过程中,中国经济不可避免地受到冲击,高增长势头受到遏制,由此走进“新常态”。

---

① 2008 年,美国第四大投资银行雷曼兄弟由于投资失利,在谈判收购失败后宣布申请破产保护,引发了全球性金融危机。

后危机时代的世界经济

2008 年全球性金融危机之后，在各国政府强大经济刺激计划的推动下，世界经济出现复苏。之后，各国经济在复苏的进程中呈现出大量与以往危机不一样的规律和现象，其中最为典型的就是"低增长"、"低出口"，以及与"相对稳定的 CPI"并存的"长期停滞"和"新常态"。[1] 总体来看，世界经济步入后危机时代(Post Crisis Era)，呈现出两个显著特征：一是世界经济摆脱了危机期间的大幅衰退，进入相对平稳期；二是危机根源并未消除，世界经济难以恢复到危机前那样的快速增长。

世界经济进入低速增长期

后危机时代，受次贷危机、欧债危机等一系列危机的影响，世界主要经济体增长出现明显分化。发达国家方面，以美、英等为主的发达国家通过鼓励技术发展及政策创新，引领了较为强势的经济复苏；以欧元区、日本为主的国家和地区面临比较严重的通缩压力，且经济增长陷入停滞。新兴市场国家方面，全球资源能源价格的持续下跌使得俄罗斯、巴西等能源依赖型国家陷入经济衰退；以印度、土耳其等国为主的发展中国家在新领导人上任之后，立志通过经济改革来激发增长潜力。[2]

美国经济持续缓慢复苏。2016 年，美国经济在宽松货币政策、住房销售和零售稳步增长等因素推动下继续温和复苏，一季度，受气候等因素影响，需求有所减少，经济增速为 0.8%；尽管面临股市大幅下跌、新增就业放缓、企业利润下滑、汽车销量增速下降等压力，二季度，美国经济仍保持 1.4%的增速；三季度，消费者支出加大与不断改善的房地产市场以及油价上涨刺激等提振了经济，经济增速达 3.2%[3]；四季度，实际 GDP 年化季率终值为 2.1%，好于预期，主要受进口进一步改善及消费支出强劲所推动。美国 2017 年 GDP 增长率(折年率)为 2.3%，2018 年第一季度 GDP 增长率(折年率)为 2.2%(见图 1—1)。2018 年，预计美国经济将依然持续缓慢增长，劳动生产率不断改善，创新度保持活跃，成为发达经济体中的增长主力军。

欧元区经济复苏明显。欧元区内部，以德国为首的西欧和北欧国家自身经济状况良好，而以希腊为代表的南欧国家宏观经济情况较为恶化。由于政治分歧显著，导致量化宽松的货币政策推进缓慢，使得欧元区经济陷入通缩预期和增长停滞。2015 年，欧洲央行实施万亿欧元的量化宽松政策，

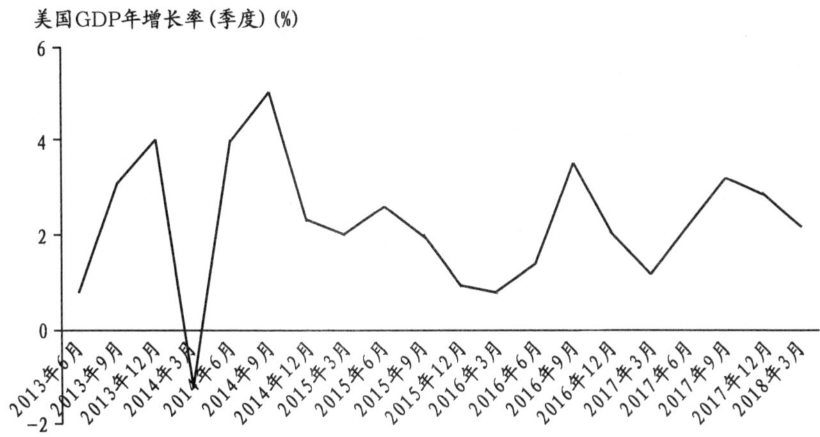

资料来源:中国金融信息网。

图1—1　2013年6月～2018年3月美国GDP季度走势(折年率)

以刺激萎靡不振的欧元区经济;2016年,由于经济数据意外上升以及企业信心调查指数走好,显示欧元区经济正处于周期性的增长(见图1—2)。施罗德①将2017年欧元区经济增长预期由原先的1.2%上调至1.5%,同时预期2018年欧元区经济增长1.8%。[4]

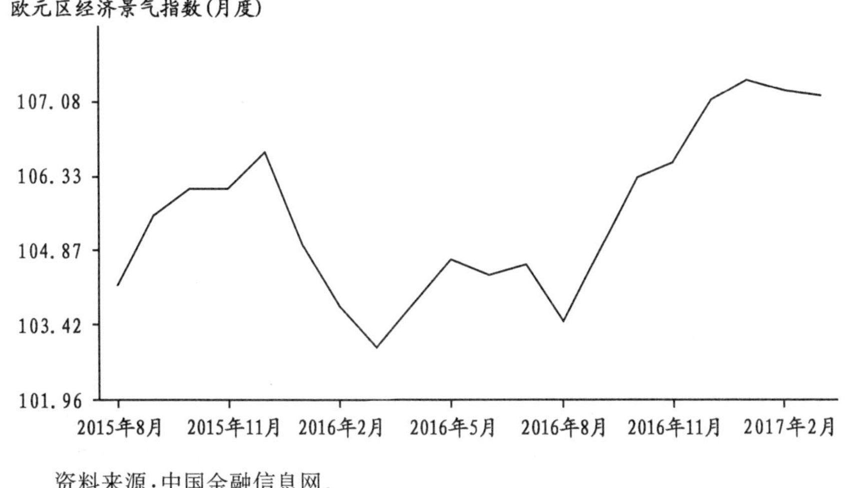

资料来源:中国金融信息网。

图1—2　2015年8月～2017年2月欧元区经济景气指数(月度)

---

①　施罗德集团(Schroders Group)于1804年成立,是国际知名资产管理集团,在全球管理资产达2 595亿美元,拥有逾200年的金融服务经验,是全球最大的上市资产管理公司之一。

日本经济增长乍暖还寒。2016 年,日本经济连续 4 个季度实现正增长:一季度,在消费恢复增长带动下,实际 GDP 环比增长 0.7%;二季度,在住宅投资和公共投资带动下,实际 GDP 环比增长 0.5%;三季度,对外贸易好转,以及 GDP 核算方式改革,即研发费用计入投资等因素,共同推高 GDP 环比增长 0.3%;四季度,受出口增长提振,实际 GDP 环比上涨 0.2%。[5] 日本央行预计,2017 年,日本的 GDP 增速将会达到 1.4%,高于 2016 年 10 月时预期的 1%(见图 1—3)。但是,受制于疲弱的消费,以及政府债务高企,日本增长的可持续性并不强,日本经济能否摆脱停滞仍不明朗。

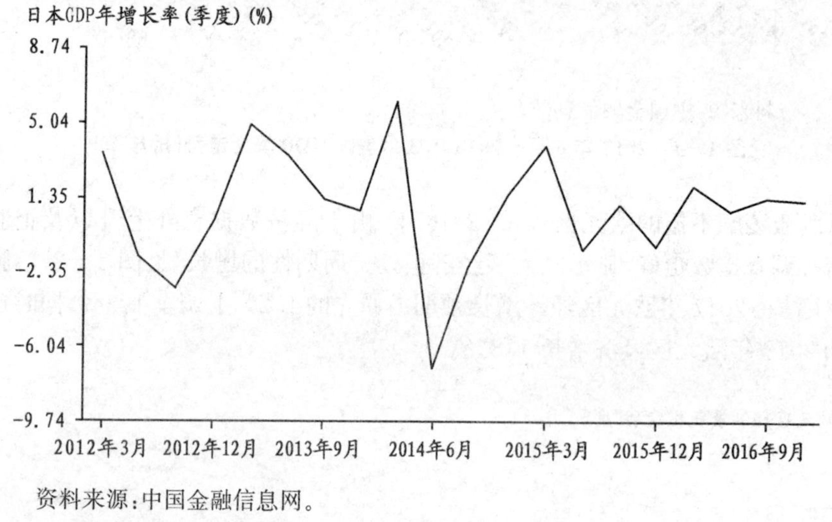

资料来源:中国金融信息网。

图 1—3 2012～2016 年日本 GDP 季度走势(折年率)

国际贸易摩擦日益增多

后危机时代,受国际金融危机影响,一些发达国家在国家经济不景气的情况下,经常借助 WTO 的某些规则的模糊性来打"擦边球",设置贸易壁垒。例如,2012 年 5 月 18 日,美国商务部决定对中国的光伏产品征收 31.14%～249.96%的反倾销税;9 月 6 日,欧盟正式启动对华光伏太阳能产品反倾销调查,范围包括晶体硅光伏组件、电池片和硅片。随着中国经济的发展,关于反倾销案件的涉及金额越来越庞大,涉及领域也越来越广泛。[6]

对新兴经济体而言,全球流动性泛滥,通货膨胀加剧,被迫采取紧缩政策,这会使其经济面临减速。在此背景下,同样严重的贸易保护主义倾向使得贸易摩擦频率持续上升。例如，2015 年，在印度对华的风力发电机组铸件案中，印度商务部最终决定对从中国进口的风力发电机组铸件征 8.78%～13.44%的反补贴税，以降低中国风电企业在印度的竞争力。

尽管短期内国际贸易摩擦和竞争加剧，但并未改变经济全球化发展趋势。

中国商务部数据显示：2016 年，27 个国家（地区）对我国发起贸易救济调查 117 起，平均每 3 天就有一起案件，涉案金额总计139.8亿美元，案件数量和涉案金额分别同比上升 34.5%和 71.5%。世界贸易组织（WTO）统计显示：中国已连续 21 年成为遭遇反倾销调查最多的国家，连续 10 年成为遭遇反补贴调查最多的国家。[7]

新兴经济体成为推动全球化的主力

国际金融危机从根本上打破了世界经济“三角平衡”格局，即“美国消费—东亚生产—中东提供能源”格局。根据博鳌亚洲论坛发布的《新兴经济体发展 2017 年度报告》，2016 年，E11 国①对世界经济增长的贡献率为 60%，经济总量占全球的份额也在持续增加，是推动世界经济增长的重要力量。

2016 年，在外贸回暖拉动下，新兴经济体通胀下行，经济表现总体趋稳，E11 国的经济增长率为 4.4%，同期世界经济增长率为 3.1%，欧盟和七国集团的经济增长率分别为 1.9%和 1.4%，远低于 E11 国的经济增长率。[8]

2016 年，新兴经济体中，中国、印度和俄罗斯经济表现较好。其中，印度方面继续保持经济高速增长的态势，印度 GDP 第四季度同比增长 7%，超出市场预期；俄罗斯方面制造业持续扩张，卢布走强、通胀下降以及国内需求增加促进俄罗斯经济活动的改善，预计俄罗斯经济将在 2017 年迎来全面复苏。巴西经历经济腐败和政治动荡考验，GDP 年增长率下跌 3.6%；南非受政治风暴影响，经济陷入螺旋式衰退，2016 年全年 GDP 同比增速仅为 0.3%，不过其经济增长已经显现出短期企稳迹象。

国际产业转移出现新趋势

传统意义上的国际产业转移，主要是基于国际产品生命周期理论。该理论认为，发达经济体（如美国、欧盟、日本、加拿大等）会逐渐将本国利润比

① 即新兴经济体 11 国，包括 G20 国当中的阿根廷、巴西、中国、印度、印度尼西亚、韩国、墨西哥、俄罗斯、沙特阿拉伯、南非和土耳其这 11 个国家。

较低的产业转移出去，利用国外廉价的生产要素（如土地、劳动力、自然资源等），实现产品的完整产业链（见图1—4）。实践中，发达经济体在产业升级的进程中，主动向发展中国家进行产业转移，既对世界经济的发展起到了巨大的推动作用，也有利于发展中国家实现产业结构优化。

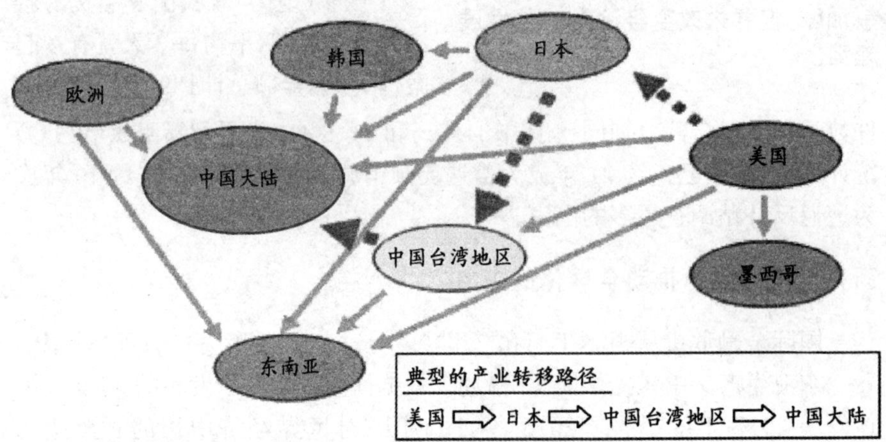

图1—4　国际产业转移路径示意图

综观各国产业发展史，无论是美国工业化、欧洲工业化，还是东亚工业化，抑或是我国的工业化进程，都在某种程度上受益于产业转移的驱动。

当前，全球新一轮产业结构调整是在经济一体化和科技进步大背景下发生的，与以往历史相比，产业结构调整范围更广、速度更快、程度更深。国际产业转移的新趋势主要表现为结构高度化、规模扩大化、周期缩短化和方式多样化。[9]

在国际产业转移新趋势下，我国有必要进一步提升改革开放水平，接轨国际先进做法，创新管理，抓住有利的战略机遇，把“引进来”和“走出去”有机结合，全面推进产业结构优化。其中，最为重要的是，围绕“丝绸之路经济带”和“21 世纪海上丝绸之路”战略，加强与“一带一路”沿线国家和地区开展经济合作，形成全方位开放新格局。

资料链接1—1　全球主导产业转移与传递速度不断加快

产业结构不断升级是工业化和现代化的必然要求，多数大型跨国公司选择进入中国产业结构升级过程中正在大力发展的产业，投资密集的行业有微电子、汽车制造、通信设备、办公用品、仪器仪表、制药、化工等，大大促进了我国产业结构升级。跨国公司的直接投资不仅能使中国获取静态经济利益，同时推动了产业转移和结构升级，造就动态经济利益。跨国投资带来的生产专业化和资源优化配置，大大促进了中国自身优势产业发展。

自工业革命以来，纺织业成为世界性产业用了200年；钢铁工业地理格局的改变至少用了70～80年；而第二次世界大战结束以来，发达国家的一些主导产业和新兴产业如汽车、家电等，在全球的转移速度已缩短至20～30年；IT产品的全球生产扩散更快，而且彻底改变了产业的地理布局和产业转移的路径。毋庸置疑，主导产业的加速转移直接促进了全球产业结构和产业格局的调整与变化。

中国经济步入"新常态"

全球化时代，中国作为积极融入全球经济的一员，也不可避免地受到金融危机的冲击，经济高增长势头受到遏制：2007年，中国经济的增速上涨到14.2%的历史高位；然而，2008年的增速急剧回落到9.6%，相对于2007年增速下跌了5.6个百分点。

中国经济在2009～2010年间短暂反弹至10.6%后，2011年起，宏观经济再次步入下降通道：2011年经济增长率为9.5%；2012年经济增长率为7.7%；2013年经济增长率为7.7%；2014年经济增长率为7.3%；2015年经济增长率进一步下跌到6.9%（见图1—5）。就目前来看，经济增长率仍处于下降通道之中，但在2017年出现了较为明显的筑底迹象。在此背景下，中国政府把2018年的经济增长目标定在6.5%左右。

2008年之后的经济危机期间，为应对经济增速下挫对社会稳定的不利影响，中国政府推出"4万亿"[①]的强刺激政策，通过房地产和基础设施建设投资来拉动经济增长。从客观效果来看，短期内，政府成功地"保"住了经济增长速度；但是，从中长期角度来看，无法给经济带来持久的增长动力。

---

① 2009年，为有效地促进经济复苏和经济增长，党中央、国务院出台"4万亿"投资计划，旨在扩大内需，拉动经济增长，以便让经济尽快地走出困境。

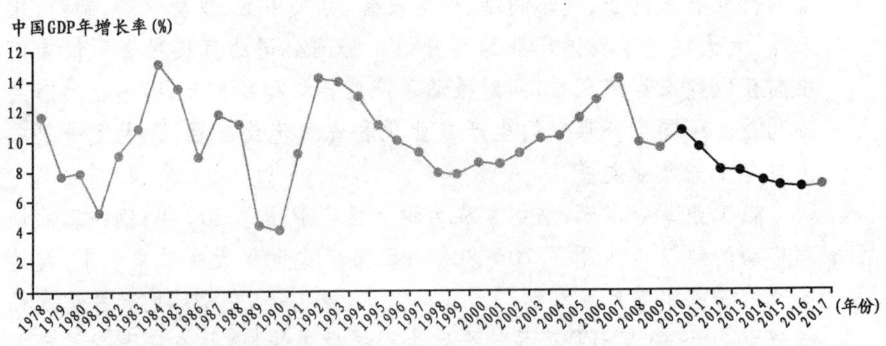

资料来源:国家统计局。

图1-5 1978~2017年中国经济增长率

资料链接1-2 中国政府"4万亿"投资计划

2008年11月5日,时任国务院总理温家宝主持召开国务院常务会议,研究部署进一步扩大内需,促进经济平稳、较快增长的措施。会议认为,近两个月来,世界经济金融危机日趋严峻,为抵御国际经济环境对我国的不利影响,必须采取灵活审慎的宏观经济政策,以应对复杂多变的形势。当前要实行积极的财政政策和适度宽松的货币政策,出台更加有力的扩大国内需求措施,加快民生工程、基础设施、生态环境建设和灾后重建,提高城乡居民特别是低收入群体的收入水平,促进经济平稳较快增长。

会议确定了当前进一步扩大内需、促进经济增长的10项措施……初步匡算,实施上述工程建设,到2010年底约需投资4万亿元。为加快建设进度,会议决定,2008年四季度先增加安排中央投资1 000亿元,2009年灾后重建基金提前安排200亿元,带动地方和社会投资,总规模达到4 000亿元。

……

会议强调,尽管我们面临不少困难,但我国内部需求的潜力巨大,金融体系总体稳健,企业应对市场变化的意识和能力较强,世界经济调整为我国加快结构升级、引进国外先进技术和人才等带来了新的机遇。只要我们及时果断地采取正确的政策措施,把握机遇,应对挑战,就一定能够保持经济平稳较快发展。

资料来源:国务院办公厅.温家宝主持召开国务院常务会议 研究部署进一步扩大内需促进经济平稳较快增长的措施[OL]. 2008-11-

9. http://news. xinhuanet. com/newscenter/2008 — 11/09/content _10331258_1. htm.

尽管学界和商界对于“4万亿”投资存在诸多争论，但是，这已经属于过去时。我们要认清的一点事实就是：在2011年前的30多年间中国经济以年均10%速度增长的态势已不复存在。

很多宏观经济指标都能够反映这一事实。例如，进出口贸易、三次产业增加值、消费和投资以及发电量等指标都在不同程度上呈现出下降态势；另外，从货币供应量、新增贷款、社会融资总额这些金融指标来看，其增长速度也在下降；同时，另一个反映经济情况的总量指标——克强指数①——也呈现出快速下降趋势，从2010年的最高值19.1%，快速下降到2014年的5.83%。

目前，中国经济出现了新情况，面临新的问题。理论界、政界和商界提出一种为各界所接受的判断：中国经济走进了“新常态”。

新常态下的中国经济，很多行业②正在经历严重的产能过剩③，并开始步入痛苦的去产能过程。通常情况下，健康的、能够产生利润的产业，产能利用率应当大于85%，但是，依据IMF的测算，中国全部产业产能利用率不超过65%。

当前以及今后相当长一段时间内，分析和研判中国宏观经济形势，必须全面、深入地理解和认识“新常态”。新常态下，国内经济发展速度由高速切换到中速④，同时增长动力源、产业结构都会出现较大调整（见图1—6）。

中国经济新常态的提出

2014年5月，习近平总书记在河南考察时指出：“我国发展仍处于重要战略机遇期，我们要增强信心，从当前中国经济发展的阶段性特征出发，适应新常态，保持战略上的平常心态。”

2014年11月，习近平总书记在亚太经合组织（APEC）工商领导人峰会

① 用于评估中国GDP增长量的指标，它是耗电量、铁路运货量和银行贷款发放量3种经济指标的结合。该指数是由英国著名的《经济学人》创造的，该杂志认为，克强指数比官方GDP数字更能反映中国经济的现实状况。

② 产能过剩集中于地产产业链，以重工业为主，当外需从涨潮到退潮，房地产新开工长周期下降和债务扩张的空间受限，重工业产能过剩矛盾开始凸显。

③ 欧美等国家一般用产能利用率或设备利用率作为产能是否过剩的评价指标。设备利用率的正常值为79%～83%，超过90%则认为产能不够，有超设备能力发挥现象。若设备开工低于79%，则说明可能存在产能过剩的现象。

④ 不会低速，预计在相当长一段时间内，国内生产总值增速会保持在6.5%以上。

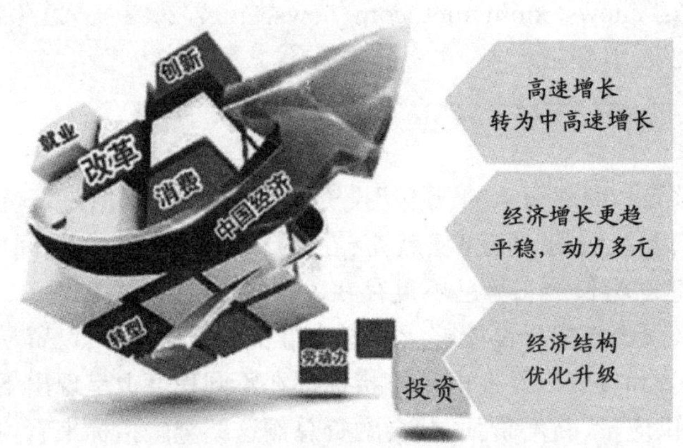

图 1—6　新常态下中国经济发展的动力与趋势

上首次系统阐述了中国经济“新常态”。他认为：“中国经济呈现出新常态，有几个主要特点：一是从高速增长转为中高速增长；二是经济结构不断优化升级，第三产业、消费需求逐步成为主体，城乡区域差距逐步缩小，居民收入占比上升，发展成果惠及更广大民众；三是从要素驱动、投资驱动转向创新驱动。”

新常态是对经济极其重要的表述，它涵盖了承上启下的两重意思：一方面，这种表述不是凭空而来的，它是之前几年，尤其是 2008 年以来，对中国经济实际运行情况的概括与总结，中国经济增长放缓是一种客观事实；另一方面，表明未来中国经济不可能回归到 10%以上的高增长状态，中高速增长更加适合中国经济的实际情况，去产能、调结构、稳增长相辅相成。

新常态经济下的机遇

新常态下，中国经济的新机遇包括可观的经济绝对增量、多元化的增长动力、日益优化的经济结构、以“简政放权”为核心的制度环境改善等。

2013 年，习近平总书记在中央经济工作会议上指出：“我国发展仍处于重要战略机遇期的基本判断没有变，但面对日趋严峻的国际经济形势和国内改革发展稳定的繁重任务。重要战略机遇期的内涵和条件发生很大变化，但发展仍然具备难得的机遇和有利条件。”

新常态背景下，企业面临的重要机遇可以归纳如下：

(1)中国经济总量仍会持续增长

2010 年，中国经济总量即超越日本，成为仅次于美国的世界第二大经济体。2015年,国内生产总值67.67万亿元(10.42万亿美元),同比增长6.9%,尽管6.9%的增速相比之前有了较大的回落,但是实际增长量并不小,2015年GDP总量比2014年增加4万亿元人民币以上,对世界经济增长贡献仍在25%以上,巨大的经济增量为拉动全球经济增长作出了巨大的贡献。2016年,GDP突破70万亿元,达到74.4万亿元,增长速度为6.7%,尽管增长速度进一步降低了,但也达到了政府工作报告中设定的6.5%~7%的增长目标。2017年,GDP达到82.7万亿元,增速为6.9%,经济表现出色。

(2)经济增长动力来源更趋于多元化

中国传统经济增长的动力主要来源于高投资率、出口的快速增长以及丰富的人口红利。"新常态"经济下,尽管传统的经济增长动力都有所弱化,但是增长动力来源更加多元化,包括新型工业化、城镇化、消费升级、科技创新等。

例如,就消费升级而言,中国目前的社会消费正从生存型消费向享受型消费、发展型消费方向转变(见图1—7)。信息消费、休闲旅游、文化娱乐、医疗保健的消费比重将大幅上升,国内消费需求的增长将为中国经济发展提供更大的动力。

• 传统制造业:钢铁、水泥、石化、工程机械、耐用消费品

• 经济增长引擎:银行、房地产、基建

• 新消费相关产业:传媒、食品饮料、新农业、医疗/养老

• 新兴产业:新能源/新材料、TMT、生物科技、高端装备

注:随着中国产业结构的优化升级,消费成为新的增长点,消费升级成为新方向。

图1—7 消费升级成为未来发展方向

(3)中国经济结构不断得到优化和升级

近年来,第三产业持续快速发展,规模不断扩大,对吸纳就业、促进发展起到了重要的作用。2013年,第三产业增加值增长8.3%,占国内生产总值比重达到46.1%,首次超过第二产业,这标志着产业结构发生了历史性变化，这主要得益于强劲的服务业和消费业的发展。另外，从产业来看，节能环保、新一代信息技术、新能源、高端装备制造、新材料等战略性新兴产业发展加快，“科技进步和创新”已成为我国加快转变经济发展方式的重要支撑。

2015 年，随着“十三五”规划出台，“互联网＋”、“一带一路”、深化金融体制改革、产业转型升级等国家战略相继实施，国民经济实现平稳增长；并购市场也呈现出持续火爆态势，全年完成交易案例数量为 4 156 起，同比上升 33.16%，完成交易规模 3 160.8 亿美元，同比增长 56.37%，交易活跃度与规模量双创新高。[10]

2016 年，随着“全面深化改革”、“中国制造 2025”、“互联网＋”等战略的推进，在我国产业周期性转换的大环境下，产业协同和传统产业转型升级成为并购市场的主导方向（见图 1—8）。这些情况表明，中国经济结构正在发生深刻变化，质量更好、结构更优。

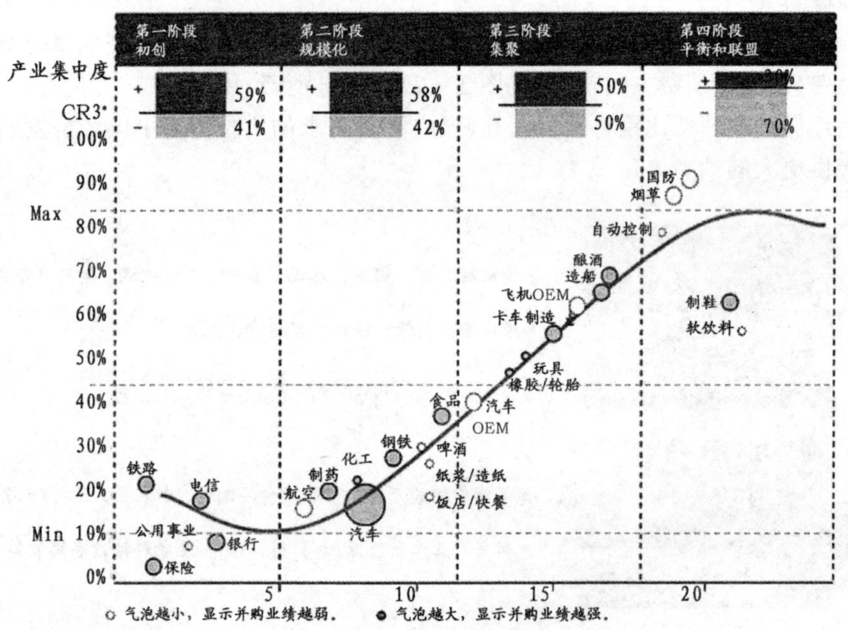

注：根据 AT 科尔尼对 2016 年间 1 345 起并购案例的研究发现，大多数行业可以按照一种可预测的方式周期性发展。随着中国经济市场化程度提高，很多行业进入并购高发周期。

图 1—8　行业周期性发展

（4）中国政府大力推进简政放权，进一步激发市场活力

2013 年 11 月，中国共产党第十八届三中全会首次明确提出，要让市场

在资源配置中起决定性作用。李克强总理在上任之初即承诺，本届政府要将国务院各部门的1 700多项行政审批事项砍掉1/3，该目标于2014年年底就已提前完成。

之后，李总理在2015年的政府工作报告中承诺：全部取消非行政许可审批。在2015年，国务院发布有关简政放权的文件55个，不仅全面清理了453项非行政许可审批事项，而且首批取消62项中央指定地方实施的行政审批事项。

资料链接1—3 简政放权是一场效能革命

2014年国庆节前夕，国务院常务会议修订政府核准投资项目目录，缩小核准范围，把投资决定权更多留给企业。至此，新一届中央政府已在半年多内取消、下放行政审批事项221项。与此同时，各地纷纷推出以简政放权为标志的改革新举措，激发市场和社会活力的成效正在进一步显现。

改革，从一定意义上说就是一场革命。简政放权，无异于政府自我革命。习惯了审批式的管理，要大幅度减少审批事项，相关人员难免会感觉不适应，甚至失落。但是，“中国要前进，就要全面深化改革开放”，习近平总书记近日在亚太经合组织工商领导人峰会上的论断代表了全党、全国人民对深化改革必要性的共识和决心。可以预见，即将召开的党的十八届三中全会，将对全面深化改革作出总体部署，统筹推进经济、政治、文化、社会、生态文明建设等领域的改革，为经济发展增添新动力。

……

北京市政府有关部门征集梳理的群众反映强烈的10个突出问题中，排在前面的便是行政审批、行政许可过多，程序烦琐。可见，以简政放权为突破口推进政府职能转变，符合发展实际，顺应人民意愿。

简政放权不是简单地一放了之，而是要以法律为依据，以服务经济社会发展、服务人民群众为目标，建设法治政府、责任政府、服务型政府，把该放的权力放掉，把该管的事务管好，提高社会主义市场经济条件下的行政效率和能力。这就要求政府在放权的同时，加强管理和监督，确保市场、社会依法有序地运行，保障和改善民生，维护社会公平正义。

……

资料来源：新华时评：简政放权是一场效能革命[OL]. 新华网，

2014－3－5. http://news.xinhuanet.com/politics/2013－10/09/c_117636641.htm.

新常态经济下的挑战

中国经济进入新常态之后，不仅面临新机遇，同时也不可避免地遭遇到诸多新挑战。

(1)新常态下经济增长明显放缓

当前的国际、国内经济环境决定了经济增速放缓，这也符合经济发展的内在规律。但是，这会给中国经济带来极大的挑战，因为过去高速增长时期积累的各种矛盾和问题，会在经济增速放缓后暴露出来。比如说，经济增速放缓使得财政收入增幅减少，进而给住宅、教育、医疗、养老等重大民生问题的财政支出带来巨大的压力，能否妥善应对这些矛盾和问题直接影响到我国的社会稳定。

(2)随着人口红利①的消失，经济增长面临更大挑战

传统经济增长以低廉劳动力、高投资、高出口为特征，在新常态下面临更大的挑战。原有增长动力快速弱化，新生增长动力尚未成熟，在这个新旧转换过程中，必然会面临巨大的“阵痛”和压力。

(3)中国经济内外部环境更加严峻

处于结构调整阵痛期和增长速度换挡期，支撑产业发展的要素条件发生变化，不稳定、不确定因素增多，经济运行面临的内外部环境更加复杂严峻。曾经作出“突出”贡献的传统产业面临“去产能”②调整，新、旧动力的接续转换不可能一蹴而就，七大新兴产业③尽管快速崛起，但其增量尚难以抵消传统行业的衰减，这种产业结构调整也给中国经济带来了巨大挑战。

同时，新常态下，企业生存压力增大，面临更多的巨大挑战，进而导致企业利润率、业务增长和市场价值出现下降或放缓(见图1－9)。

---

① 人口红利是指一个国家的劳动年龄人口占总人口比重较大，抚养率比较低，为经济发展创造了有利的人口条件，整个国家的经济呈现出高储蓄、高投资和高增长的局面。

② 去产能，即化解产能过剩，是指为了解决产品供过于求而引起产品恶性竞争的不利局面，寻求对生产设备及产品进行转型和升级的方法。

③ 七大新兴产业，指国家战略性新兴产业规划及中央和地方的配套支持政策确定的7个领域(23个重点方向)，具体为节能环保产业、新兴信息产业、生物产业、新能源产业、新能源汽车产业、高端装备制造业和新材料产业。

- 产品同质性高，可替代性高
- 市场竞争激烈，供大于求
- 产能过剩，价格下降
- 新的竞争对手不断涌现，产业生态日益恶化
- 现有业务/产品的市场规模增长放缓，甚至出现萎缩
- 客户期望更好的产品或服务
- “互联网+”给行业带来迅速变化
- ……

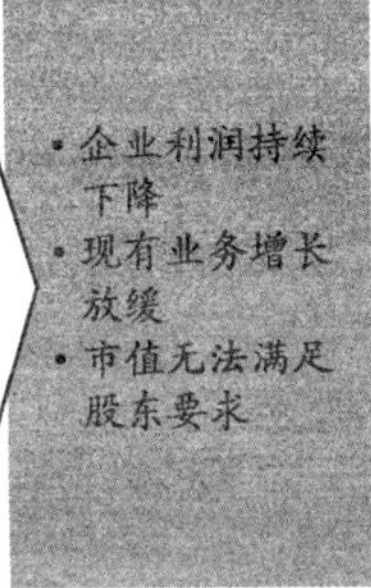

图 1—9　新常态下企业面临的关键挑战

全面深入理解经济新常态

研究宏观经济，尤其是中国宏观经济，需要从总体上去把握，不能拘泥于具体的经济数字。[11]很多人单纯从“经济”角度来研究宏观经济，结果不甚理想。对于中国经济来讲，也要研究其“政治”性；也就是说，要从“政治”角度来研究经济，当前经济新常态就包括了“经济性”和“政治性”。对于中国经济新常态来讲，我认为至少应从以下 3 个维度来理解和把握(见图 1—10)。

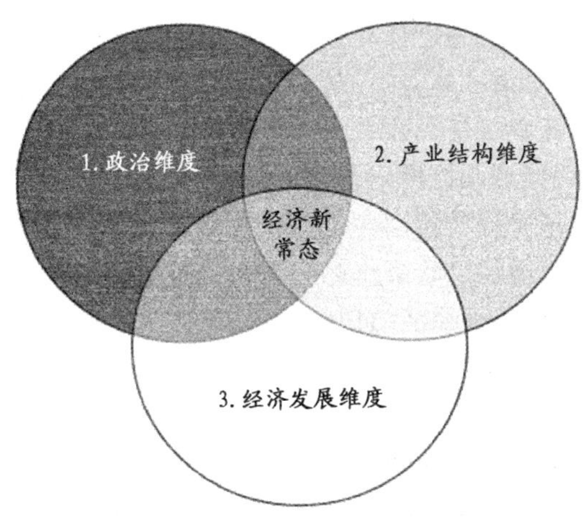

图 1—10　理解经济新常态的三个维度

(1)新常态是中国最高领导人对中国经济发展所作出的准确判断

后危机时代，国内面临着“三期叠加”①，在这种经济运行环境下，习近

① 三期叠加具体包括：增长速度换挡期，是由经济发展的客观规律所决定的；结构调整阵痛期，是加快经济发展方式转变的主动选择；前期刺激政策消化期，是化解多年来积累的深层次矛盾的必经阶段。

平总书记在调研时强调:“从当前我国经济发展的阶段性特征出发,适应新常态,保持战略上的平常心态。”

中国经济进入新常态,由快速发展向质量和效益的增长转变,当改革处于深水区的时候,更加需要战略眼光和战略定力,用改革的红利继续释放支撑中国经济可持续增长的动力,现阶段需要改革创造一个良好的空间和环境。

企业的任务就是适应新常态,进而引领新常态。新常态会伴随着新矛盾、新问题,一些潜在风险渐渐浮出水面。

(2)经济新常态最重要的就是要调整结构,实现经济再平衡

1978 年至 2012 年,中国最终消费占比从 62%下降至 49.5%,资本形成从 38.2%上升至 47.8%。由于投资的增速仍然要显著高于消费的增速,这种不平衡显然仍在延续。

未来中国经济再平衡的逻辑是:一方面,最终消费[①]比重将提升。从日、韩的经验来看,最终消费的提升是缓慢的,大约每年提升 0.4%,按照该数据计算,经过 10 年时间,中国最终消费比重大约会提升到 53%左右的水平。从消费结构来看,居民消费将从非耐用品消费向耐用品和服务消费升级,从贸易品向非贸易品和服务升级。另一方面,投资比重将下降。基建、制造业和房地产是过去 30 年推动中国投资抬升的主要因素。不过由于基建资本存量已经较高、房地产库存规模巨大、制造业产能过剩严重,这几方面因素都不支持投资继续攀升。

(3)新常态下宏观经济调控将用更多元的指标引导中国经济稳健发展

新常态对宏观经济调控提出了新的要求,从主要依赖政府干预转变为依靠市场主体,从依赖释放流动性变为依靠转变经济增长方式和优化经济结构。同时,注重宏观经济政策目标的多元化与长短期的结合,经济发展[②]既包括 GDP 增长,也包括经济结构的优化、经济质量和效益的提升、经济的创新能力、生态环境的保护等多方面内容。

新常态下,宏观经济调控在实施总需求管理的同时,引入并强调供给管理,注重需求管理与供给管理的统一。这一基本原则对具体的宏观调控政策进行了有效引导,例如,2015 年的宏观调控政策就设定为:“继续实施积极的财政政策和稳健的货币政策;积极的财政政策要有力度,货币政策要更加注重松紧适度。”这意味着中国的财政货币政策组合基调未发生改变,但货币和财政政策的内涵会有所调整。

---

① 最终消费是指一个国家(或地区)在一定时期内对于货物和服务的全部最终消费支出,分为居民消费和政府消费。

② 经济发展不仅意味着国民经济规模的扩大,更意味着经济和社会生活素质的提高。所以,经济发展涉及的内容超过了单纯的经济增长,比经济增长更为广泛。

现代招商引资内涵界定

改革开放之初，依靠发展外向型经济，面向海外招商引资，广东积极承接港、澳、台地区制造业产业转移，形成了闻名全国的“广东模式”。当前，通过招商引资发展一方经济，越来越成为各地政府的共识，招商引资热在全国各地经久不衰，竞争也越来越激烈。

哈罗德在其经济增长模型中指出：发展中国家经济增长的关键是要有足够的投资，使资本产出比率保持增长，经济增长率才可能增大。

从广度上讲，不但东部地区大力推进招商引资，而且中西部地区也兴起了招商引资热潮。从深度上讲，招商引资不再仅仅局限于吸引外资，而是把本行政区以外的资金、项目及其他资源全部作为招商引资目标，这大大促进了招商引资对地方经济发展的贡献。例如，平罗县是宁夏最早搞招商引资的地方，现有1 000家中小企业，其中85%以上是招商引资来的；2011年完成资产投资接近90亿元，其中80亿元来自招商引资。通过这两组数字可以看出，招商引资对区域经济发展的支撑作用是多么重要。

资料链接1—4　招商引资是振兴地方经济的重要手段

改革开放以来，各地掀起了招商引资的热潮，招商引资促进了生产力的科学布局，加大了地区开放度，引导资金、技术的流动，促进了市场体系发育完善，为各地充分发挥地方优势、打造经济特色优势、促进经济跨越超常发展、提高地方人民生活水平起到了巨大的推动作用。

招商引资是在市场经济迅速发展和经济全球一体化的大背景下产生和发展的，它的主要功能就是吸引、引导和促进资本向特定的地区流动和聚集，以促进这个地方的经济快速发展。

招商引资因其机制灵活、规模速度和效益显著，已经成为振兴地方经济的重要手段。通过开展招商引资，不仅可以广泛吸收国际资本，增强经济竞争优势，还可以壮大自身发展实力，促进本地经济与世界经济接轨。

招商引资是促进各类生产要素聚集、聚合、聚变，实现资源优化配置，获取经济发展竞争优势的重要途径。实践证明，无论是经济发达地区，还是经济欠发达地区，开放度高、招商引资多的地方，经济发展就快、竞争力就强。

全面理解现代招商引资

1984年8月1日，邓小平同志在谈到宁波工作时指出："把全世界的'宁波帮'都动员起来建设宁波。"此次谈话对当时招商引资工作产生了很大的促进作用，沿海开放地区积极利用廉价土地资源、劳动力以及优惠政策等要素，吸引国外项目和资金。

从本质上来说，招商引资是一个动态概念，在不同的历史时期，其内涵和外延在不断地丰富与拓展。作为一名招商引资人员，要想提高工作效率，理清工作思路，就必须清晰地理解招商引资的内涵，在此基础上，才能够更好地制定区域招商引资战略规划、工作计划以及进行绩效考核。

现代招商引资早已不再局限于外资利用，同时也涵盖了内资利用。并且，就内容而言，招商引资不再仅仅是传统意义上的资金和项目，还包括很多软性资源，如技术、人才、管理制度等。

美国经济学家钱纳里和斯特劳特提出著名的"双缺口理论"，指出：外资能有效地解决发展中国家"储蓄缺口"和"外汇缺口"同时并存的发展约束，推动经济增长。

招商引资是活跃地方经济、促进产业转型升级的重要手段。从字面上来理解：招商，即引进项目；引资，即引入资金。"商"是指个人投资商或国内外法人组织；"资"是指国内外资金、智力、管理、科技等。招商引资主体是政府、各类开发区或企业。一般而言，招商引资是区域引资主体通过营造招商引资环境、创造条件来吸引区域外资金的过程。

传统意义上的招商引资，是指用土地资源、优惠政策、廉价劳动力换取投资商的投资。如今，随着市场经济的发展，投资商需求不再局限于土地资源、优惠政策、廉价劳动力，而是扩展到对市场、人力资源等一切经济资源。因此，现代招商引资是指招商引资主体（政府、园区或企业）以投资商利益为中心，主动营造最佳的区域投资环境，运用区域内各种要素，吸引有投资力的投资商，最终创造最佳综合效益的过程（见图1—11）。

现代招商引资概念的核心要点包括：①招商引资必须以投资商利益为中心；②招商引资的对象不仅包括资金、项目等硬性资源，也包括技术、人力资源和智力等软性资源；③在招商引资工作中，政府的定位是主导者，园区和企业的定位是主体。政府负责塑造当地对外形象和营造优势投资环境等，园区和企业直接参与项目谈判，并从事项目投资建设与运营管理等。

例如，新加坡招商引资实行"卓越服务计划"，一切围绕客商，一切为了

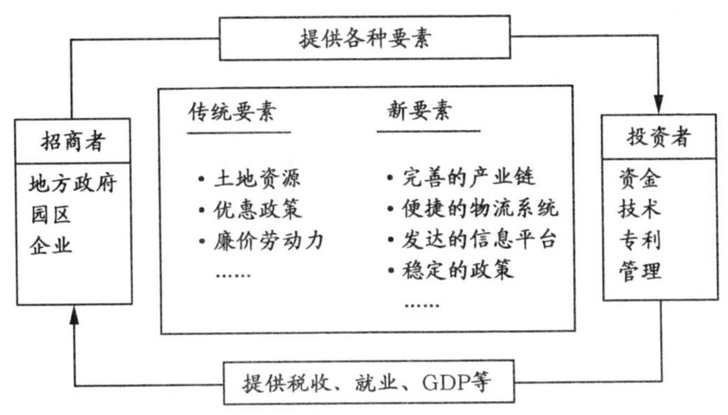

图1—11　现代招商引资概念示意图

客商。中国台湾联华电子股份有限公司到新加坡晶片园投资办厂，需要1 000名员工，新加坡方马上采取大学开课、专业教育、国外培训等方式满足。同时，园区成立高度集中的一站式客服中心，提供行政审批和业务咨询等全方位服务；设立客户咨询小组，追求客户利益与国家利益最大化。

招商引资的一个直接而重要的发展后果，就是使人们开拓了新视野，产生了新观念，概而言之，就是引进并获取了各种新知识，为人们提供了比较差距和学习新知识的机会，获得了知识增长。

招商引资要能够充分利用本地优势条件，通过有效的招商引资战略、策略和手段，实现地方经济发展目标。例如，苏州在招商引资过程中，最成功的就是引进了新加坡工业园区。这不仅是资金项目的引进，更重要的是，引进了先进的管理理念、管理模式，并通过这个招商引资项目，影响了一代人的思想观念。

现代招商引资要以满足投资商需求为中心，对从确定招商对象、制订招商引资计划、进行招商引资谈判、签订招商引资合同，到拓展后续招商引资服务的全过程进行跟踪。

在招商引资过程中，一定要把引智、引制摆到重要位置，把人才、先进的技术和管理经验引进来，实现资金、技术、人力等经济要素的聚集和优化配置。例如，2013年3月，浙江省政府组织48家企业赴中国香港，举办了“2013浙江—香港现代服务业高端人才招聘会”，推出700多个中高层职位，共招聘1 700多人，其中约160个职位可供大学毕业生申请。

资料链接 1—5　招商引资应是双向选择过程

2012年1月9日，在第二届中国县域经济发展高层论坛上，中国社会科学院工业经济研究所所长金碚指出，招商引资在中国经历了最缺资金、最缺项目和最缺人才的不同阶段，而现阶段招商引资的传统理念需要改革。

在招商引资的最初期，资金是最为缺乏的，招商引资更多表现出饥不择食；在发展到一定阶段之后，地方政府更注重创造好的投资环境和配套设施，以吸引更好的投资项目；在商业相对成熟时，招商最缺乏的是人才。

"对商人有利，就是对迪拜有利"是早期迪拜的招商理念。金碚认为，经济发展到现阶段，这种原始的观念需要进行改革。"现代招商引资应该是双向选择的过程，每个地方政府都在以不可移动的要素，去争取企业的可移动要素。"只有知己知彼、双向选择的最佳结合，才能实现双赢，必要时可引入评估机构。

资料来源：安娜，金碚．招商引资应是双向选择过程[OL]. 和讯网，2012—1—9. http://news.hexun.com/2012—01—09/137080246.html.

现代招商引资四大核心理念

思路决定出路，理念决定成败。招商引资是一项开创性的工作，只有积极适应新常态、树立科学招商新思维、不断创新招商工作方式，才能破解新难题，实现新突破。[12]

正确的招商思路产生正确的招商行为，正确的招商行为产生良好的招商成果。例如，20世纪80年代前，苏州、开封两城相差无几，骑着自行车20分钟就可穿越全城，如今，苏州的腾飞速度在全国首屈一指。即使回溯到2005年，那时，1 008万苏州人中就有400多万外来者。同年，苏州创下了一组令人震惊的数字：招商引资全国第一，工业总产值全国第二，进出口总额全国第三，GDP总量全国第四，固定资产投入全国第五，财政收入全国第六。以投资商利益为核心的现代招商引资坚持以下四大核心理念（见图1—12）。

(1)"创新"理念是招商引资工作的灵魂

招商引资在促进经济发展方面发挥着至关重要的作用。回顾历史，自

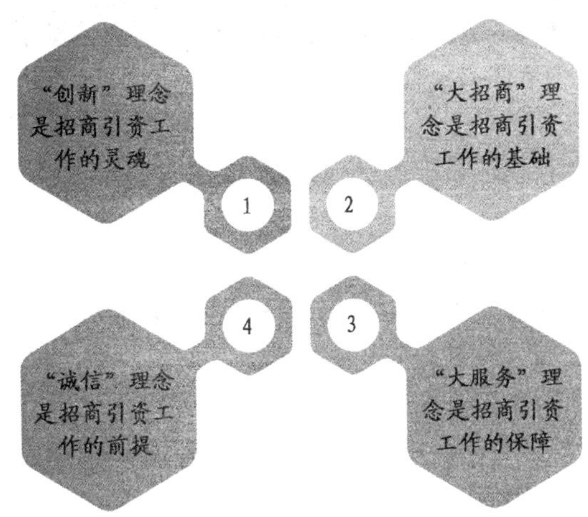

图1—12 现代招商引资核心理念

1993年开始,我国吸引外资规模一直居发展中国家首位,自2008年以来保持在全球前三位;2016年,在全球跨国投资总量有所下滑的背景下,我国吸引外资8 132.2亿元人民币,同比增长4.2%,特别是美国、欧盟28国对华实际投资大幅增长,同比分别增长52.6%和41.3%。从总量上看,截至2016年底,我国累计吸引外资超过1.77万亿美元。

后危机时代,国内外环境出现显著变化,投资商需求也随之出现变化,在这种情况下,只有创新招商引资思维,才能卓有成效地指导招商引资活动和实践。例如,江西丰城市围绕产业招商,将全市已落户项目和在谈重大项目分成8个产业推进工作小组,按产业配套、产业链发展要求,着力打造以商务服务为主的生产性服务业、以城市综合体为主的生活性服务业、以能源开发利用为主的新型服务业、以富硒养生为主的健康服务业、以总部经济为主的高端服务业等多元化产业发展平台。

招商引资创新强调因地制宜,各地根据本身的具体情况,结合自身特色,采取科学的招商引资方式,推进招商引资工作。

对于现代招商引资人员来讲,不仅要有创新性思维,更要有创新性方法,依据当地实际情况,制定一套有特色的、科学的、具有可操作性的招商引资方法。同时,在招商引资宣传上,也要坚持"新颖"、"优异"、"特色",塑造诚信、效率、服务的区域良好形象,提升投资商信心。

资料链接 1—6　招商引资是昆山市发展地方经济的重要手段

招商引资的差距，就是观念的差距。

江苏昆山紧邻上海，交通便利，有较强的区位优势，这固然是能够吸引大量外资的重要原因，但更重要的是人的因素。

对昆山的各级领导而言，他们很早就看到了利用外资——尤其是台资——发展自己的重大作用。历任领导就像接力赛一样，抓招商引资，抓投资环境，抓住“外向型经济战略”不放松，领导亲自带头招商引资，全身心干事业，十几年来坚持不变，硬是闯出一条“昆山之路”。

昆山的经验告诉我们，“发展地方经济靠自身积累太慢，靠银行借款太难，靠群众集资太险，引进和利用外资最佳”。

因此，招商引资一定要转变观念，增强招商引资的信心，通过招商引资弥补建设资金不足，实现产业结构的优化升级，促进区域经济的发展。

(2)“大招商”理念是招商引资工作的基础

“大招商”是指招商引资对象范围要大，并非要求招商引资都要死盯着大资金、产业龙头、大项目，而是要求招商引资依据当地产业特色、资源特色，扩大招商引资对象范围，有针对性地选择适合当地经济持续发展的投资商。

以上海闵行区招商引资为例。实施“大招商”及重大项目落地机制是加快该区结构调整和促进区域经济格局形成的重要抓手，是在结合自身特点和产业结构需要的前提下，符合闵行科学发展的一条招商思路。通过“大招商”，有效地促进了经济平稳健康增长、经济结构优化、城市软实力提升和功能转型。

从“招商引资”到“招商选资”，越来越多的地区开始重视产业结构的优化，不再片面追求招商引资的数量，而是更加关注或追求招商引资的质量。

另外，“大招商”要求参与招商引资的部门要广，它不是“招商引资”一个部门的事情，而是需要多个部门共同开展，这样才能够使招商引资工作持续、稳定、协调发展。北京昌平区建立健全“一盘棋”的工作统筹机制，打破部门、属地界限，打通手续办理、项目融资、土地供应、招商引资等关键环节，形成系统完整的工作链条，促进规划、建设、招商、管理、服务无缝衔接、有效联动。[13]

(3)“大服务”理念是招商引资工作的保障

“大服务”理念是指招商引资要坚持以投资商利益为中心,以服务为本,从服务内容到服务形式,构建完善的招商引资服务体系,全方位、全过程、全身心地为招商引资服务。

通过招商引资,将投资商和资金吸引到当地之后,其关键是如何让引进要素与当地优势要素相结合,产生更大的价值,形成优势产业,带动区域经济发展。树立招商引资“大服务”理念,能够为投资商构建友善、温馨、宽松和安全的服务环境。

招商引资工作非一朝一夕之功,不是说把资金、项目、人才引进来就行了。要知道,招商引资的真正目的是让这些优势要素与当地生产要素相结合,从而产生更大的经济价值。

之所以强调“大服务”理念,是因为各种招商引资优惠政策不会永远发生作用,随着各地招商优惠政策越来越具有趋同性,吸引投资越来越取决于当地的法律、环保、政商关系、人文等投资环境,以及产业链的完整性和拥有大量掌握技术手段的熟练劳动力。如果“只爱凤凰不栽树,只爱项目不服务”,仅仅注重短期利益,既会损害当地招商引资形象,也会损害投资商利益。

资料链接1—7　昆山对台招商引资的成功经验:政府服务是关键

现在全国各地都在搞“一条龙”、“一窗式”招商引资服务,这固然是政府的一种姿态,但对台招商引资工作的核心内涵是,服务意识能否落实到位。如果思想观念中的服务意识不解决或者落实不到位,就会流于形式,造成“来的人不做主,做主的人不来”的局面。昆山市政府非常重视政府服务,早在20世纪90年代初,昆山从实际出发,面对自己作为县级市的局限性和弱势,提出“硬件不足软件补”、“政策不足服务补”,通过优质的服务来改善投资环境,并从各个层面落实其亲商的允诺,形成了“亲商、富商、安商”服务理念,赢得了台商的充分信任。

在政府职能方面,昆山市政府比较早地自我定位于为资本提供服务,强调“我繁荣,你致富”。政府各职能部门把自己的工作定位在寓管理于服务之中,把亲商、富商、安商的要求体现在日常行政行为之中,对政府部门和公务员的考核,以包括台商在内的外商的意见反馈为重要依据。市领导要求机关工作人员贯彻“亲商”和“为纳税人服务”的理念,高举对台商“不说‘不’”的口号为台商解决营运中的疑难杂症。为了更好地与台商沟通和解决实际问题,昆山市采取各种有效措施,实现了台商和市领导的良性互动。例如,市领导向台商公布手机号码,24小时开机,台商有事可以直接找他们解决;建立台资企业服务中心和投诉协调中心,24小时服务,实行"首问负责制,二问终结制";建立与台商加强联系的制度,定期举办(每两个月)"台商沙龙",邀请台商与税务、金融、海关、商检、交通、供电、邮电等有关部门座谈,市台办、外经委等有关部门定期排出一批重点在建项目,确定专人负责,实施跟踪服务,掌握项目建设进度,及时解决项目建设过程中遇到的各种问题。随着上述"亲商、富商、安商"措施的实行,昆山形成了"人人都是投资环境,事事关乎招商引资"、"领导也是投资环境"的良好氛围。

资料来源:张传国.昆山对台招商引资的成功经验及其启示[J].河池学院学报(哲学社会科学版),2006(6):117-121.

(4)"诚信"理念是招商引资工作的前提

"诚争天下,可以无敌。"诚信是一种信任关系,也是市场经济中的品位和形象。只有做到诚信、做到承诺兑现,才能吸引国内和国外资金,推动招商引资工作的进展。

诚信要求招商引资全过程既"诚"又"信"。讲诚信,要求及时兑现在招商引资过程中制定的政策规则,取信于投资商。"承诺多,兑现少",对以后的招商引资会造成很大的负面影响。

传统上,各级地方政府为了抢占发展先机,吸引外来投资,习惯于竞相出台、实施各种名目的招商引资优惠政策。针对这种情况,近年来,政府连续出台《关于清理规范税收等优惠政策的通知》(国发〔2014〕62号)、《关于税收等优惠政策相关事项的通知》(国发〔2015〕25号)、《关于清理规范驻省会城市办事机构指导意见的通知》(国办发〔2015〕8号)、《国务院关于扩大对外开放积极利用外资若干措施的通知》(国发〔2017〕5号)等一系列相关文件,规范招商引资行为,统一招商引资政策,引导招商引资工作逐步规范化、诚信化。

资料链接1-8 招商引资当避免"JQK"式忽悠

近日,国务院督查组赴黑龙江开展专项督查。一些受访的民间企业家反映,当地招商引资时,企业被奉为座上宾,但在项目投产后,地方政府承诺的条件不兑现情况比较普遍,"新官不理旧账"问题较突出。企业将之形象地描述为"JQK":先勾我们进来,圈块地给我们,然后再尅我们。

招商引资所引发的“后遗症”,不少地方或多或少存在。当初随口允诺,而今悍然毁约;政策环境变化无常,日常施政颠来倒去。凡此种种现象,被某些企业家戏称为“JQK”式忽悠的确很恰当。这般招商引资,毫无信誉度和服务性可言,自然无法释放民营经济的应有价值。

在很多地方的政府架构中,设有领导牵头、跨部门合作的招商团队。这虽然极大提高了招商引资的效率,却也留下了“招商”环节与“养商”环节脱节的隐患,让投资者一再遭遇“有人招没人理”的尴尬。只招商,不护商、不养商,最直接的后果就是企业成活率低,区域民营经济长久裹足不前。若无法真正让企业活下去、留下来,则之前所有关于招商引资的努力都是没有意义的。只有多点真诚、少点套路,才可避免“JQK”式忽悠。为此,需要强化地方政府的公信意识和契约精神,加强“招商”环节与“养商”环节的衔接,以可预见、可执行的方式,将招商引资的承诺固定下来,落实到位,创造条件促进民营企业发展。

资料来源:成都·然玉.招商引资当避免“JQK”式忽悠[N].福建日报,2016—06—01(10).

招商引资实践证明:思想上封闭、认识上偏颇、理念上陈旧,必然会导致招商引资工作的失误或收效甚微;相反,思想上开放、认识上正确、理念上创新,则可以给招商引资工作带来生机和活力。

现代招商引资四项基本原则

实践中,招商引资对促进地方经济增长具有重要作用,但是,招商引资需要坚持四项基本原则(见图1—13),处理好短期利益与长期利益之间的关系,促进招商引资工作的正规化、科学化、专业化,有效提升招商引资工作实效,促进本地区经济发展,切忌盲目追求数量,引进“高污染、高能耗、高水耗”项目,给当地环境造成破坏。

(1)主导产业配套跟进

产业配套[①]能力是衡量投资环境的重要因素。在一个有效的市场范围内,完善的产业链可以有效降低企业运作风险,做大做强企业,形成产业主导集群。

① 产业配套包括围绕该区域内主导产业和龙头企业,与企业生产、经营、销售过程具有内在经济联系的上游和下游的相关产业、产品、人力资源、技术资源、消费市场主体等因素的支持情况。

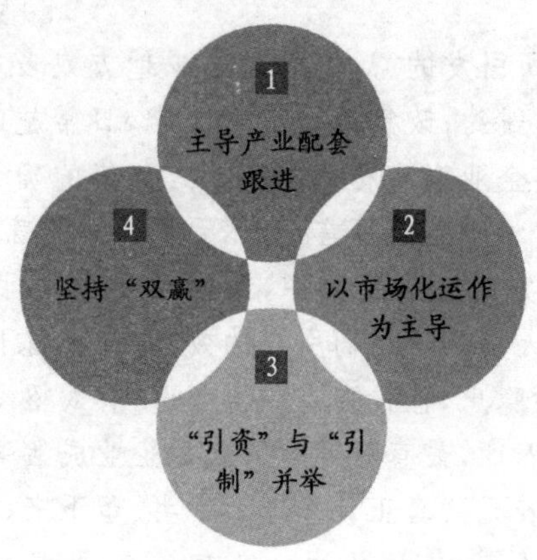

图1—13　现代招商引资四项基本原则

招商引资要结合当地实际，集中引进产业链条长、关联性强的企业，形成产业集聚。

招商引资要根据实际需要，适时组织灵活多样方式，按照主导产业配套原则，充分发挥区域经济方面的比较优势，形成产业集群①，优化产业结构，实现产业升级。依据该原则，招商引资人员需要梳理当地主导产业、优势产业、战略性产业，在此基础上，确定招商引资的重点和方向，有针对性地出台各种优惠政策、地方产业政策，鼓励和吸引相关产业资本流入本地区。

(2)以市场化运作为主导

传统招商引资主体是政府，但是现代招商引资需要以市场化运作为主导，政府要让位给企业，充分调动招商引资企业主体的积极性，围绕主导产业，延伸产业链，提升产业层级。

政府从招商引资的主体、出资者转变为招商引资的组织者，并不断强化企业招商引资的主体地位，让招商引资模式逐步推向市场化，切实把项目业主作为招商主体，鼓励更多的企业走上招商引资的前台，积极引进市场化运作机制，探索实行代理招商、有偿招商，应用现代科技手段，大力推广网络招商等模式。

通过招商引资市场化运作，政府可以集中精力优化招商引资环境，保护投资商合法权益，而企业作为招商引资主体，就可以有效地降低综合成本，实现高效招商引资。

① 产业集群是指一群相似或相同产业的企业集聚某一个区域，进而吸引一些相关的服务机构进驻该地，从而形成一个有效的经济群体。

(3)“引资”与“引制”并举

现代招商引资需要从物质层面的招商引资,上升到制度层面的招商引制,借鉴先进国家和地区的成功经验,创新招商引资方式。

招商引资既要重视引进资金,也要关注人力资本、智力资本、专利技术等。引入掌握先进技术和管理经验的人才,以及先进的管理模式和制度,可以实现资金、技术、人力等经济要素的聚集和优化配置。

此外,还可以借助外力,培养本地技术骨干和管理人才,提高技术含量,改进管理制度,能够真正做到引进一个项目,培养一批人才。

(4)坚持“双赢”

招商引资的目的在于加快地方经济发展,而投资商之所以愿意来投资,是因为其资金可以增值,获得丰厚回报。因此,招商引资必须坚持“双赢”原则。

在招商引资过程中,要善于换位思考,能够拿出最好的资源、产品、项目、优惠政策,与投资方进行合作,增强投资商的信心,吸引更多的投资商;同时,也要翔实地核算招商引资总成本,处理好短期利益和中长期利益之间的关系。

引资方和投资方需要寻找一个相互合作发展的切入点,最终达到“双赢”和“多赢”的效果。

另外,招商引资必须遵守国家的法律法规,尤其要注意遵守《公司法》、《劳动法》、《税法》、《环境保护法》等与企业活动密切相关的法律法规。不符合WTO规定和国家法律法规规定的“地方优惠政策”,不受国家法律保护,也不能从根本上保护投资商的利益,有必要进行调整完善或淘汰废除。

新常态下招商引资发展趋势

把握好招商引资趋势,有利于创新招商引资的思路。成功的招商引资,一方面要根据本地的经济现状、发展规划和区位优势,考虑经济结构优化和产业链延伸等自身的需求;另一方面要了解全国经济和世界经济形势,了解国内和国际资本流向、发达地区产业升级和转移情况,掌握市场需求和投资商需求。

招商引资是一个全局性、动态的发展过程，在不同的历史阶段，不同的国际经济、国内经济条件下，其工作具有不同的内涵及重点。

后危机时代，中国的竞争对手不仅有新兴国家，也有推动制造业回流的发达国家。在这种情况下，招商引资主体应该把握现代招商引资的趋势（见图1—14），因势利导，推进招商引资工作的成功完成。

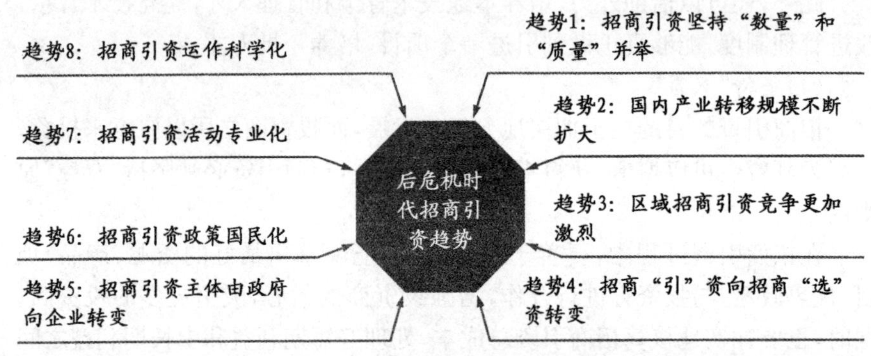

图1—14　新常态下招商引资的八大趋势

（1）招商引资坚持“数量”和“质量”并举

1983年，中国实际外商直接投资（FDI）总额为9.2亿美元；2016年，实际利用FDI达到1 260亿美元。本轮国际金融危机爆发以来，中国积极承接世界产业转移，整体招商引资规模再上新台阶，但是FDI增速总体呈下降态势（见图1—15）。生产成本上升和出口市场疲软等现象，给外国直接投资造成了很大压力，中国吸引外资很难重现过去起飞阶段的高速增长。

招商引资是稳增长、调结构的重要手段，地方招商引资需要紧抓新一轮国际、国内产业转移机遇，围绕主导产业和特色产业，加强和改进招商引资工作，创新招商引资方式，既要关注招商引资的数量，更要重视招商引资的质量。从根本上来讲，中国吸引外资将更多地从“量”的增长转向“质”的提升与优化，高附加值、高技术含量的外资比重以及高端制造业和服务业吸引的外资比重将进一步上升。

（2）国内产业转移规模不断扩大

东部发达地区重点引入现代服务业和战略性新兴产业以及高科技产业，进行经济结构调整和产业升级；与此同时，与当地经济不太适应的产业逐步向中西部转移，这形成了区域间大梯度转移（见图1—16）。

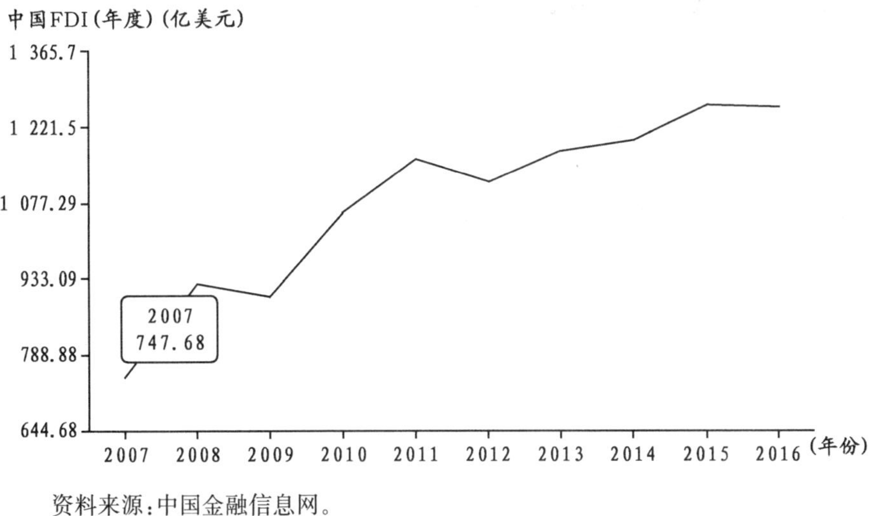

资料来源:中国金融信息网。

图 1—15　2007～2016 年中国外商直接投资(FDI)走势

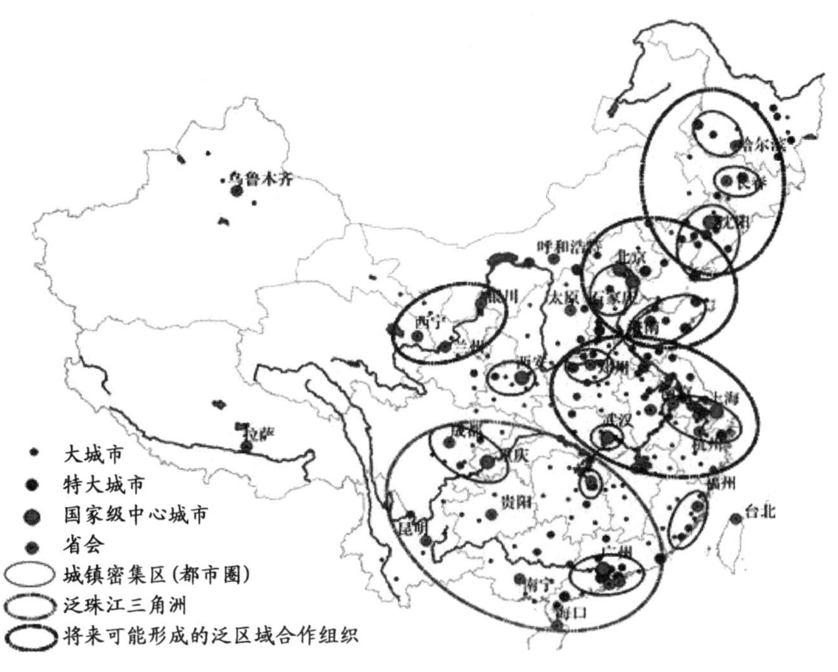

图 1—16　国内核心经济区示意图

另外,在某些省份内部,存在着发达地区向欠发达地区的小梯度转移。以广东省为例,2008～2012 年,安排竞争性扶持资金 500 亿元,发达地区与欠发达地区共建产业转移园，推动劳动密集型产业向粤东、粤西、粤北转移，实现“提升珠三角，带动东西北”的战略构想。

从总体来看，无论是大梯度转移还是小梯度转移，最终的生产要素重新配置，既有利于经济发达区域的产业结构优化，也有利于发展中地区的当地经济。

(3)区域招商引资竞争更加激烈

后危机时代，地方经济增长面临较大压力，国际、国内资金面相对紧张；同时，地方政府拥有相对独立的地方利益，存在区域间的横向竞争压力，各地为了促进当地经济发展，加强了招商引资力度和规模。这两种因素相互作用，使得招商引资竞争更加激烈。

(4)招商“引”资向招商“选”资转变

招商引资发展的初期，各级地方政府为加快经济建设步伐，单一地追求GDP增长，盲目地依靠增量来促进发展，表现为一种粗放的外延扩张，由此带来了能源危机、环境污染等问题，使可持续发展面临严峻挑战。

面对新形势，招商引资开始向招商“选”资转变。一些地方开始制定招商引资项目预审办法，规范审核的程序和内容，通过细化、量化评分指标，使投资的项目有据可依；在审核内容上，重点突出投资密度、用地面积、科技含量、产业扩张力、劳动就业及税收贡献率等，向资源消耗少、技术含量高、产业效益好的项目倾斜，优化投资结构。将一些占地大、能耗高、投资额度小、重复性建设的项目拒之门外，以提升招商引资的门槛和档次，与当地经济建设的定位相适应。

(5)招商引资主体由政府向企业转变

招商引资是市场经济的产物，政府应当是服务型政府，其职能的重点是提供公共产品、弥补市场失灵等方面，应该切实减少对微观经济的干预。区域投资环境优劣、优惠政策能否落实，企业宣传比政府宣传更具有说服力。

企业在进行投资决策时，首先应向同行了解投资区域综合发展环境和投资成本，其次是研究该区域产业政策，最后才是了解招商优惠政策。

专业的中介机构实施招商引资，有利于企业摆脱对政府的依赖，增强自主决策、自主经营、自我发展的能力。在招商引资中，一些中介组织开始代替政府部门进行招商引资，作为沟通企业和政府之间的桥梁和纽带已经在一些大城市出现。例如，早在2005年，吉林省召开“中国·吉林国有工业企业产权转让暨项目招商大会”，北京产权交易中心、上海联合产权交易所组团带领由30多家投资中介机构组成的庞大代表团来参会，代表团中包括许多世界级的投资银行、会计公司、资产评估公司等中介机构。

(6)招商引资政策国民化

在招商引资活动中,制定优惠政策吸引投资商是常见的方法。自从加入WTO以来,随着国家政策法规与国际接轨,优惠政策已不再是一种稀缺资源,政策优惠招商时代已经结束。

从国家层面上来看,一方面逐步取消了一些"普适性"的优惠政策,加强了以高新技术引进、产业结构调整为导向的"差别性"优惠政策,降低了对外资的绝对优惠水平;另一方面,政府通过一系列的政策措施,改善了本国企业的政策待遇,在不少领域统一了内外资企业的政策,降低了对跨国投资的相对优惠水平。例如,自2008年1月1日起施行的《中华人民共和国企业所得税法》,将《中华人民共和国外商投资企业和外国企业所得税法》和《中华人民共和国企业所得税暂行条例》两部法律法规统一成一部所得税法,在税率等方面对内外资企业一视同仁,使外资企业从超国民待遇转为国民待遇。

(7)招商引资活动专业化

如今,越来越多的地方政府意识到,招商引资需要专业化操作,因此,它们逐步淡出在招商引资中的主导地位,专注于为招商引资创造一个良好的投资环境和创业氛围。而招商引资主体应该是那些能够对招商引资结果承担责任,而且深谙市场规则和客观经济规律的中介咨询机构或企业。

招商引资对中国及其各省市地区,以及各企业来说,都是一个越来越具有专业化的活动。它不是一拍脑袋、一激动就能够决定的,只有知己知彼、互相研究透彻并进行双向选择,才会得到最好的招商结果。

近年来,很多地方注重招商引资专业人士的经济意识、市场意识和竞争意识方面的培养,从正规教育到招商引资技能培训,形成了多层次、多渠道的招商引资培训体系。

(8)招商引资运作科学化

为了突破发展资金"瓶颈",引进外地先进的生产技术、管理经验和管理人才,许多地方采取多种措施,加大招商引资力度,取得了一定成效,繁荣了当地经济。

值得注意的是,个别地方层层下达招商引资任务,"人人肩上有担子,个个身上有指标",并且将招商引资任务与干部的工资奖惩和升迁去留挂钩,急功近利,致使有些招来的项目非但未带来经济发展成效,反而招来了"伤害"。

招商引资科学化是招商信息量迅猛增长的必然要求,必须根据国际惯例,结合本地实际情况,制定招商引资规划,实现招商信息管理现代化、招商营销现代化和招商队伍现代化,促进外部生产要素向本地区集聚。

资料链接 1—9 贵阳引来了中关村

贵阳市政府、中关村科技园管理委员会战略合作框架协议今天在贵阳正式签署,宣告贵阳与中关村"创新驱动、区域合作"正式启动并进入实质性推进阶段。双方在活动中已选定签约科研类、科技服务类、孵化器建设类、产业类项目共106个,投资总额达465亿元。

贵阳与中关村的合作,不是简单的产业转移,不是"乡下人"攀上城里的"富亲戚",而是一场优势互补、互利共赢的选择。

贵阳作为西部欠发达地区的省会城市,要加速发展;作为国家生态文明建设示范城市,又要保护好生态环境。如何实现二者的有机结合?关键在于科技创新。牵手中关村,搭建创新要素集聚平台,这是贵阳实现转型发展的科学路径选择。

据介绍,2007~2012年间,贵阳市科技进步贡献率从45.1%提升到54.8%,高新技术产业产值年均增长30%,具备良好的科技创新基础。同时,随着企业快速发展,中关村需要在全国乃至全球范围内进行跨区域、跨领域的产业合作和布局。选择贵阳,是中关村内生发展动力的需要,而贵阳具备的创新基础,能为中关村赢得新的发展机遇和提升空间。

作为国家自主创新示范区,中关村共有高新技术企业近2万家。"全国生态文明示范城市"和"国家自主创新示范区"两个"国家级示范"的高位对接,是创新驱动发展与生态文明建设的最佳组配。

资料来源:万秀斌,黄娴.贵阳引来了中关村[N].人民日报.2013—09—09(1).

注释:

[1]刘元春.后危机时代宏观经济研究及货币政策框架的转变[J].教学与研究,2016(4):33—33.

[2]李稻葵,吴舒钰,石锦建,伏霖.后危机时代世界经济格局的板块化及其对中国的挑战[J].经济学动态,2015(5):147—160.

[3]李想.美国:在不确定性中缓慢复苏[N].中国经济导报,2017—01—04(A03).

[4]陈晓刚.欧元区经济前景谨慎乐观[N].中国证券报,2017—03—08(A05).

[5]周武英.日本经济连续四季度增长[N].经济参考报,2017—02—14(004).

[6]刘方舟．国际贸易摩擦问题研究[J]．知识经济，2016(7)：45—47.

[7]赵静．贸易摩擦形势严峻 落实"第15条"成要点[N]．上海证券报，2016—12—30(002).

[8]徐豪，谢玮．全球化主力更迭 新兴经济体取代发达经济体[J]．中国经济周刊，2017(12)：29—33.

[9]闫永博．我国在国际产业转移新趋势下的机遇与挑战[J]．经济研究导刊，2016(12)：151—155.

[10]满杉．投中统计：2015中国并购规模创新高 退出回报5.92倍[R]．北京：投中研究院，2015：1—1.

[11]姚景源．"三个层面"把握中国经济新常态——《中国制造2025》解读之中国宏观经济形势[J]．电器工业，2015(10)：26—28.

[12]薛斌．以新思维推进新常态下招商引资工作[J]．山东经济战略研究，2016(5)：57—59.

[13]赵方忠．昌平迈入大招商时代[J]．投资北京，2014(3)：76—79.

第 2 章

制定符合当地特色的招商引资战略规划

本章将阐述如下问题：

- 为何要制定招商引资战略规划？
- 如何制定招商引资战略规划？
- 如何运用招商引资 SWOT 分析工具？
- 如何选择和实施招商引资战略规划？

经济全球化时代，中国在招商引资，美国、日本、英国等发达国家在招商引资，印度、巴西、泰国、马来西亚等其他发展中国家也在招商引资，此外，国内各地区也都在进行招商引资。那么，面对激烈的招商引资竞争态势，如何才能实现成功的招商引资，带动区域经济跨越式发展？这就需要统筹全局，分析并总结招商引资内外部环境，制定符合本国或者当地特色的招商引资战略规划。

制定招商引资战略规划

要想发展当地经济，就必须结合当地经济现状，认清未来发展方向，制定合理的发展方针政策，创新招商引资模式[1]，为促进地方经济发展而不断提出新的思路和方式。一个国家，一个地区，抑或是一个招商引资部门，是否制定了科学的招商引资战略规划，往往是招商引资制胜的先决条件（见图 2—1）。例如，招商引资战略规划的产业定位思路，决定了当地发展什么样的产业、吸引什么样的投资商、匹配什么样的优惠政策等。

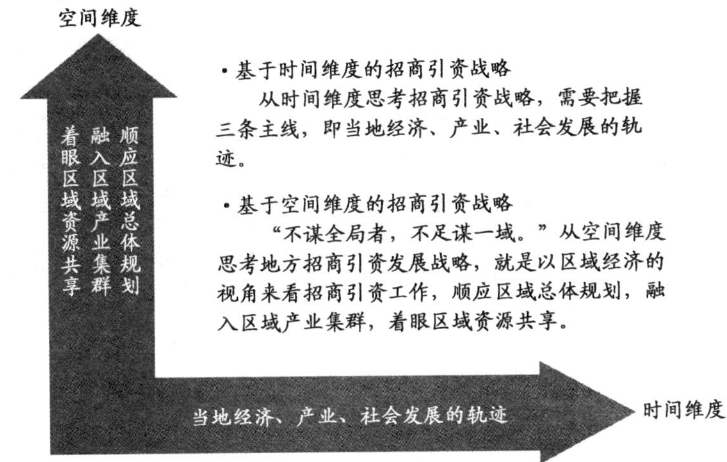

图2—1 招商引资发展首先在于制定战略

什么是招商引资战略规划?

战略(Strategy)是一个与军事有关的术语,是指“将军指挥军队的艺术”。克劳塞维茨(Clausewitz)在《战争论》中将其定义为,“战略是为了达到战争目标而对战斗的运用”。之所以把“战略”一词引入招商引资领域,是基于招商引资是一项全局性、长期性的活动,运用得当,可以有效地提升当地核心竞争力。

本书中,招商引资战略规划是指,“适应招商引资内外部环境变化,依托当地优势要素,为构建和维持核心竞争力而作出的全局性谋划和规划”。即在招商引资活动中,综合运用市场手段、行政手段和法律手段,吸引外部资金、技术和人才,与当地特色要素相结合,培育出核心竞争力,促进经济持续、稳定发展。

一旦招商引资战略规划出现问题,就无法准确定位招商引资目标投资商,进而无法高效利用招商引资渠道和方法。

制定招商引资战略规划,离不开科学的招商引资战略观,主要包括时空观、竞争观、系统观和进化观(见图2—2)。在科学的战略观指导下,能够有效地制定招商引资战略规划;同时,也保持战略的动态性,依据区域招商引资内外部环境的变化,对原有战略规划进行必要的修订。

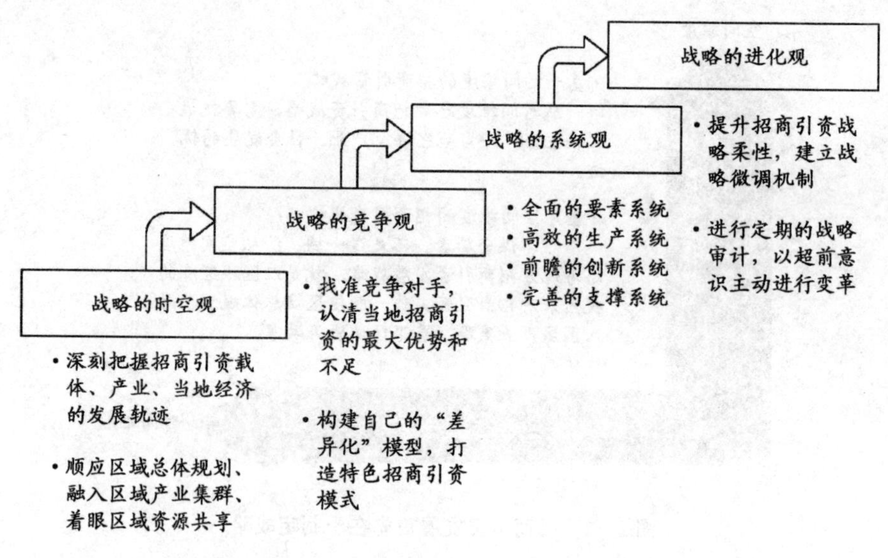

图 2—2　树立科学的招商引资战略观

资料链接 2—1　如何成功招商引资

招商引资是一项复杂而艰巨的工作，充满了竞争与挑战。要想成功地完成招商引资工作，除了对国内外大环境有所了解外，更多的是在具体执行过程中做到以下 3 点：

1. 树立以投资商利益为核心的正确招商引资观念，分析投资商对哪些项目或优惠政策感兴趣、需要提供什么样的服务等。

2. 明确招商引资战略目标，以市场为导向，合理配置内部资源来满足外部投资商的需要；也就是我们平时所说的“5R”原则，即在恰当的时间、恰当的地点，以最恰当的价格，向恰当的投资对象提供最恰当的项目或优惠条件。

3. 对招商引资活动进行科学化管理，在充分调研的基础上，结合自身优势和特色，制定招商引资战略，并以该战略为指导，分步骤、有重点、有考核地开发具体工作。

就招商引资战略规划来讲，它是一个动态闭环过程。首先要依据内外部环境制定招商引资战略规划，之后对多套战略规划内容进行评估，最后实施战略规划。但是，招商引资战略规划并非一成不变，在战略规划的实施过程中，要根据实际情况进行反馈，必要时，需要对招商引资战略进行微调，甚至是大幅调整。

对招商引资战略规划来讲，一般情况下，根据“近详远略”的原则，制定3年中期发展战略，每个季度或每半年，对招商引资战略规划的实施情况进行评估，依据实际情况进行战略修正，每年对整体战略情况进行综合评估，重新制定其后3年战略，形成一套“滚动式”战略规划。

一份好的招商引资战略规划是成功的前提条件。但是，如果缺乏有效的机制保证，再好的战略规划也是一纸空文。

招商引资战略规划既是一份较长远和整体的战略性规划，也是一种招商引资分析工具。一般来说，一份招商引资战略规划需要回答以下8个主要问题：①当地招商引资的理念是什么？②招商引资旨在实现什么样的目标？③实现招商引资战略目标所需要的资源是什么？④ 当地现在和将来的主导产业分别是什么？⑤如何制定符合当地实际情况的招商引资策略？⑥如何制定“奖优罚劣”的招商引资工作考核制度？⑦如何打造一支优秀的招商引资队伍？⑧如何制定完善的招商引资机制？

现代招商引资战略规划流程

制定招商引资战略规划，首先要分析影响招商引资的内外部各种关键因素。一方面，着眼于当地招商引资的优势与劣势，找到推动招商引资工作的优势（廉价的劳动资源、优越的地理位置、优惠的招商引资政策、深厚的文脉等），以及阻碍招商引资工作的劣势（技术人才缺乏、生产效率较低、商业氛围不佳等）；另一方面，需要分析外部环境的机遇与威胁，关注当地经济的可持续发展和资源充分有效的利用，依据内外部环境的实际情况及未来变动趋势，制订多种可行的战略规划方案，由相关决策者进行战略规划选择和实施。最后，还要靠实践反馈对原来的战略进行修订完善。

总体来看，招商引资战略规划的基本流程包括六个关键步骤，形成一个闭环系统（见图2—3）。

（1）招商引资环境分析

“知己知彼，百战不殆。”招商引资战略规划必须基于翔实的内外部环境分析，这需要招商引资人员搜集丰富的招商引资资料，进行充分、持续的调研活动，在此基础上，制定招商引资战略规划，紧抓机遇，发挥自身优势，成功实现当地的招商引资。

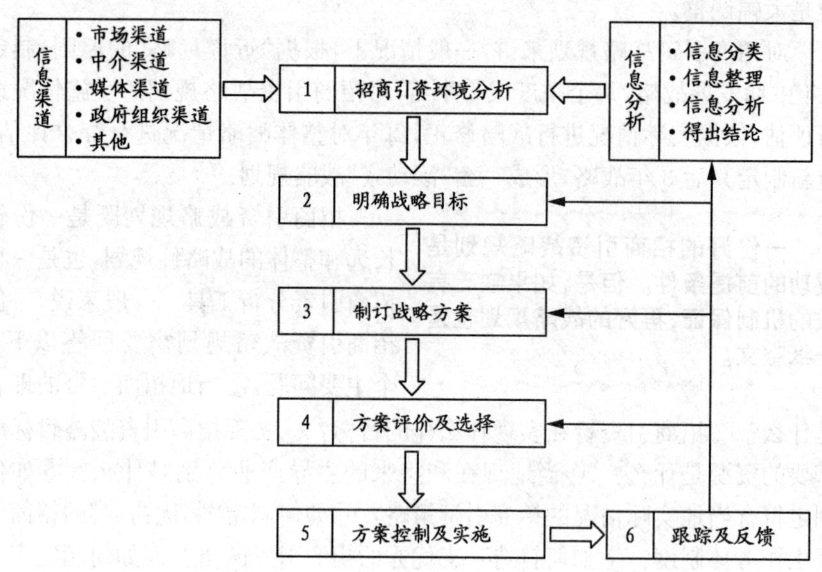

图 2—3　招商引资战略规划的基本流程

信息收集对招商引资工作成败尤为重要。从某种程度上说,招商引资工作就是收集信息、寻找机遇、寻求合作伙伴的过程。

如果招商引资信息渠道通畅,当地就可以获得更多的招商引资机会,引入较多的资金,经济也会更加活跃。因此,无论是制定招商引资战略规划,还是进行具体的招商引资工作,收集招商引资信息都是极为重要的先决性环节。

(2)明确战略目标

招商引资战略目标是在一定的时期内,当地执行招商引资战略所预期达到的绩效。它既可以是定量目标,比如 2013 年招商引资金额达到 2 亿元人民币,同比增长 15%;也可以是定性目标,比如未来 3 年内通过招商引资优化本地产业结构,提高区域竞争力(见图 2—4)。只有明确了招商引资战略目标,具体工作才可以做到有的放矢。

(3)制订战略方案

通过前两个步骤,我们对招商引资内外部环境有了清晰的认知,也制定了明确的战略目标,接下来就需要招商引资战略规划制定人员会同相关部门,制订多套招商引资战略规划方案,每种方案应该包括不同的招商引资策略组合。

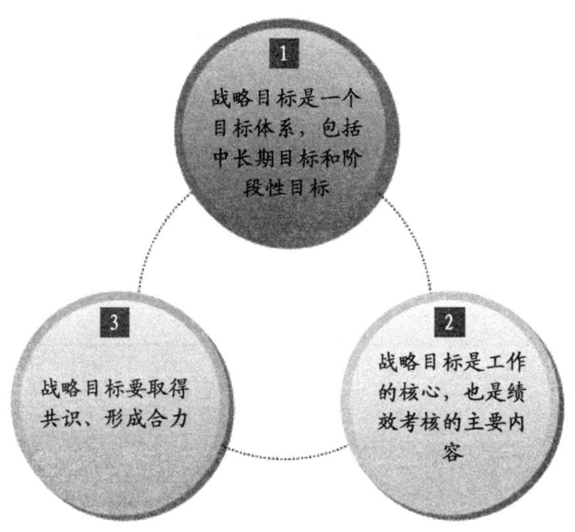

图 2—4　招商引资战略目标

方案是制定招商引资战略的重要内容，方案优劣，直接影响战略的具体实施，并直接关系到招商引资绩效的好坏。

制订招商引资规划方案需要注意两点。一是招商引资战略规划方案要具有可行性。结合当地的实际情况，听取各方面意见，调研一手资料，通过各部门齐心协力，制订出科学的招商引资战略规划方案。切忌脱离当地实际情况，盲目招商引资，或者是领导拍脑袋，凭空设想"目标远大"的招商引资方案，这会极大地挫伤招商引资人员的积极性，给具体工作带来很大危害。二是招商引资战略规划方案要具有可选择性。制订多套招商引资战略规划方案，概括描述每种方案的优势和劣势。这样做，既可以方便战略规划决策，也可以在内外部环境出现突然变化时，马上采用备选方案过渡，以免出现措手不及的情况。例如，制订招商引资方案时，一套方案是以引进外资为主、引进内资为辅，另一套方案是以引进内资为主、引进外资为辅，两套方案各有所长。如果海外招商引资遇到不可以逾越的障碍，就可以启用第二套方案，加大内资的引进和洽谈。

(4)方案评价及选择

制订出招商引资战略规划方案后，要基于招商引资综合成本的概念，对其进行评价，选择最为理想的方案。招商引资方案的选择，要基于可行性分析和财务预测。

对于方案的可行性而言，首先要考虑招商引资战略规划方案是否与战略目标相一致，是否符合区域经济的长远发展；其次要考虑成功实施方案的可能性。招商引资战略规划方案能否成功实施，既与当地招商引资政策、环境和服务相关，也与投资商的政治、经济、宗教、文化、地理等因素有关。因此，在选择招商引资方案时，要寻找容易对接的、把握较大的投资商。

对于方案的财务预测而言，要选择成本小、效益好的招商引资战略规划方案。评价和选择招商引资方案时，要使用综合成本概念（见表 2－1），即招商引资显性成本和隐性成本最小化。

表 2－1　　招商引资综合成本

<table>
<tr><td rowspan="8">招商引资综合成本</td><td rowspan="4">显性成本</td><td>人员成本</td><td>交通费、住宿费、业务招待费、招商奖励、中介费等</td></tr>
<tr><td>设施成本</td><td>“三通一平”费用、项目可行性调研费、拆迁补偿费、基础设施建设费等</td></tr>
<tr><td>业务性成本</td><td>招商引资推介和宣传支出等</td></tr>
<tr><td>优惠成本</td><td>土地、水、电、煤、气优惠</td></tr>
<tr><td rowspan="4">隐性成本</td><td>环境治理成本</td><td>环境污染和生态破坏治理费用</td></tr>
<tr><td>机会成本</td><td>将特定资源用于招商引资而牺牲的成本</td></tr>
<tr><td>寻租成本</td><td>招商引资过程中所发生的寻租行为成本</td></tr>
<tr><td>其他成本</td><td>社会成本和制度成本</td></tr>
</table>

（5）方案控制及实施

在招商引资战略规划方案实施过程中，要遵守其中所制定的程序、原则和操作方法，不得随意改变。同时，定期召开方案实施反馈会议，总结前一阶段的执行情况，并对下一阶段的工作作出明确的界定，这样可以协调各部门之间的工作，实现系统性招商引资。

（6）跟踪及反馈

招商引资战略规划的实施，并不意味着规划结束，这只是另一项重要工作的开端，即要对战略规划的实施情况进行跟踪和反馈，以保证战略规划能够实现既定的目标。招商引资跟踪和反馈工作主要表现在以下三个方面：一是投资商对整个招商引资战略规划方案的意见和建议，在“滚动式”招商引资战略规划的下一次方案中吸收合理的反馈意见；二是持续跟踪招商引资关键性信息和资讯，保持与投资商之间的沟通渠道顺畅，随时了解投资商的需求，并向投资商传达当地招

完整的招商引资战略规划，应该特别重视跟踪和反馈阶段，要切实做到分工到人、明确职责，并定期检查跟踪、反馈工作的成效。

商引资最新政策、项目和信息；三是对已经签约引进的投资项目，加快立项的报批，促进项目的顺利开展，使得资金尽快到位，进入实质性的建设和生产阶段。

现代招商引资战略规划关键点

制定高效的、符合当地特色的招商引资战略规划，涉及多个部门和环节，必须以现代科学招商引资观为指导，把握关键点（见图 2—5），提升招商引资核心竞争力。

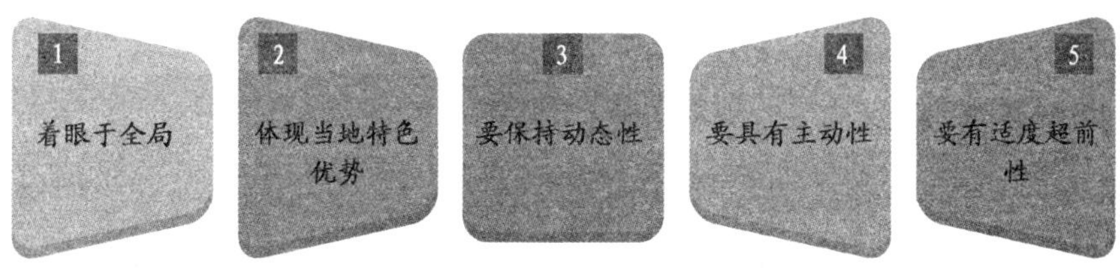

图 2—5　招商引资战略规划关键点

（1）着眼于全局

战略规划制定者应该具有战略眼光，不能只顾眼前利益和局部利益，也应该着眼于全局利益，把控招商引资整体发展趋势。

制定招商引资战略规划过程中，一方面要了解国家及各省、市和本地区的中长期及近期发展规划；另一方面也要了解国内外大型公司及中小企业的投资动向和需求。例如，通过与竞争对手比较分析，确定当地独特的卖点以及那些可能对某些行业具有吸引力的特点，可以使招商引资战略更能体现当地优势要素和资源（见表 2—2）。

表 2—2　审视国内外招商引资趋势并了解竞争对手情况

序号	主要方面	关键内容
1	明确国际、国内招商引资趋势	・了解投资商面临的主要压力、主要问题，掌握全球/中国外商直接投资趋势。 ・他们会在哪里投资？ ・为什么投资？ ・哪些行业的投资商有可能被吸引到本地区？
2	调研分析当地招商引资趋势	・调查本地区及竞争对手已经吸引到的投资种类。 ・收集最近投资项目的数据，包括本地区和竞争对手的投资项目数据。 ・对投资流向进行完整描述。 ・这些数据应该涵盖过去 3 年中所有的合同投资、注册投资和已经执行的投资项目数据。其目的是确定本地区的主要投资行业，确定主要投资来源地。

续表

序号	主要方面	关键内容
3	竞争对手分析	·确定要进行比较的因素。 ·确定将被基准化分析的地区有哪些,并系统收集其相关数据。 ·制定本地区与竞争对手的比较标准,将本地区和竞争对手进行基准比较分析。 ·确定本地区独特的推销建议。

招商引资战略规划要兼顾短中长期利益,保持战略的长期性和一致性,明确不同时期内的重点工作和招商引资领域。

(2)体现当地特色优势

尽管传统税收减免、地价优惠以及低劳动力成本仍在发挥作用,但是,一味地模仿与跟进,并不是行之有效的战略。要想在激烈的招商引资竞争中取得突破,就需要在当地特色优势基础上展开招商引资创新。因地、因时制宜,突出区域资源特色,对接优秀国际、国内投资商,创新招商引资形式、政策、手段、内容以及合作方式。

(3)要保持动态性

招商引资活动的具体操作都必须适应内外部环境变化,这样才会具有持久生命力和活力。从本质上说,招商引资及其管理就是,谋求和保持当地外部环境、内部条件和发展目标三者之间的动态平衡。

招商引资外部环境不断改变,机遇与威胁也相应变化,内部优势与劣势也会随之发生变化,另外,招商引资战略规划与实际执行中总会存在一定差异,这需要对该差异进行科学的、实事求是的分析,找出根本原因,这就决定了招商引资战略规划要保持一定的弹性。"滚动式"招商引资战略规划,能不断适应变化着的招商引资环境和经济区域或不断发展着的企业经济状况,也就具有较强的科学性。

因此,在制定招商引资战略规划时,要坚持近详远略、近严远松的原则,既要给招商引资战略调整留有空间,又要能保证长期战略规划的指导性,以及近期战略规划的可操作性。

(4)要具有主动性

主动性反映了招商引资主体能否在竞争中获得胜利、生存和发展的能力。一般而言,掌握招商引资主动性,当地经济就容易抓住招商引资机遇,推动当地经济快速发展;丧失招商引资主动性,就无法在激烈的招商引资竞争中占得先机,反而被后来者超越。例如,韩国推行出口导向型经济发展战略,大胆利用外资,重视科技、教育和人才培养,使得国家竞争力得到快速提升，培育了三星、现代、LG等众多国际知名品牌。

(5)要有适度超前性

招商引资战略规划对一个地区中长期招商引资具有指导作用，往往先于具体的招商引资实践，因此，招商引资战略要具有适度超前性，为今后具体招商引资工作预留出回旋余地。

资料链接2—2　贵州大数据产业异军突起

近年来，贵州把发展大数据产业作为后发赶超的战略举措，依托国家大数据贵州综合试验区，重点培育以大数据为引领的电子信息产业，坚持数据中心、端产品、芯片等集成电路和云平台运用等全链条推进，围绕商用、政用、民用开发大数据核心业态、关联业态、衍生业态，助力大数据产业加快发展，力促试验区变成示范区、大数据变成大产业、大机遇变成大红利。

……

2013年，被业界广泛认为具有跨时代意义的“大数据元年”，也是贵州大数据产业的谋划之年。在外界眼里，内陆省份贵州欠发达，虽然山清水秀、资源丰富，但传统产业的结构性矛盾仍然突出，远远满足不了时代要求以及全面小康的发展目标。

2012年1月，国务院出台《关于进一步促进贵州经济社会又好又快发展的若干意见》，明确提出：推动贵州的信息网络设施建设，培育发展电子及新一代信息技术等战略性新兴产业，鼓励技术研发，提高科技创新支撑能力。

在深入分析了自身优势资源后，贵州发现，自己与大数据产业有着天然的“缘分”。冬无严寒、夏无酷暑的宜人气候——数据中心可以直接换风降温，比其他同等条件下的数据中心节电10%～30%；煤炭、水力等能源丰富，电价较低，可直接降低企业生产成本；地质结构稳定，远离地震带，是数据容灾备份中心的安全选择。

“机遇稍纵即逝，认准了就要不失时机地抢抓。”从2014年开始，贵州多次在北京举办大数据产业发展推介会；自2015年开始，在贵阳搭建数博会平台，招揽各方企业和英才。围绕“数据从哪里来、数据放在哪里、数据如何使用”，贵州各级党政机构带头开放数据资源，带头学习、使用大数据。

3年来，贵州不敢浪费哪怕一个晨昏。从一张白纸，到全国多个“大数据”之首——首家大数据交易所、首部大数据地方法规、首个大数据资产评估实验室……从先天优势到先行先试，贵州探路大数据“蓝海”步履铿锵。

……

“只有筑好巢，才能迎来凤。”领军企业为何纷至沓来？贵州省经信委主任马宁宇说：“大数据作为新兴技术需要运用模式的探索，作为产业需要商业运行机制的试验，我们不可能解决大家面临的一切问题，但愿意和大家一起想办法。”

3 年来，贵州为大数据的快速发展找角度、畅通道、搭平台，从政策规划到实施方案，出台了《关于加快大数据产业发展应用若干政策的意见》、《贵州省大数据产业发展应用规划纲要（2014—2020 年）》等文件，制定一揽子招商引资优惠政策。2016 年 2 月，国家发改委、工业和信息化部、中央网信办批复同意贵州建设国家大数据综合试验区。贵州将进一步从数据资源管理与共享开放、数据中心整合、大数据产业集聚等 7 个方面耕耘好这块“实验田”。

资料来源：万秀斌，汪志球，郝迎灿．贵州大数据产业异军突起[N]．人民日报，2016－05－24(006).

招商引资战略规划中的 SWOT 分析

区域经济发展总是在一定的宏观背景下开展的，既受当地自然环境影响，又受社会规律支配，因此，招商引资战略规划必须分析当地的内外部环境。

没有任何一个国家和地区能够在所有要素上都保持绝对优势。制定招商引资战略规划，需要认真研究区域投资环境的机遇和威胁，识别自己的优势和劣势，充分挖掘和利用比较优势和特色资源，创造和抓住机会，发挥自己的特色和优势。

SWOT 分析

SWOT 分析法又称为态势分析法，是由哈佛商学院的 K. J. 安德鲁斯教授于 1971 年在其《公司战略概念》一书中提出的，是一种能够比较客观而准确地分析和研究一个单位现实情况的方法。[2] 由于 SWOT 分析方法全面、简洁、易于运用，该方法逐渐在国土资源规划、城市战略发展规划、旅游规划、招商引资规划等领域得到了广泛应用。

SWOT 是首字母构成的缩写词，分别代表优势（Strengths）、劣势（Weaknesses）、机遇（Opportunities）、威胁（Threats）。现代招商引资 SWOT 分析的主要目的在于，客观公正地评价区域招商引资综合情况，识别各种优势、劣势、机会和威胁因素，开拓招商引资思路，进而正确地制定适应当地实际情况的招商引资战略规划（见图 2－6）。

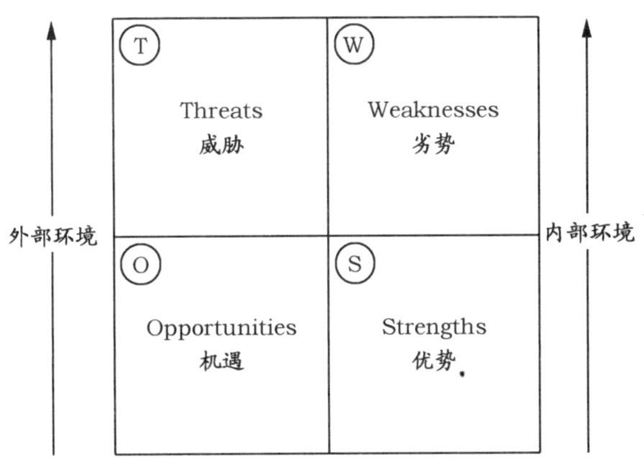

图 2－6　SWOT 分析简图

SWOT 分析中，优势和劣势分析应以当地招商引资内部因素分析为基础，而机遇与威胁分析则以招商引资外部环境分析为基础，帮助招商引资战略制定者识别并确定关键性要素。SWOT 分析的最终结论，应该是基于对当地及其外部环境进行了彻底、广泛和详细的审核与评估之上，以确保每个关键结论论据充足、完全合理。

SWOT 分析基于环境分析，从内部环境和外部环境两个方面着手，通过详细的调研、走访、座谈和文献资料查阅，清晰地界定出优势、劣势、机遇和威胁，将这些关键信息形成 SWOT 矩阵（见图 2－7），进而制定出相应的策略。

SWOT 分析本身并不是战略，不应该描述下一步应该做什么等内容。相反，它为招商引资战略规划的制定提供了坚固的平台。

SWOT 分析既可以为本地与竞争对手的比较提供基础，又有助于确定本地对什么样的行业投资商产生吸引力。同时，了解招商引资环境的劣势和威胁，还为招商引资政策变革

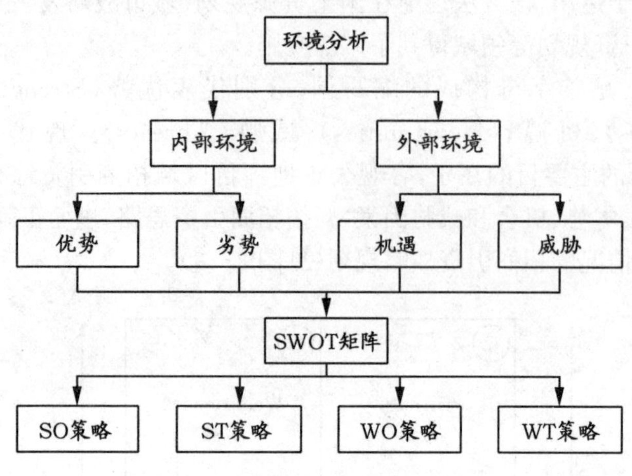

图 2—7 SWOT 分析逻辑示意图

提供依据，也为未来改善招商引资环境提供依据。

SWOT 分析关键点

实践中，通过 SWOT 分析，经常会发现，以前被普遍认为是本地发展优势的特质，实际上可能是相对劣势，甚至是一个障碍。SWOT 分析是招商引资人员经常运用的一种分析工具，但是，需要注意 4 个关键点(见图 2—8)。

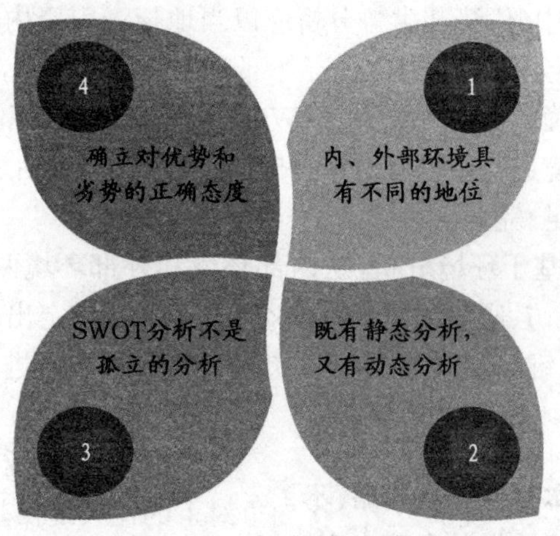

图 2—8 SWOT 分析的 4 个关键点

(1)内、外部环境具有不同的地位

SWOT 分析中，优势、劣势与机遇、威胁的地位是不同的，外部环境因素通过改变内部环境的优势、劣势，从而产生一定的机遇或威胁，这是SWOT 分析的基本结构。

(2)既有静态分析，又有动态分析

SWOT 分析既要分析区域招商引资的实际优、劣势，还要探讨研究这些优、劣势在外部环境变化中的规律性，由此预测现实中的优、劣势在未来可能发生的变化，据此分析招商引资战略目标的合理性，并制定战略措施。

(3)SWOT 分析不是孤立的分析

SWOT 分析应该与为达到未来招商引资战略目标或阶段战略目标所需满足的条件分析相结合。对现状产生的原因没有客观、全面的认识，或对达到战略目标应具备的条件作出错误判断，可能会导致对优势、劣势和机遇、威胁的错误认识。

(4)确立对优势和劣势的正确态度

“扬长避短”这句话并不永远正确，如果某一劣势阻碍了实现招商引资战略目标，就应该弥补这一劣势，而不是一味回避。

总之，SWOT 分析法是在目标既定的前提下生成应对战略，并回校目标的一个循环往复的分析过程。其不仅有助于目标应对策略的形成，而且有助于对规划的目标体系的科学性和合理性进行验证。[3]

SWOT 分析衍生的 4 种战略

SWOT 分析的核心要点在于，区域招商引资战略必须使其内部能力(优势和劣势)与外部环境(机遇和威胁)相适应，以获取招商引资工作的成功。基于招商引资与其环境之间的相互依存关系，SWOT 分析可以形成 4 种不同的战略，即 SO 战略、WO 战略、ST 战略和 WT 战略(见表 2—3、表 2—4)。

表 2—3　　SWOT 分析衍生出的 4 种战略

	内部优势(S) 1. …… 2. ……	内部劣势(W) 1. …… 2. ……
外部机遇(O) 1. …… 2. ……	· SO 战略 · 依靠内部优势 · 利用外部机遇	· WO 战略 · 利用外部机遇 · 克服内部劣势
外部威胁(T) 1. …… 2. ……	· ST 战略 · 依靠内部优势 · 回避外部威胁	· WT 战略 · 减少内部劣势 · 回避外部威胁

表 2—4　　SWOT 分析衍生出的四种战略种类说明

序号	战略种类	特征	解释说明
1	SO 战略	依靠内部优势来抓住外部机遇的战略	例如，东部经济发达地区利用自己的人才优势，积极承接国际服务外包，优化产业结构。
2	WO 战略	利用外部机遇来改进内部劣势的战略	例如，当前国际、国内产业转移规模不断扩大，当地缺乏坚实的工业基础，就可以积极引进项目，培育当地支柱产业。
3	ST 战略	利用当地招商引资优势，以避免或减轻外部威胁冲击的战略	例如，我国经济发达地区工业基础雄厚，创新能力较强，在国际金融危机期间，就可以利用自身优势，进行产业升级，降低外部环境的冲击。
4	WT 战略	直接克服内部劣势和避免外部威胁的战略	例如，针对一个经济落后地区，可以引入资金和项目，或者联合发展，优化配置当地经济资源。

外部环境因素不受招商引资地区的支配和控制，招商引资活动只能适应外部环境变化，基于当地的内部资源优势，寻找和发现招商引资机会，制定正确的战略，从而实现招商引资战略目标。

资料链接 2—3　SWOT 分析法在区域经济发展战略中的应用

在区域经济发展战略制定中，引入 SWOT 分析法，通过分析区域的优势、劣势、机会和挑战，形成 SWOT 矩阵，进而形成备选战略方案。这个矩阵的指导原则是：制定与选择的战略都应该利用机会与优势，回避威胁与劣势；充分利用机会克服威胁，利用优势克服劣势，既能够主动进攻，又能积极防御。在完成环境因素分析并建立 SWOT 矩阵后，便可以制定相应的对策。

……

现实中的区域经济发展战略一定是千差万别、各有侧重的。因此，在进行区域经济发展战略的 SWOT 分析时，可以考虑采取组合分析原则。在进行区域经济战略决策 SWOT 分析时，各因素或因子组合分析是形成区域经济发展战略的主要手段。组合分析出发点从战略视角出发，组合原则是以事件发生时间顺序和事件重要性排序为基础。科技发展、可持续发展和突发性事件始终贯穿组合分析的整个过程。同一组合产生不同策略时，应采用最佳策略 SWOT 组合分析，更加关注未来经济发展战略区域经济 SWOT 分析时效性。区域经济发展是动态发展的过程，当外部环境和内部条件发生变化时，应对其整个过程进行重新分析或修正。当一些不可抗拒自然力出现时，也应对其进行及时修正。区域经济态势分析的难点与重点主要是对其经济现状优劣和未来机会、挑战进行精确分析，以及通过各组合分析推理出具有科学性、可行性和客观性的最佳策略。优势、劣势、机会和挑战分析是在一定参照物下进行的。

运用 SWOT 分析范式，通过对区域的区位条件、自然资源、人力资源、金融与资本要素、科技资源、产业结构和制度环境条件等因素的现状以及外部环境对这些因素的影响进行分析诊断，我们可以确定区域经济发展的战略目标、战略重点、战略阶段和战略对策，并以书面形式形成战略方案。

资料来源：周建鹏．基于 SWOT 分析方法下的区域经济发展战略选择[J]. 经营管理者，2011(7)：82.

制定明确的招商引资战略目标

招商引资要有战略高度，综观全局，立足长远，要知己知彼，把握优势。招商引资战略目标基于区域内外部环境分析，是取得预期效果的保证；否则，战略规划就会流于形式，仅仅是表面文章。实践中，招商引资一定要紧紧抓住促进地区经济社会发展这个核心问题来进行，在选取企业和投资对象上，一定要将这一点放在首位。不能只为了提升政绩、增强财力，就胡子眉毛一把抓，无论什么企业都盲目引进。[4]

明确招商引资核心价值观

核心价值观与区域招商引资的成功有关系吗？答案是肯定的。招商引资核心价值观是当地招商引资文化中的核心，强调的是招商引资过程中所坚持的根本性理念。如果没有适应内外部环境的招商引资核心价值观（见图 2—9），就不可能形成招商引资团队凝聚力。

实践是形成核心价值观的基础，也是衡量核心价值观是否确立的标准。优秀的核心价值观能够渗入招商引资各部门和员工的思想意识及日常行为，促进地方招商引资目标与部门发展目标和个人发展目标相结合，提升招商引资核心竞争能力。

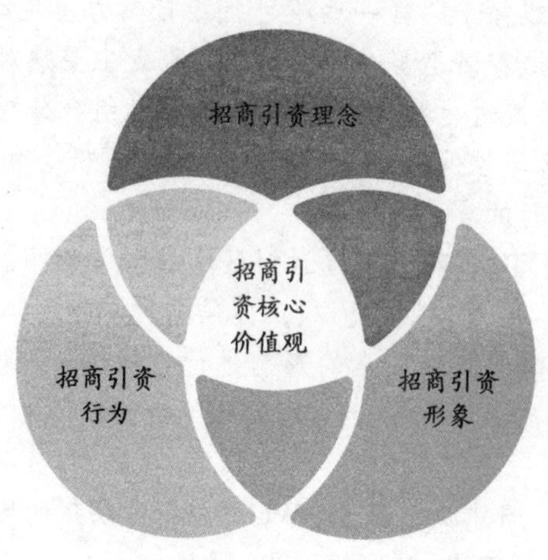

图 2—9　招商引资核心价值观构成示意图

确立招商引资核心价值观，需要相关部门和机构建立健全相应的学习、宣传、教育、监督、评价和示范制度。

实践中，招商引资核心价值观需要在具体的工作中展现、在行动中领悟。对于招商引资部门来讲，需要积极营造践行核心价值观的氛围，树立和宣传新典型。

根据招商引资实际情况设定战略目标

在确定招商引资总目标时，必须从实际出发，实事求是，坚持调查研究，收集信息，分析招商引资的相关因素，权衡利弊，适时提出符合自己发展道路的战略目标，同时提出完成招商引资战略目标的方案和举措。

以新加坡政府制定经济发展战略为例，它在不同的经济发展阶段，能用世界眼光，敏锐捕捉和把握不同历史时期的产业走向，结合新加坡本地实际，科学规划，适时转型升级，明确不同时期产业发展的重点和方向。例如，20 世纪 60 年代重点引进发展劳动密集型项目；20 世纪 70 年代重点引进发展技能密集型项目；20 世纪 80 年代重点引进发展资本密集型项目；20 世纪 90 年代重点引进发展技术密集型项目；进入 21 世纪，重点引进发展知识经济项目，并确定了“21 世纪产业计划”目标，要将新加坡建设成为知识型产业枢纽，其中最重要的一项战略就是高科技战略，即大力发展信息科技、生命科学和其他知识密集型经济，为招商引资明确发展方向。

有鉴于此，地方政府在制定战略目标时，应当从当地特点和优势出发，进行梳理重组，并确定重点发展产业，明确重点引进什么、限制什么、淘汰什么的政策措施，顺应产业优化升级的需要，形成重点突出、产业特色鲜明的招商引资载体，并形成相应的产业竞争优势（见表 2—5）。同时，务必跳出当地的局限，全面了解各层级政府的招商引资战略目标，使得当地战略目标能够上下衔接、协调统一。

表 2—5　　区域招商引资发展目标

序号	层级	主要内容
1	国家层面	招商引资指导政策、宏观经济形势以及产业转移趋势等
2	省级层面	省级招商引资战略规划、招商引资目标体系、招商引资优惠政策、省内主导产业及战略性产业、省级产业布局等
3	地区级层面	地区招商引资战略规划、地区招商引资战略目标、招商引资优先产业、产业布局等
4	县级层面	招商引资战略规划、战略目标、产业布局、优惠政策等
5	开发区层面	园区招商引资规划、园区主导产业、园区产业布局、优惠政策等

有了明确的战略目标，才能从总体与全局上把握、协调和控制，与区域整体经济、布局规则和基础设施建设相协调，各部门拧成一股绳，规范有序地进行，使整个招商引资工作围绕目标开展。

招商引资战略规划必须首先明确发展目标，只有这样，招商引资决策和战略规划才具有明确的方向和现实的意义。

确定招商引资战略目标，必须确定一个既定时期内的总目标，并与各个阶段分目标相互衔接，同时，招商引资战略目标要切实可行。例如，某市 2018 年总体招商引资目标确定为20亿元人民币，进行分解，国外资金为 1 亿美元，国内资金为 14 亿元人民币，这是地区招商引资的经济目标，如何实现这一目标？还需要相关的招商引资活动，即增加招商引资项目，并且为了增加招商引资吸引力，还要降低综合成本，进而为企业减负增收。同时，还要明确推介目标和宣传目标，这些都是保障最终招商引资战略目标实现的措施（见图 2—10）。

招商引资效果不能拍脑袋、想当然，一定要立足于当地实际。据统计，招商引资平均意向草签率仅为2%，满意率和期望实现率为 1%，最终成功率连 1%也不到。

制定招商引资战略规划目标，不仅要考虑当地实际情况，也要研究国家相关产业发展政策，尤其要时刻关注国家层面的产业导向。尽管各地情况千差万别，战略规划需要因地制

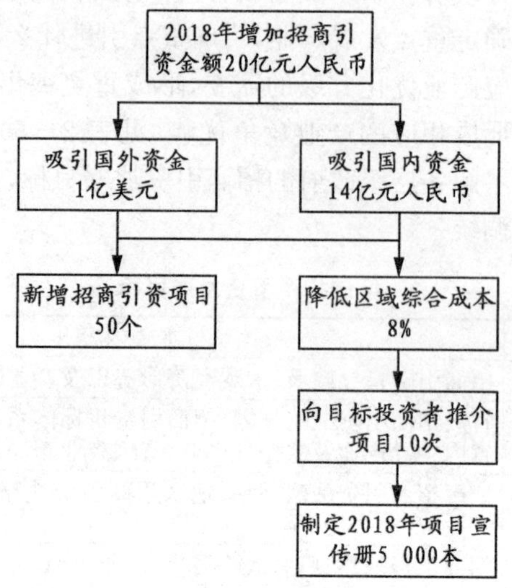

图 2—10　区域招商引资目标体系(示例)

宜,但是有一条主线不能违背,那就是遵循党的十九大精神,适应当前国际、国内产业转移形势以及产业结构升级的现实情况。这就需要做到:

第一,确定当地招商引资项目既要是当地优势项目,也要符合国家产业发展方向。如果这些项目受到银行支持、资金有保障,对投资商的吸引力就会比较大。

第二,通过招商引资改善当地产业结构,引入资金、技术、人才、制度,盘活当地资产,活跃经济,促进社会和谐发展。

第三,招商引资目标要与当地实际情况相结合。同时,明确每个相关部门的分目标,即自上而下形成一整套明确的、可量化的、可考核的招商引资战略目标体系。

招商引资目标确定后,需要仔细考虑如何来实现它们,这就会涉及具体的招商引资任务。也就是说,与多少个投资商进行沟通、执行哪些举措、印制多少招商引资手册等,这些都是招商引资的具体工作。

制定招商引资目标的关键点

制定科学的招商引资目标,既要基于当地的实际情况,又要把握历史机遇,具有超前的眼光。通常情况下,制定招商引资目标,需要抓住以下 3 个关键点(见图 2—11)。

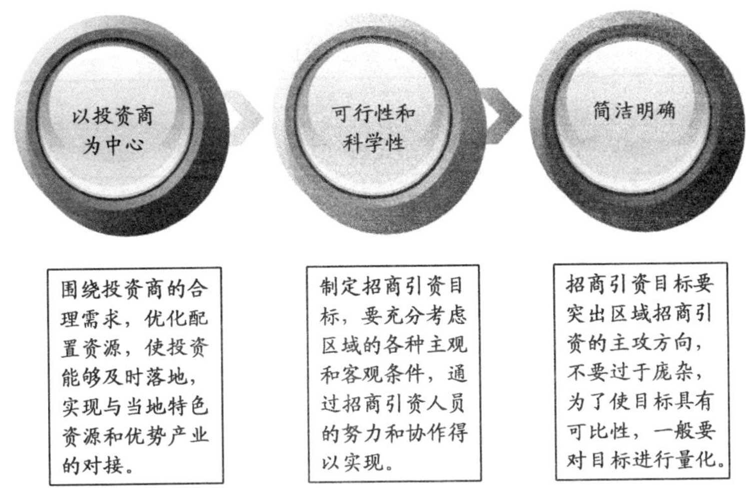

图 2—11　制定招商引资目标的关键点

(1)充分考虑投资商的需求

制定招商引资目标，并非是单向意愿型目标，而是要设身处地地考虑投资商的需求。以投资商为中心，一方面可以提升投资商信心，另一方面也可以树立当地招商引资品牌，吸引更多的投资商，进而形成产业集聚区，建立起当地具有核心竞争力的主导产业。

(2)目标要具有可行性和科学性

制定招商引资目标也要坚持科学发展观，不能只靠领导拍脑袋，而应该是建立在招商引资调查和预测的基础之上。

招商引资目标应该对相关人员具有激励作用，通过积极宣传、动员，以及制定激励制度，让招商引资人员感到自己工作的重要性，从而理解招商引资工作的意义，鼓舞招商引资人员的士气。

(3)招商引资目标要明确

招商引资目标绝不仅仅是一个或一组数字，它应该是综合性的目标体系，既要考虑到短期发展，也要着眼于中长期发展。一般情况下，招商引资目标应该包括社会目标、招商目标、发展目标、利益目标等多个方面。不管是定性目标还是定量目标，都要具有明确性，即可以进行考核。

实际上，招商引资从来不是一件简单的事，它既要具有战略眼光，进行全盘考虑，更要从细节入手，一步步把工作做实做细，这样才能够最终实现最初制定的战略目标。尽管招商引资任务会伴随内部和外部环境条件的不断变化而发生改变，但是，在确定其具体招商引资任务时，都应明确回答表

2—6 中的 5 个问题。

表 2—6　　确定年度招商引资任务必须回答的 5 个问题

序号	关键问题
问题 1	区域优势产业和特色资源是什么？
问题 2	关键招商引资目标在哪里？
问题 3	谁是主要投资商？
问题 4	投资商的需求有哪些？
问题 5	区域和投资商如何达成合作？

招商引资战略规划的选择

招商引资战略决策者，既要充分考虑自身的优势与劣势，考虑招商引资未来的变化趋势，也要考虑招商引资竞争对手的动态，把握战略力量的配置和各项措施在总体上的相互依存关系，以此来选择最适合本地发展的招商引资战略方案。例如，安徽省学习苏州招商引资经验，推行“错位招商”战略。由于在与东部邻省的竞争中明显处于劣势，因此，在对引资产业的定位和对引资对象的定位上，避开正面对抗，发挥其优势，保持引资竞争的“低姿态”，坚持“错位招商”。

招商引资战略选择

招商引资工作并不是简单的引进外部资金，还应当根据当地实际情况制定有效的招商引资策略，从而促使引进的外资能够与当地企业、经济、环境等方面共同发展。[5]进行招商引资战略规划选择，决策者要解决一个核心问题，即在实际的或潜在的招商引资竞争条件下，如何才能发挥自己的最大优势，实现当地经济发展与投资商盈利的“双赢”。

招商引资战略规划必须确定总体使命和目标，通过环境分析，选择关键问题，制订战略行动计划和实施战略调整政策。

招商引资战略选择中，重要的是尊重事实：战略选择以当地招商引资实践、招商引资文化和招商引资环境为基础，并受到三大因素的强烈影响。这也表明，与其说招商引资战略是在某个时间点上通过选择产生的，还不如说招商引资战略是逐步形成的（见图 2—12）。此外，当地招商引资实践和文化的强烈影响，有可能会导致招商引资战略在实施过程中出现偏移。

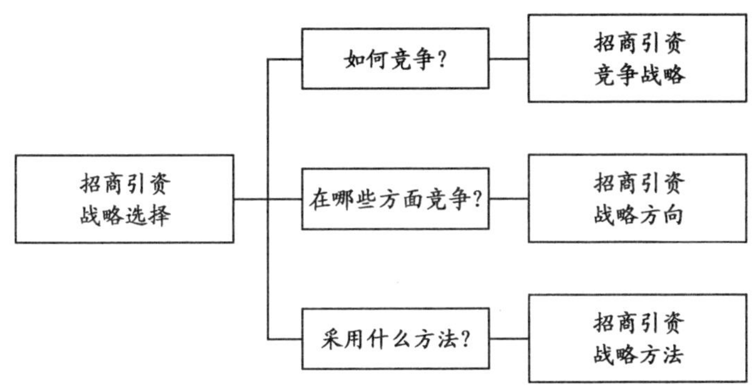

图 2—12　招商引资战略选择示意图

从各地招商引资实践来看，既有成功典型，也有失败教训。有些地方的招商引资成功率那么高，其成效那么大，关键是战略选择正确、思路对头、主动性强，因而招商引资效果明显。

相反，有些地方的招商引资“雷声大，雨点小”，年年栽“梧桐”，却不见“凤凰”来，招商引资成功率极低。究其原因，就是地方招商引资部门没有制定战略规划，或者相关规划既没有考虑外部情况，也没有基于内部条件，使得战略规划与实际情况出现巨大偏差。

招商引资战略选择流程

选择什么样的招商引资战略规划，也要基于当地的招商引资实践，以及外部环境的变化。战略规划选择要具有科学性，使所选择的战略规划能够适应当地招商引资的实际(见图 2—13)。

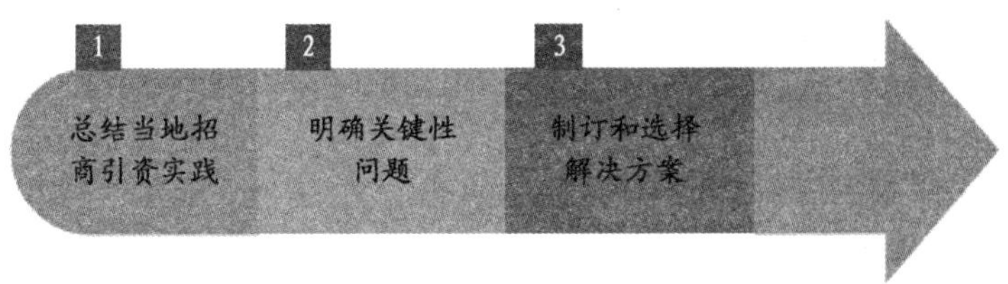

图 2—13　招商引资战略选择流程

(1)总结当地招商引资实践

招商引资在实践过程中不断发展,其间会不断地遇到新问题,也就是在解决问题过程中总结招商引资工作的经验和教训。如前所述,制定招商引资战略规划时,招商引资文化和环境发挥着重要作用,因此,战略规划选择也是一个渐进过程;也就是说,即使最初作出了战略规划选择,然而在具体实施过程中,也会根据环境变化而进行调整。从这个意义上来讲,招商引资战略规划的选择是一个动态过程(见图 2—14)。

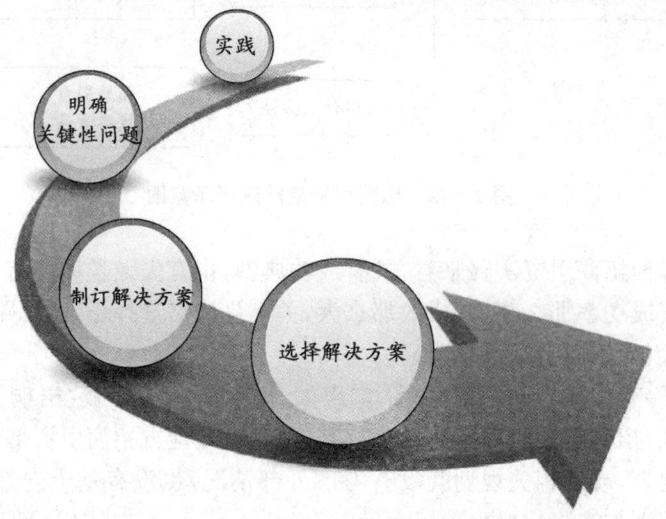

图 2—14　招商引资战略规划选择是一个动态过程

(2)明确关键性问题

招商引资战略方案并不是要解决细枝末节的问题,而是在对当地招商引资宏观性、战略性、关键性的问题给予深入调研和思考后,招商引资部门联合当地相关部门共同制订的方案。

在所有遇到的问题中,有些是核心问题,有些是附属性问题,需要对其性质进行明确界定,清晰地表述或描述出当地招商引资所面临的核心问题,这些问题会牵一发而动全身,也是培育招商引资核心竞争力的关键性要素。当然,就关键性问题的界定来说,通常情况下,这是个人或集体经验的结果,在对问题理解出现分歧时,则会需要进一步搜集信息和事实,在此基础上统一意见。

(3)制订和选择解决方案

制订解决方案的过程与选择解决方案的过程相互重叠。潜在的解决方案逐渐减少,直到剩下一个或为数不多的几个解决方案。在方案筛选的过程中，发挥主要作用的不是正式的分析，而是主观判断、协商和谈判。

招商引资战略规划实施和反馈

环境日趋复杂多变、区域竞争日益激烈，要想保持当地经济活力，吸引外部资源注入当地，招商引资决策者最关心的是如何实施招商引资战略，促进地方核心竞争力的培育。

如果明确当地的招商引资战略目标，制订相应的战略方案，并根据实际情况进行战略方案选择，却不将其付诸实施，那么战略仍毫无价值可言。因此，建立一套明确的框架来指导地方招商引资战略的组织和实施，可以有效地确保招商引资战略目标不偏移，向共同愿景迈进。

组织招商引资战略实施

组织科学的招商引资战略实施，要制订一份完整的战略实施计划，不论当地招商引资部门规模大小、战略目标高低，都可以依据该计划有步骤地实施（见图2—15）。

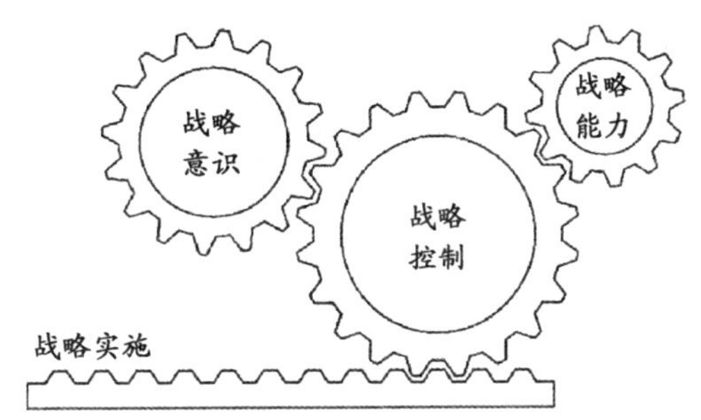

图2—15　战略实施关键环节

（1）培养招商引资战略意识

招商引资组织要能够意识到招商引资战略的重要性、不确定性和挑战性，学会用战略的眼光来审视和思考招商引资问题。在日常纷繁复杂的招商引资问题中，要能够分辨哪些是局部的、暂时的一般性问题，哪些是全局的、影响长远的战略性问题，再用逻辑分析的方法去寻求解决问题的办法。

区域招商引资战略实施中的诸多不确定性，要求相关决策者有一种预测能力，使整个区域招商引资战略实施尽量避免不可预见性的盲动，把区域招商引资战略分解到可预见性的行动中来。

(2)构建招商引资战略能力

有战略适应能力的招商引资组织,重要的是在招商引资战略需要时,能迅速把当地资源调动到战略行动中来,使这些资源快速适应环境变化。只有这种强有力的战略适应性,才能够创造出持续的竞争优势,保证招商引资战略的顺利实施。

(3)加强对招商引资战略关键节点的控制

招商引资战略控制要解决的是,保持招商引资行为与战略目标的一致性。这就需要把战略控制与战略目标直接联系起来,分解成可控的招商引资分目标,以确保招商引资战略控制的有效性。

招商引资决策者应该采取以信息控制和直接控制为主的控制方法,建立一套扁平式的战略管理信息控制系统。通过该系统,可以及时收集招商引资各个环节信息,及时纠正损害和偏离招商引资战略方向的行为。

同时,为了保证招商引资战略控制的顺利开展,有必要建立与之相适应的评估及奖励晋升制度,为那些保证招商引资战略方向而牺牲短期利益的部门和个人建立补偿机制,以便在制度上保证招商引资战略控制的有效性和权威性。

招商引资战略反馈和修正

由于招商引资环境的不确定性,只有在实施招商引资战略并产生结果后,才能进行评价和反馈。之后,根据实施的结果,针对招商引资出现的问题,总结经验教训,进行补救或修正。

衡量招商引资战略目标是否正确的指标,就是看实际的招商引资结果与预期的结果是否一致。如果选择的战略方案无法达到预期结果,就要认真加以分析和研究,根据招商引资的变化和发展趋势,适时加以调整或重新选择。

实际上,成功的招商引资并非某个单一因素的结果,它是一种系统化的结果。因此,地方招商引资需要从理念、团队、战略和策略等多个维度进行综合思考,制定相互匹配的系统(见图 2—16)。

利用实施结果来对招商引资进行评价和修正,实际上就是一种动态反馈调节。其最终目的是,避免招商引资战略僵化,保持对客观变化作出正确的反应。

对地方政府来讲,招商引资战略规划应当综合考虑实际情况,细分和具体化招商引资的工作,充分挖掘当地所具有的特色与特点,提升招商引资的效率和效益。招商引资还要强调协调发展、内外互动,借助外部的资金、管

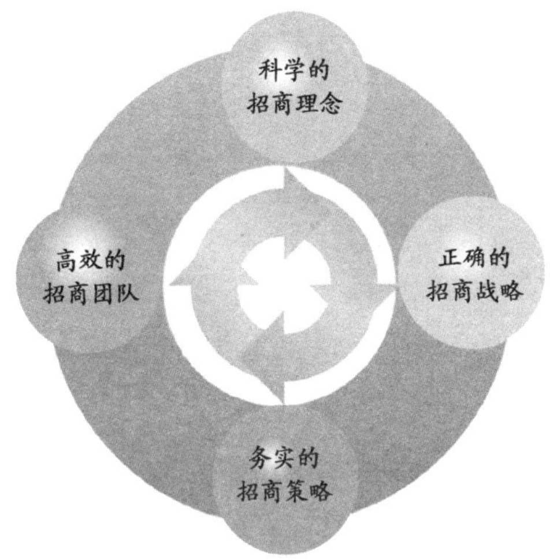

图 2—16　系统化的招商引资体系

理、技术和人力资源等优势要素，嫁接当地经济，提升地方经济发展动力。此外，还要坚持“五大发展理念”（创新、协调、绿色、开放、共享），避免只重视经济发展而忽略了对环境的保护，只有使经济与环境共同发展，才能够充分发挥招商引资对地区经济发展的作用。

资料链接 2—4　以“引资购商”替代“招商引资”

近几年来，中国招商引资增速开始减慢。从本质上讲，招商引资吸引来的企业仅仅是把中国制造部分放在价值链的中低端，并没有把核心技术带入中国。当中国生产成本优势不再，缺乏忠诚度的外国企业便会迅速抛弃中国而转往他处，目前缺乏自主知识产权和创新能力的中国企业还很难在世界市场上独自撑起“中国制造”这杆大旗。

“引资购商”是替代招商引资的升级战略，是指在政府的引导下，募集多方资本，构建产业基金等资本容器，聚焦经济支柱产业和新兴战略产业，选择处于国际先进乃至顶尖水平的国外制造企业作为目标，发起控股并购或整体并购，将零配件和总装制造逐步转移或复制至中国，携世界顶级品牌和技术以及中国制造成本优势，最终形成政府、投资者、企业和劳动者多方共赢的局面。

“引资购商”的商业逻辑十分简单，但是没有广阔市场背景支撑的制造企业整体收购风险很大，能够上升到国家战略高度的高端制造业的并购行为更是历史罕见。当前海外并购极少涉及高端制造业，因为高端制造业存在规模大、管理难度高、运营风险大等特点，其最主要的症结在于以下两点。一是自身管理能力和水平不够，无法掌控被收购企业，导致被收购企业经营恶化，甚至牵连到收购方本身。二是并购海外高端制造业，收购金额巨大，而很多企业缺乏有效筹资途径。大部分战略性、支柱性的海外高端制造业企业的市值少则十几亿美元，多则几百亿美元，甚至高达上千亿美元。面对这么庞大的收购资金，大部分中国制造业企业缺乏有效的筹资途径。以吉利收购沃尔沃轿车为例，吉利的 27 亿美元筹资当中，有 60%来自政府支持甚至直接投入，否则以吉利区区 229 亿元人民币的总资产、67.8 亿元人民币的净资产和高达 70% 以上的资产负债率，根本筹措不到这么多资金。如果没有政府的引导资金以及在这个背景下的市场融资，仅由民企按照市场运作，以国内民企融资渠道的现状，上演"蛇吞象"的奇迹几乎不可能。

通过"引资购商"收购国际一流高端制造企业，意味着收购方将同时接手被收购企业的企业实体、无形资产与市场，并实施有效重组和整合，以实现收购方的收购意图与战略部署。同时，世界领先的高端制造企业不仅是高端技术的聚集地，更是高端人才的聚集地，拥有成熟的管理体系与管理文化。这就要求收购方的职业经理人团队具有高水平的国际视野和管理能力。中国企业家和职业经理人在如何通过并购整合进一步做大做强并融入国际社会方面，还有很多课程需要学习。

资料来源：顾雏军．中国制造：以"引资购商"替代"招商引资"[J]．中国经济报告，2016(2)：66－68.

注释：

[1]周传强．实施招商引资战略促进县域经济发展探讨[J]．黑龙江科技信息，2013(11)：155.

[2]钱勤军．SWOT 分析法在经营决策中的应用[J]．国企管理，2015(12)：102－103.

[3]袁牧，张晓光，杨明．SWOT 分析在城市战略规划中的应用和创新[J]．城市规划，2007(4)：53－58.

[4]姚蓉．对新形势下招商引资策略的几点思考[J]．现代经济信息，2014(4)：102.

[5]叶健．浅谈现代招商引资策略对地方经济发展的影响[J]．经营管理者，2016(31)：266.

第 3 章
构建招商引资调研信息系统

本章将阐述如下问题：

- 为何要进行招商引资调研？
- 如何实施招商引资调研？
- 招商引资调研的主要内容是什么？
- 如何构建招商引资调研信息系统？

如今，信息像空气一样无处不在，渗透社会的各个方面。为了适应新形势下招商引资的竞争态势，也为了满足投资商群体的需要，成功招商引资需要一套科学的招商引资信息系统。例如，作为重要的沿海开放城市和区域中心城市，青岛依托市 686 电子政务技术体系，以先进的计算机技术和管理机制为手段，以项目管理为核心，整合全市招商引资信息，建成一套高起点、功能丰富、安全可靠的招商引资管理系统，改进招商引资方法，拓宽招商引资渠道，提高了招商引资项目的签约实施率。

信息是招商引资成功的关键

招商引资信息是区域经济发展的重要资源。从一定程度上来说，招商引资是收集信息、寻找机遇、寻求合作伙伴的过程。[1] 只有在信息充分的基础上，才能作出正确的招商引资决策；没有可靠和充分的信息，招商引资人员就犹如失去了耳目。

什么是招商引资信息

科学、系统、客观、全面地收集、整理和分析招商引资相关信息，有助于招商引资人员制定正确有效的招商引资策略，及时发现新的招商引资机会。

招商引资信息是了解投资商群体动态、掌握招商引资需求与招商引资环境发展趋势，从而为投资商提供项目和服务的重要资源。它可以通过招商项目书、宣传资料、广告、电话、传真、网络、展会等各种形式向外发布。一方面，招商引资信息客观反映当地的招商引资目标、决策、政策、招商对象、招商项目、资源利用等内部信息；另一方面，招商引资信息又实际反映招商引资动态、市场现状、投资商情况、投资心理、招商竞争态势等外部信息。

准确、及时、有效的招商引资信息，是招商引资部门作出准确判断和有效经营决策的重要依据。

对负责招商引资信息的部门而言，要明确了解当地招商引资信息所涵盖的范围，以及如何结合招商引资要求和投资商的信息需求来整合信息资源、发布相关信息（见表 3—1）。

表 3—1　　招商引资信息的内容

内部招商引资信息	1. 政策、法律信息	·国家层面及省级层面招商引资信息 ·地方特色招商引资政策信息 ·招商引资相关法律法规
	2. 基本信息	·招商引资部门的规范全称（中英文）和法人代表 ·联系方式（地址、联系电话、传真、电子邮箱、网址或网页、联系人等）
	3. 资源信息	·土地资源 ·劳动力资源 ·管理能力资源 ·资金资源
	4. 管理信息	·招商引资战略和策略 ·招商引资计划 ·招商引资合作情况
	5. 项目信息	·项目简介 ·项目管理 ·项目评估
	6. 竞争信息	·优惠政策竞争力 ·核心资源竞争力 ·区域产业竞争力

续表

外部招商引资信息	1. 经济信息	• 投资企业发展战略 • 产品结构 • 投资规模
	2. 技术信息	• 投资企业研发能力 • 投资项目技术水平 • 对当地技术促进作用
	3. 文化信息	• 投资商风俗习惯、宗教信仰、价值观念 • 投资商审美观念、文化教育水平 • 投资商社会责任感等
	4. 心理信息	• 投资商投资行为 • 投资商投资动机
	5. 法律信息	• 投资商法制观念 • 投资商诚信信息

作为一名合格的招商引资人员，不仅需要在进行招商引资工作之前做好相关信息的收集、调查研究、预测等工作，还要在招商引资工作全面展开后，主动掌握招商引资环境变化，努力构建并维持良好的公共关系，拓展招商引资领域，提高招商引资的沟通效率。

招商引资信息的价值

成功的招商引资一般需要发掘招商引资信息，并及时将其转化为现实的信息资源，为招商引资策略的执行奠定坚实基础。因此，招商引资人员应充分了解招商引资信息的价值（见图 3－1），强化信息意识，重视信息资源的开发利用，有效整合信息资源。

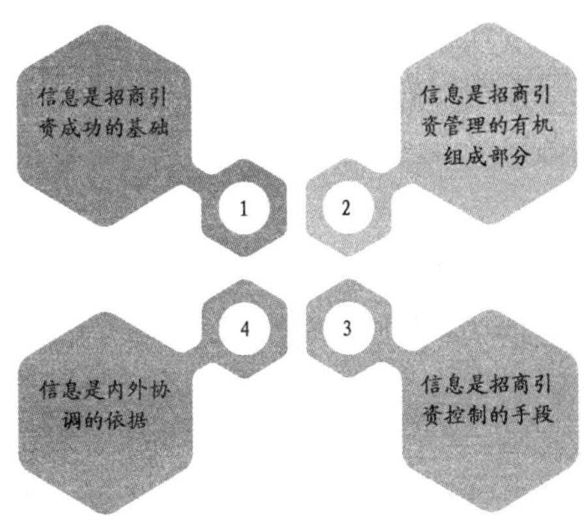

图 3－1　招商引资信息的价值

信息资源在招商引资中具有极其重要的地位,在某种意义上,各地招商引资的竞争就是招商引资信息的竞争。

信息是决策的基础。开展招商引资活动时,不仅需要人、财、物诸多资源要素,更需要信息资源。

(1)信息是招商引资成功的基础

随着时代发展,内外部环境变化,现代招商引资更加注重软资料的利用,如信息、人才、智力、制度等资源,其中,招商引资信息发挥了极其重要的作用。

在招商引资过程中,要想事半功倍、提高绩效,就必须掌握足够的信息,使得招商引资活动和操作信息化(见图3－2)。反之,如果不了解招商引资情况和投资商情况,就无法有针对性地进行招商引资决策。

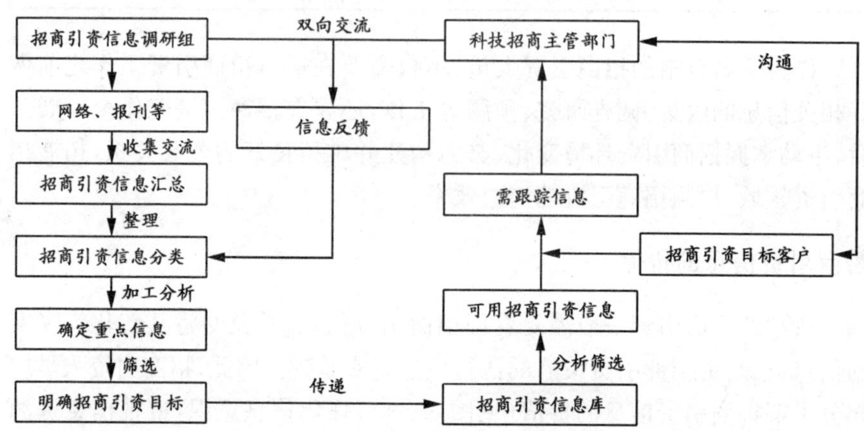

图3－2 某高新区科技招商引资信息调研示意图

从宏观上讲,招商引资部门掌握了大量有用的信息,就可以提高决策的科学性,优化当地的各项决策。从微观上讲,及时掌握准确的信息,招商引资部门就可以尽快适应投资市场需求,在激烈的市场竞争中稳操胜券。

(2)信息是招商引资管理的有机组成部分

招商引资管理包括招商引资环境分析、招商引资战略与策略、招商引资渠道管理等主要内容。任何一项内容都离不开招商引资信息,任何一项招商引资活动又会产生大量的招商引资信息。

从某种意义上说,招商引资管理就是招商引资信息管理。例如,江西丰城招商引资变广种薄收为有的放矢,建立有价值的在外知名人士档案,央企、上市企业、龙头企业档案和拟跟踪重大项目档案,对列入档案的人员或企业做到主动上门联系,仅 2012 年通过跟踪引进的重大项目信息就达 80 多条。因此,在当前时代背景下,招商引资档案管理工作信息化建设还需要转变传统观念,结合实际工作需要,不断完善和创新制度内容,促使档案管理制度更加合理、有针对性,对档案信息化建设内容、对象、规划和发展方向作出明确的规定。[2]

(3)信息是招商引资控制的手段

招商引资部门需要依靠招商引资信息建立招商引资计划、招商引资战略、招商引资策略及招商引资策略组合等招商引资手段;同时,招商引资部门通过招商引资机制的运行及其信息反馈、信息研究,对招商引资实行全面有效的控制。

(4)信息是内外协调的依据

招商引资部门要对招商引资环境、战略与决策、方法手段、目标投资商等进行必要的管理,而任何一项内容都离不开招商引资的信息;同时,招商引资部门所制定的一系列目标、战略、政策、项目等内容,又以信息的方式向外进行发布、传播,以便外界对当地的招商引资政策有更多的了解,吸引投资商前来投标、投资。此外,投资商的投资欲望、投资心理、投资意向等投资需求,又以信息的方式反馈给招商引资部门。

招商引资信息收集

要实现招商决策信息化、最优化、科学化,就必须全面掌握招商引资信息。信息数量的多少、质量的好坏、传输是否正常,直接影响招商引资部门功能的发挥。

收集招商引资信息的目的是,为信息系统的运行奠定基础,同时为投资商提供准确、完整、充分的信息服务。例如,2012 年,莱芜市共组建了 360 个专业招商小组,有专业招商人员1720名。各招商小组共整理搜集有效信息 2 100 多条,有投资意向项目 1 130 多个,已签合同项目近 500 个,开工建设项目 260 多个。实践中,为了使招商引资更有效地促进具体工作,需要确定招商引资信息的收集标准(见表 3—2)。

表 3—2　　招商引资信息的收集标准

序号	标准	说　明
1	准确	能否提供准确的信息,主要表现为针对信息系统的要求和投资商的信息需求所提供的信息是否有价值,这是决定能否提供准确信息的关键。

续表

序号	标准	说　明
2	完整	即收集的信息从时间、空间和内容上保持完整。提供的信息是否完整,是衡量经济区信息工作质量的重要标准。
3	科学	即用科学的方法和手段收集信息,保持信息的科学性。在收集信息时要求目的明确,不能主观臆想、凭经验从事,要根据具体要求和信息需求,从合理的、正规的信息渠道收集信息,而不是通过道听途说收集信息。
4	及时	即提供信息及时、有效。信息是有时效性的,只有具备时效性的信息才有价值,过时的信息一文不值。
5	系统	即要求收集的信息能反映出有关方面的全貌,逐步形成符合一定专业要求的信息供给体系。

对招商引资信息收集工作的要求,应根据招商引资的具体目标、信息系统的设定、人员的配备、投资商的信息需求等情况而定。

招商引资信息渠道来源广泛,可以是内部的,也可以是外部的;可以是国际的,也可以是国内的;可以是二手的,也可以是一手的。这决定了招商引资信息收集是一项复杂的工作,要想及时获取有价值的招商引资信息,就需要建立通畅、可靠的信息渠道。无论如何,信息系统一定要保持开放性,以便招商引资部门能够对外部的环境变化作出足够的反应。

招商引资信息收集是招商引资部门信息工作的重要内容之一,是招商引资部门开展信息工作的基础,也是信息系统正常运行的基础。

市场、机构、人员构成了招商引资信息的来源渠道(见表 3—3),其所提供的有关招商引资信息就是当地招商引资信息的来源。

表 3—3　　招商引资信息渠道

序号	渠道	说　明
1	市场渠道	・商品市场、金融市场、科技市场、信息市场、教育市场、服务及旅游市场等
2	传媒渠道	・报刊、电视、广播
3	人员渠道	・各类投资商群体,招商引资竞争者,外经、外贸、外事机构及相关人员 ・外国使领馆、外国企业驻华机构及相关人员 ・外国记者及旅游人士、出国考察人员、援外人员、留学生、华侨 ・已投资入区的各类企业与机构及相关人员

续表

序号	渠道	说明
4	网络渠道	· 相关网站、微博、博客、微信群等
5	会议渠道	· 各类洽谈会、展示会、博览会、交易会等

招商引资调研人员必须是公正和中立的，对调研中所发现的结果能保持坦诚的态度，尽可能减少错误和偏见，这样调研结果才不会导致错误的招商引资决策。

此外，招商引资信息收集工作对相关人员提出了严格要求：①强烈的信息意识；②执着的敬业精神；③丰富的专业知识；④一定的外语水平；⑤特有的敏感性；⑥较强的文字处理能力；⑦一定的社会活动能力和实际经验。

资料链接 3－1　武汉市搭建招商信息共享平台

为形成招商合力，武汉着手搭建招商项目信息共享平台。该平台将成为招商的重要工作机制，以工作会的形式开展，各区和部门之间实现信息互通、项目共推、成果共享，形成密切协作、团结一致抓招商的强大合力。

2015 年，武汉将力争引进大企业区域总部 10 个、投资 50 亿元以上的工业项目 10 个、投资 30 亿元以上的服务业项目 7 个，各开发区和新城区至少引进 1 个投资 50 亿元以上的工业项目。

2014 年，武汉实现招商引资 3 677.5 亿元，其中实际利用外资 62 亿美元，同比增长 18.1%，增幅居 19 个副省级以上城市第五位；社会消费品零售总额 4 369.2 亿元，规模在 15 个副省级城市中居第三位，增幅跃居第四位。

资料来源：张隽玮．我市搭建招商信息共享平台[N]．长江日报，2015－03－20(009).

招商引资信息调研

通过招商引资调研，可以充分了解市场、认识市场，确定当地资源要素与投资商需求之间的内在联系，基于此，了解招商引资的特征及变化规律，指导具体的招商引资活动。

理解招商引资调研

招商引资调研是运用科学的方法，有目的、有计划地搜集、整理、分析各种招商引资情报、信息和资料，把握招商引资现状和发展趋势，为制订招商引资计划和战略提供正确的依据。

有价值的招商引资调研要具有科学性、系统性和客观性（见图 3—3）。“科学性”是指用科学的方法收集、分析和整理有关招商引资的信息和资料，用以帮助相关人员制订有效的计划；“系统性”是指需要对招商引资开展周密的计划思考和有条理的组织调研工作；“客观性”是指对所有的信息资料应客观地进行记录、整理和分析处理。

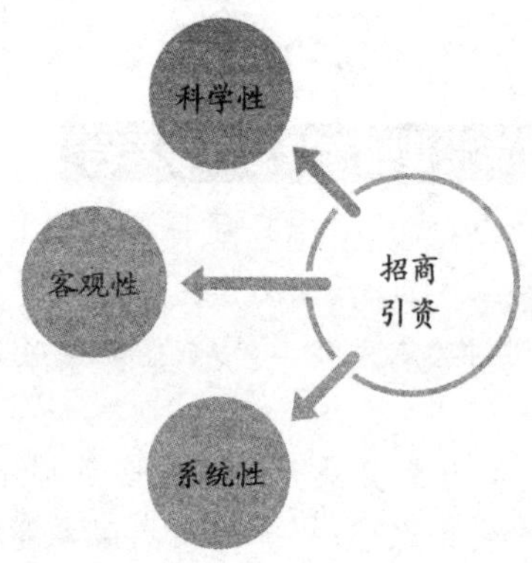

图 3—3　招商引资调研特性

> **当地招商引资人员需要从复杂多变的外部环境中提炼适合自己的招商引资信息，用于识别和确定招商引资机会，跟踪招商引资绩效。**

作为一种管理工具，招商引资调研必须依附于招商引资的问题而存在，招商引资调研所获效果的大小，也应视其协助解决问题的实际效果来确定。现实调研活动不仅仅局限于汇编有关招商引资的大量统计数字，更为关键的是对事实以及统计数字的分析，从中得出科学的结论，让招商人员认清现实情况，有利于他们作出正确的招商引资决策。

招商引资调研的价值

招商引资是一种实践性极强的系统性工程，所有的理论和创新都离不开实践，要想做好招商引资工作，必须坚持"走动式"管理，深入一线进行招商引资调研。通常情况下，通过招商引资调研，能够实现 4 个价值(见图 3—4)。

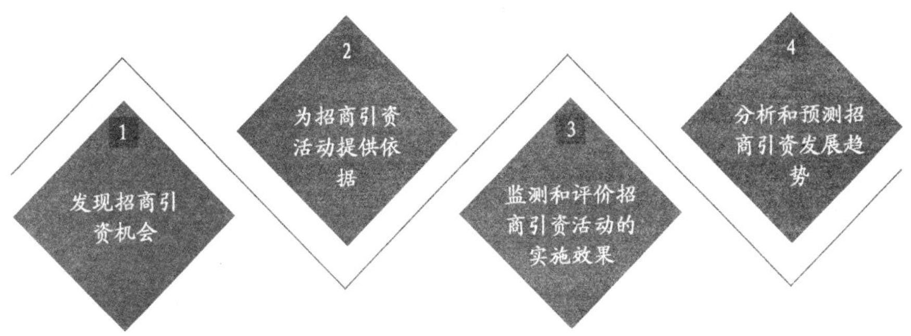

图 3—4　招商引资调研的价值

(1)发现招商引资机会

招商引资调研有助于管理者和决策者了解招商引资环境和产业转移市场的实际情况，及时掌握招商引资行业动态和竞争者动态，充分发现并把握招商引资机会。

招商引资调研可以让当地招商引资人员了解到：哪些行业存在未满足需求？哪些行业已经饱和？如何寻找和选择有利的招商引资对象？

(2)为招商引资活动提供依据

通过招商引资调研所获得的大量信息是当地政府的重要资源；同时，对特定问题进行调研，可以了解和把握市场现实与潜在需求的变化，充分了解投资商偏好、竞争者情况，为具体的招商引资活动提供依据。

(3)监测和评价招商引资活动的实施效果

通过对目标国家或地区招商引资活动的具体调研，可以了解之前招商引资活动所形成的结果，有利于决策者清晰地看到各种不同招商引资活动的成效，择优淘劣，逐渐形成高附加值的招商引资方案，推动具体招商引资活动的发展。

(4)分析和预测招商引资发展趋势

建立在充分信息基础之上的招商引资预测，可以帮助招商引资人员认识到市场环境的有利变化和不利变化，及时调整和制订合理的招商引资计划，应对可能出现的市场变化，在招商引资竞争中掌握主动权。

招商引资调研的框架

通过招商引资调研可以了解投资商群体动态，及时掌握招商引资需求与投资商投资的供求发展趋势，为投资商提供项目和服务。招商引资调研要完成一系列的关键任务(见图3—5)。

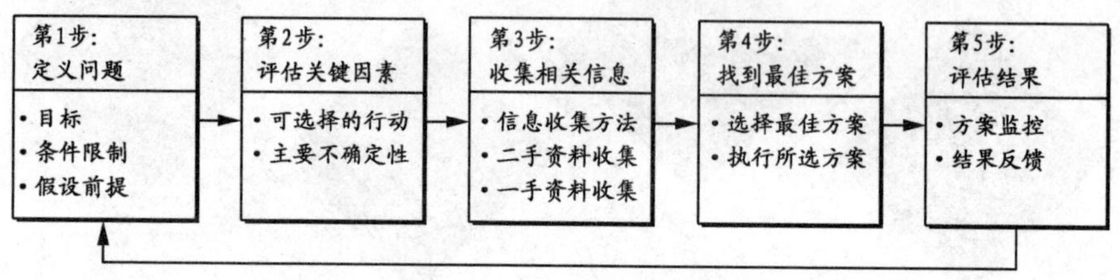

图3—5 招商引资调研流程

(1)定义问题

该环节主要是明确调研目标，确定调研的限制条件，提出合理的假设。明确招商引资目标是最为关键的任务，首先要考虑两个重要问题：招商引资对象和招商引资项目。

招商引资人员要想在国际、国内招商引资中获得成功，就必须进行认真的调查研究，真正掌握有关招商引资的详细情况，才能准确地选择招商目标，并制定具有针对性的招商引资策略。

另外，由于文化背景不同，投资商对招商引资项目会产生不同的看法，因此，在确定招商引资调研目标时，有必要收集二手信息，或者开展实验性调查，以确定招商引资项目的吸引力以及招商引资调研的关键点。

(2)评估关键因素

明确了招商引资的调研目标之后，还要评估影响调研的主要因素，比如可选择的行动及主要的不确定性。弄清楚到哪里去找这些必要的信息，以及如何获取这些信息。

(3)收集相关信息

该阶段需要确定获取信息的渠道，以及收集一手和二手资料。在某些情况下，调查可能仅仅局限于二手资料，即在别处已经收集的公开信息。这些资料可能是免费的(比如政府统计资料)，也可能是公开的(比如在专业期刊上发表的研究成果)，也有可能只在有限的范围内发布(比如贸易协会统计的数据)。

当然，在很多情况下，二手资料和内部资料无法提供必要的信息时，就必须通过访谈和其他直接收集信息的办法来获取一手资料。一手资料可以从相关协会、政府专家、管理人员以及购买产品的顾客那里，通过不同的方式来取得。

在多渠道收集资料时，搜寻可靠、有用的资料，可能需要花费大量的时间。一旦收集到基础资料，就可对其进行交叉检查。这一步要对所有信息进行严格的相关性检验。交叉检查通过对不同来源的资料进行比较，从而确定资料的可信度。重要的是，需要制定项目团队用于判断资料可信度的标准。

(4)找到最佳方案

一份有价值的报告一定要基于事实和数据，特别重要的一点是，不但要说明数据的可靠性及来源，还要说明它们的局限性。对一个报告可以从以下方面给予特别的关注：①必须明确数据的来源。不同的数据来源渠道，代表不同程度的可信度。②对数据的预测值必须作出解释，统计计算要尽可能简化。③应该包括被采访对象的身份及其职位或职称。④必须说明各个可供选择的行动方案是如何从数据的分析和解释中得出的，以保留由管理层来选择适当方案的职能。

(5)评估结果

监控调研方案的执行情况并进行反馈。

资料链接3-2　上海金山工业区创新招商引资模式

最近，在金山工业区内，新创业的黄高成忙得不亦乐乎，前来洽谈业务的客户络绎不绝。据悉，他所在的特百佳公司虽然才成立半年，但已经拿到了1亿多元订单……这个项目主要专注于新能源汽车动力总成系统研发，拥有资金雄厚的合作伙伴，但一开始，这个创业团队对于是否落户上海却有点犹豫不决。

基于对项目信息的全面、及时掌握，工业区招商团队立刻成立专门小组，全方位开展洽谈、对接、服务。正常需要5～10个工作日才能办理完毕的营业执照，他们帮助整理资料并立即提交工商局，当天就搞定了。但在办理税务事项时，却碰上新税务平台上线，所有涉税事项办理至少需要1个月。不过，鉴于企业的实际需要，有关方面通过与税务部门的积极沟通，在材料提交后的第二天就办理完毕。

服务的贴心和高效，最终打动了黄高成及其项目团队。公司于2016年10月顺利入驻金山工业区。没想到，经过近半年的发展，公司就出现了喜人的发展势头。实际上，特百佳从引进成立到投入产出，实现快速发展，正是金山工业区围绕新兴产业狠抓实体经济发展的一个缩影。

据介绍，近年来，金山工业区围绕金山着力打造"新兴产业成长地"的工作要求，不断创新招商模式。在产业招商公司市场化运作基础上，园区建立了1个主导产业，1个产业基地，1个产业招商公司，若干个中介机构、基金公司、招商平台的"1+1+1+X"招商模式，提升专业化招商水平，吸引一批优质项目相继落户该园区。

2017年以来，金山工业区已完成签约项目8个，总投资达38.4亿元。优质项目的不断引进，推动金山工业区发展不断提速。今年一季度，园区实现"开门红"，税收同比增长24.9%，财政收入同比增长33.3%。

资料来源：黄勇娣，王理亚．着力打造"新兴产业成长地"[N]．解放日报，2017—04—06(002).

招商引资调研的内容

在调研工作中应把握一条原则：必须紧扣招商对象及其调研目的来设计调研内容。并且，获得的情报越具体，就越有价值。

调研贯穿于招商引资全过程，从发现、判断招商机会，到计划、执行、控制以及信息反馈，都是招商引资调研的范畴。例如，平昌县将"发展是第一要务，招商引资是第一要事"作为全体领导干部的行动纲领，强化产业带动，打造产业集群。[3]

招商引资环境调研

招商引资环境的好坏，直接关系到招商引资能否获得成功，包括影响当地招商引资的诸多环境因素（见表3－4）。招商引资人员无法改变这些环境因素，只能了解它们、适应它们，尽量避开不利因素，充分利用有利因素。

表3—4　　影响招商引资环境六大因素

序号	类型	阐　释
1	政治环境	·国有化的可能性 ·当地政府的政策偏好 ·政治稳定性（不同阶级、集团之间的冲突；政府的更迭和政策的连续性等）

续表

序号	类型	阐　释
2	经济环境	·经济政策、经济制度、经济结构和发展水平、经济增长、物价和重要的生产要素等
3	企业环境	·财务环境(如资本与利润的自由流动、汇率、税率、资本市场等) ·市场环境(如市场规模、市场结构、营销区位和营销网络、竞争者等) ·基础设施
4	科技环境	·生产技术人员和熟练工人的技术水平 ·种类齐全、素质高的劳动大军和技术队伍
5	制度环境	·与市场经济相吻合的经济法规的健全程度、法治程度 ·法律制度
6	文化环境	·宗教信仰、价值观念、民族传统、风俗习惯等 ·教育情况以及文化载体发展等

投资商调研

招商引资活动的最终对象是投资商,研究投资商需求及其影响因素、投资行为及其规律,对于满足投资需求、有效招商引资具有十分重要的意义。以新加坡为例,其招商引资具有定向性,世界各地的经济发展局下属机构会对各国的顶尖企业进行调查和了解,从而逐渐将大型跨国企业引入新加坡,运用这种方式将本国的相关企业管理及科技水平高度提升,这样一来,新加坡逐渐产生产业集群,经济规模得以建立。[4]

招商引资部门要想实现自己的战略目标,一般情况下要有两个根本要素:一是当地拥有某些优势,并且对投资商具有很强的吸引力。例如,当地招商引资政策优势、环境优势、人才优势、市场优势具体有哪些?在了解自身优势的基础上,也要知晓自己的劣势,加以弥补和改善。二是了解投资商的实际需求,向投资商传达能够满足其需求的招商引资信息。

在做到"知己"的同时,也要对投资商进行深入调研,达到"知彼"。例如,投资商有哪些投资意向?投资的产业方向是什么?投资商最担心的问题有哪些?等等。

招商引资能否成功,关键在于,能否在引资方的需求与投资方的需求之间找到结合点;更重要的是,能否满足投资商的需求。

成功招商引资需要综合分析资金来源、投资规模、产业结构、招商区域、招商对象和引资方式等,确定投资商关心的核心问题,找到双方结合点。

一般情况下，投资商关心的核心问题有：①投资商最需要哪些项目？②如何选择最合适的时间、地点、价格和提供方式，才能使投资商的需求得到满足？③一定时期内，当地招商引资机会在哪里？存在什么风险？④如何掌握招商引资的主动权？基于以上问题，能够归纳出投资商需求因素（见表3—5）。

表3—5　投资商需求因素

1	获取自然资源	投资商为了在国际竞争中处于有利地位，在技术和产品上保持领先，在价格上保持优势，必须有更多的自然资源供其使用。
2	开拓新市场	当投资商原企业产品出口遇到外国关税壁垒或配额限制时，在东道国或其他相关国家投资办企业是一种比较好的选择。
3	降低生产成本	由于发达国家的生产成本（包括人员工资、原材料、燃料、动力等）相对较高，所以，投资商一般都将劳动密集型产品的生产、加工或装配转移到低生产成本的发展中国家或地区。
4	降低投资风险	投资商将其主要的企业大多设在政治、经济相对稳定的国家和地区，以避免由于政治动荡、战争、国有化政策等因素带来的风险。

对于投资商来讲，到国外或外地投资是一件很谨慎的事情，当然，倘若随随便便就进行大手笔投资，这种公司且不说管理上有问题，一般情况下也极容易倒闭，连在市场上存活都有困难。在实际招商引资过程中，通常会看到，越是国际型大企业和盈利稳定的企业，其投资决策越是谨慎，具有一套完善的投资流程，每个环节之间都存在着严格的逻辑关系，投资商通过这种流程来保证自己的投资效益并控制投资风险。

投资动机转化为特定的投资行为（包括为什么投资、投资什么、投资量多少、何时投资、投资何处、如何投资等），是经济因素、社会因素和心理因素综合作用的结果（见表3—6）。

表3—6　影响投资行为的因素

1	经济因素	·投资商是理性人，总会以最合理的资金安排来获得最大的回报。投资商决定投资方向，主要看当时哪类项目对其来说边际效用最大。
2	社会因素	·社会角色与投资行为：通过了解和识别投资商担任的角色，就可以了解其行为。 ·文化理念与投资行为：投资商的投资行为明显受其文化传统的影响和支配，比如民族、宗教、地理位置等。 ·社会阶层与投资行为：按照社会阶层或经济等级进行招商引资目标市场的划分，对每一个目标市场采取有针对性的招商策略，必定会取得好的效果。 ·相关群体与投资行为：社会关系群体包括家庭、学校、朋友、邻居、同事、社会团体等。家庭（或家族）是相关群体中最重要的因素。

续表

3	心理因素	·生存需求:企业的生产成本低、产品价值和附加值高、产品销售市场稳定,这是投资商的共同需求,也是最容易得到的最基本的需求。 ·安全需求:投资商为了避免和抗衡因社会、政体、市场和经营等方面的变化而给企业造成的不良冲击所带来的各种可预计或不可预计的风险的需求。 ·发展需求:投资商要满足新旧企业在数量上和质量上提高层次的要求;具体来讲,就是新旧企业在市场、技术、产品等方面研究和开发的物资需求。 ·社会责任需求:投资商希望投资那些具有良好道德理念的项目(或公司),以满足不仅在经济意义上获利,而且在社会生态环境保护方面有所贡献的需求。 ·荣誉需求:投资商总是希望通过自己的投资行为和投资方式而受到社会的尊敬,希望在经济财力、道德标准和经营成就等方面受到社会的好评,得到社会的承认。 ·完善需求:投资商为获得某种成就、实现某种投资理想,而愿意不惜代价地贡献其毕生所拥有的一切。

招商引资竞争者调研

实践中,地方政府倾向于选择相似的经济政策和发展路线,难以实行差异化发展策略,更无法与其他地方政府建立合作[5],由此带来了招商引资的激烈竞争局面。招商引资不仅是当地的事情,在确定了优质的投资商资源之后,也要清晰地知道谁是竞争者、竞争者的优势和劣势、竞争者的招商引资战略规划……根据这些关键信息,及时调整招商引资策略,提高核心竞争力。

与此同时,深入了解竞争者的现实情况和发展动态,结合当地的实际情况所制定出的招商引资竞争策略,也会提高招商引资的快速反应能力,增强招商引资主动性。通常情况下,招商引资竞争者调研主要包括竞争者信息调研和竞争者招商引资策略调研两大类(见表 3—7)。

表 3—7　　招商引资竞争者调研的主要内容

招商引资竞争者调研	竞争者信息调研	竞争者基本信息
		竞争者经济发展情况
		竞争者招商引资政策情况
		其他需要调研的情况
	竞争者招商引资策略调研	竞争者招商引资项目分析
		竞争者招商引资战略目标
		竞争者招商引资能力分析
		竞争者招商引资策略
		竞争者未来招商引资战略

招商引资调研方式

与其他所有的市场调研一样，招商引资调研分为案头调研和实地调研两大类。

案头调研

案头调研，又称二手资料调研（Secondary Data Research），是调研者根据自己的调研目标，有针对性地搜索和分析现有的、别人整理过的资料。之所以进行案头调研，主要因为：①它是招商引资重要的信息来源，为某些招商引资决策的制定奠定基础；②可以为实地调研提供必要的背景资料，使实地调研的目标更加明确，从而节省时间和调研成本；③可以帮助调研人员排除不理想的招商引资机会，为进一步的实地调研奠定基础。

实践中，招商引资案头调研强调两个关键点（见图 3－6）。一是保证资料的时效性。案头资料多为历史资料，时间上的差别通常会产生经济发展形势的差异。对这些资料的利用应注意时间因素的限制，但有时可对资料进行必要的修正、补充。二是确定与调研目的的相关性。招商引资调研人员必须研究，他所找到的资料是否最能切中问题的有关方面，任何牵强附会只能使调研结果得出错误的结论。在运用案头资料时，还要推敲其科学性。

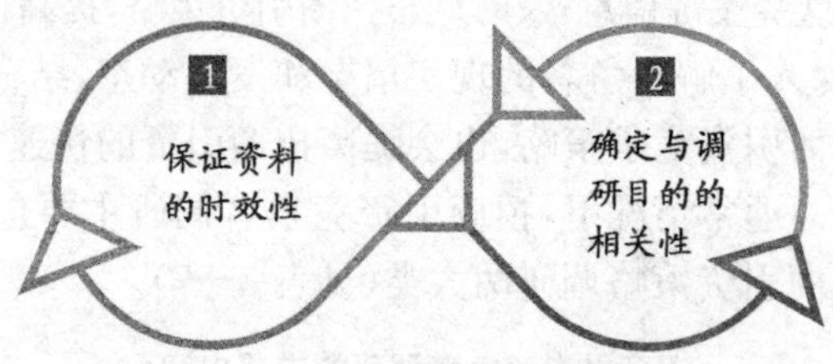

图 3－6　招商引资案头调研的关键点

实地调研

实地调研是调研者通过亲自座谈、走访、观察来取得资料。招商引资实地调研常用的方法是调查法和问卷法。

调查法是根据调研目的，有意识地选择一些有代表性的投资商单位或个人进行调查，一般需要配备科学合理的调查表和有经验的调研人员的询问来完成。在招商引资调研中，调查法是收集第一手资料最常用、最基本的方法。它是由招商引资调研者通过口头、书面或电信等方式，向被调查者了解市场情况、投资需求、投资心理、投资态度、投资习惯、企业经营等信息的实地调查方法(见表 3—8)。

表 3—8　　调查法的形式

种　类	优　点	缺　点	备　注
面谈访问法	·灵活：可以根据实际情况进行询问 ·可靠：与电话法和邮寄调查法相比，可获得更多、更准确可靠的资料 ·信息丰富：可以获得多背景信息，并据此核查所提供的答案是否准确	·费用昂贵 ·对调研者的要求比较高	运用面谈访问法进行调查，事前必须进行充分准备，制订周密计划和管理办法，对调查员进行必要的培训和监督，以保证调查质量。
电话询问法	·效率高 ·节省经费 ·简单易行	·寻找目标样本比较困难 ·电话调查时间较短 ·调研比较简单	
邮寄询问法	·调查对象和提问范围广泛 ·调查成本相对较低 ·被调查者考虑时间较充裕 ·填写较为灵活、方便	·回收周期较长 ·回复率通常较低 ·有时得出的结论并无代表性	一般可采用附奖券或赠送小礼品的方法来争取被调查者的合作，提高回复率；也可利用互联网提问调查，提高调查效率。

招商引资实地调研由接受过市场营销学和招商引资调研方面训练的专业人士来参与，可以有效地消除区域文化差异，借鉴其他招商引资调研方面的经验和教训。

问卷是实地调研的基本工具，也是招商引资调研中必不可少的关键环节，其目的是为了方便调研工作的开展，收集特别需要的资料，为分析研究工作服务。一份好的问卷能保证调研所需资料的全面、客观和准确，是市场调研成功的关键。

资料链接 3—3　一份好的问卷通常应具备的特点

- 问卷应尽可能简短，同时包括所有有关资料。
- 便于应答人提供掌握的资料，确保得到最多回答。

● 避免不相关的资料和枝节问题。

● 包含一个"过滤"问题，以确定应答人是否合格，并包含一些核实问题，以证实他的回答。

● 问卷的设计要便于资料整理、评价和分析。问卷设计专业性、技巧性极强。问卷格式并无统一规定，设计人员可根据调研需要具体设定。

调查问卷提问的方式一般有开放式提问和封闭式提问两种。

开放式提问是指对调查的问题并不列出所有可能的答案，而是由被调查者自由作答。例如，你偏好于投资哪一种项目？你对当地招商引资方案有什么意见或建议？等等。开放式提问的优点是被调查者可以比较自由地发表意见，内容比较丰富，甚至可以收集到意料之外的信息。

封闭式提问是指在调查问卷(表)中提出的问题，已设计了各种可能的答案，被调查者只要从中选择一个或几个即可。例如，你进行投资的主要原因是(仅选 3 项)：①项目好；②地价低；③市场大；④产业配套好；⑤交通便利；⑥优惠政策。其优点是填写方便而且规范，并且便于电子计算机汇总。所以，问卷设计时应尽可能采取封闭式提问。

为了更好地发挥调研问卷的作用，招商引资人员在设计调研问卷时应该注意以下若干个问题(见表 3－9)。

表 3－9　　调研问卷应该注意的关键事项

序号	关键事项	说　明
1	调研问题的针对性	围绕调查招商引资目的来设定问题，避免无关紧要或过于敏感的问题。
2	调研问题描述清晰明确	问题尽量简单且含义清楚，避免使用含糊不清的句子或"时常"、"很多"、"一般来说"等词语。
3	调研问题排列顺序	按人们的思维习惯、逻辑顺序排列，或按照被调查者的兴趣、问题的难易程度排列，一般是先易后难。
4	调研问题的客观性	避免诱导性提问，例如，"多数投资商都喜欢该项目，你愿意投资吗?"
5	调查问题的数量	一般中小规模的调查问卷中的问题在 20 个左右，答卷时间以 30 分钟以内为宜。
6	调研问卷要便于电脑处理	调研问题及答案都要编码，便于处理。
7	调研问卷版面设计	尽量清晰、整洁，使人能对其产生直观的良好印象。

构建招商引资信息管理系统

构建招商引资信息管理系统，是在招商引资工作中实现信息化的重要途径，可以大大提升招商引资的成效。

有针对性的招商引资信息来之不易，“众人拾柴火焰高”，招商引资信息需要所有相关部门和人员的共同努力，平时注意收集必要的数据和资料，经过一段时间的积累后，就可以形成具有当地特色的招商引资信息库，招商引资人员可从中发现或提炼出有用信息。

招商引资信息系统

企业通过对信息的了解和掌握来确定投资方向，政府通过对信息的分析，及时有效地修改、制订各项计划。随着招商引资规模扩大，如何高效、准确、快速地获取信息和分析信息的问题逐渐凸显出来，成为地方政府在招商引资中必须要解决的问题。招商引资信息管理系统就成为地方政府有效管理信息的重要手段。[6]

招商引资信息管理系统是一个连续、互相联系、由人和机器组成、相互作用的复合体，其目的在于收集、挑选、分析、评估和分配恰当、及时、准确的招商引资信息，并使这些信息产生有秩序的流通，以用于招商引资人员对其具体招商工作的改进、执行和控制。

随着互联网技术的迅速发展，招商引资信息系统具有更强的实时性和交互性，能够让招商引资人员跟踪市场变化，并迅速作出调整。

招商引资信息系统概念强调了 3 层含义：①它是人、机器和计算机程序的复合体；②它提供恰当、及时、准确的信息；③它主要为招商引资人员服务。

建立和维护一个招商引资信息系统的基本步骤包括：确定信息需求、识别信息渠道、收集信息资料、分析信息资料和撰写调研报告（见图 3—7）。

招商引资信息系统是招商引资部门的“中枢神经”，它使当地政府与外界保持紧密的联系，并综合各种内外信息，对招商引资各项决策起着引导作用，并监督协调当地各部门的计划和执行。

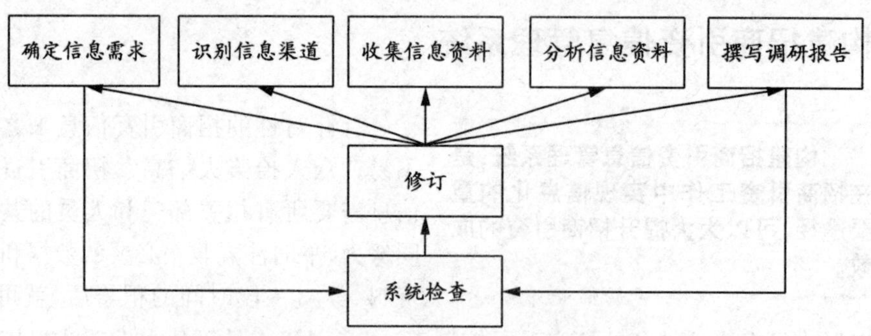

图 3—7　招商引资信息系统构建流程

招商引资信息系统构成

招商引资信息管理系统由内部报告系统、招商引资情报系统、招商引资调研系统和招商引资分析系统构成(见图 3—8)。

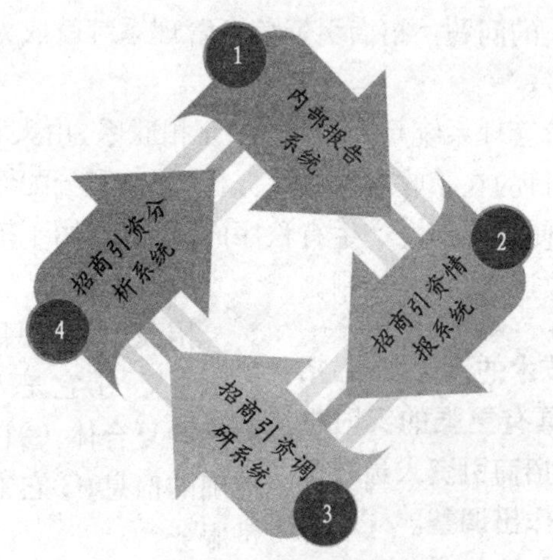

图 3—8　现代招商引资系统基本构成

内部报告系统是招商引资信息系统中最基本的子系统,其主要作用是向招商引资人员报告当地招商引资的详细资料,让其了解当地招商引资历史和现状。系统准确及时地记录招商引资项目的进展情况,既可以让投资商随时随地了解到与自己有关的投资项目进展情况,也可以根据领导的需要,随时提供按照项目金额大小、重要程度、进展情况等进行汇总的报告。

招商引资情报系统是招商引资人员用以了解有关外部招商引资环境发

展趋势信息的各种来源与程序。该系统的主要作用是向招商引资管理部门提供外部环境发展变化的情报信息。

招商引资调研系统的主要任务是,根据招商引资工作面临的主要问题,即对与某项具体的招商引资决策有关的信息进行系统的搜集、整理、分析和研究,并作出专题报告。该系统设置的必要性在于,内部报告系统和招商引资情报系统在其职能范围内都难以提供足够的信息,就需要组织专门的力量,或委托专门市场调研公司进行有针对性的调查。

招商引资分析系统在逻辑上建立起一个与招商引资相关的数据资源库,它从招商引资数据库获取相关数据,汇总得到与招商引资相关的所有信息,基于该数据库进行招商引资,促进平台相关数据的挖掘汇总和分析,生成与招商引资相关的数据统计分析、趋势、对比图,为领导决策提供支持。

便捷完善的招商引资信息保障机制

便捷完善、运行良好的信息保障机制,对做好招商引资工作、实现招商引资战略性的突破和创新起到了关键性作用。通常情况下,信息保障机制涵盖4个部分(见图3—9)。

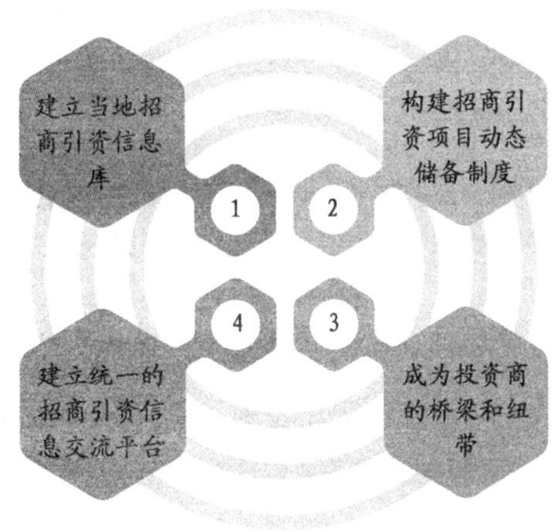

图3—9 现代招商引资信息保障机制

(1)建立当地招商引资信息库

集聚当地大量的优秀招商引资项目信息,包括投资项目、优惠政策、市场情况、投资意向等,便于投资商了解当地招商引资情况。通过对信息化系统中的线索项目、意向项目、在谈项目、签约项目、实施项目等项目跟踪数据的分析,对不同的项目,区别不同情况,有针对性地及时开展指导服务工作。

(2)构建招商引资项目动态储备制度

采集、分析、筛选和发布当地优质招商引资项目,及时推出适应国际惯例和国内招商要求的、可行性程度高的招商引资项目,为投资商提供真实、可信、快捷的"全天候"信息服务。

(3)成为投资商的桥梁和纽带

运用多种手段采集最前沿的信息,对所搜集到的信息进行整理、归类、编辑。凡是有意来本地的投资商,都可通过相互链接的网络界面获得大量可信的、适合本地的招商项目和企业产品等相关的信息服务。

(4)建立统一的招商引资信息交流平台

要搞好招商引资工作,就必须利用一切合法合理的手段和方法,营造良好的投资环境,造就"孵化器",吸引有投资力的投资商。

利用互联网技术,建立招商引资信息网络,把投资商、投资项目、劳动用工、资金需求、基础设施和政策要求等动态信息,分别由相关部门录入信息系统,进行共享,提高协调与合作力度。在当前环境下,伴随着信息化技术的迅猛发展和招商引资的客观需求,以其权威性为社会和广大投资者所认可的政府网站,对招商引资发挥着越来越大的推动作用。[7]因此,地方招商引资需要充分发挥信息化优势,推动具体工作的顺利开展。

注释:

[1]孙霞. 新常态下对招商引资工作的思考[J]. 经贸实践,2017(1):138.

[2]牛静华. 招商引资档案管理与信息资源共享探析[J]. 办公室业务,2016(18):146.

[3]李伟. 平昌县招商引资企业发展现状调研报告[J]. 经济管理(文摘版),2016(2):122.

[4]邵夏锋. 新加坡政府招商引资给我国带来的启示[J]. 时代金融,2016(8):67.

[5]邓慧慧,虞义华. 税收竞争、地方政府策略互动行为与招商引资[J]. 浙江社会科学,2017(1):28—35.

[6]李雨轩. 招商引资信息管理系统的研究与实现[D]. 吉林大学,2014:1.

[7]耿秋实,胡大敏. 发挥政府网站作用推动招商引资[J]. 现代经济信息,2016(11):337.

第 4 章 新常态下招商引资的关键点

本章将阐述如下问题：

- 当前招商引资发展特征是什么？
- 发达经济地区招商引资模式有哪些？
- 新常态下招商引资存在哪些误区、问题和对策？
- 如何有效推进招商引资工作？

改革开放近 40 年来，从总体上看，招商引资经历了 4 个阶段，每个阶段都具有特定的背景和特点（见图 4—1）。同时，在招商引资的不同阶段，投资商的关注点也存在显著区别。

无论是国际竞争还是国内竞争，表面看是产品的竞争，实际上是人才和员工素质的竞争，尤其是文明与科学素质的竞争。因此，具有长远发展眼光的投资商，必然会重视城市和地区的文化竞争力。

在招商引资起步阶段，正值改革开放初期，投资商来华投资主要看优惠政策，哪里的优惠政策多，资金项目就往哪里集中。在招商引资稳步推进和全面展开阶段，各地对招商引资促进当地经济发展取得了共识，纷纷加大招商引资力度，在各地招商引资优惠政策趋同的情况下，投资商投资主要看环境，哪里的投资环境（软环境和硬环境）优越，哪里往往形成投资商的投资热点。全面把握新常态下招商引资的关键点，有助于总结成功经验并吸取失败教训，同时，也有助于了解招商引资在后危机时代，随着内部、外部环境的变化所出现的新情况、新问题。

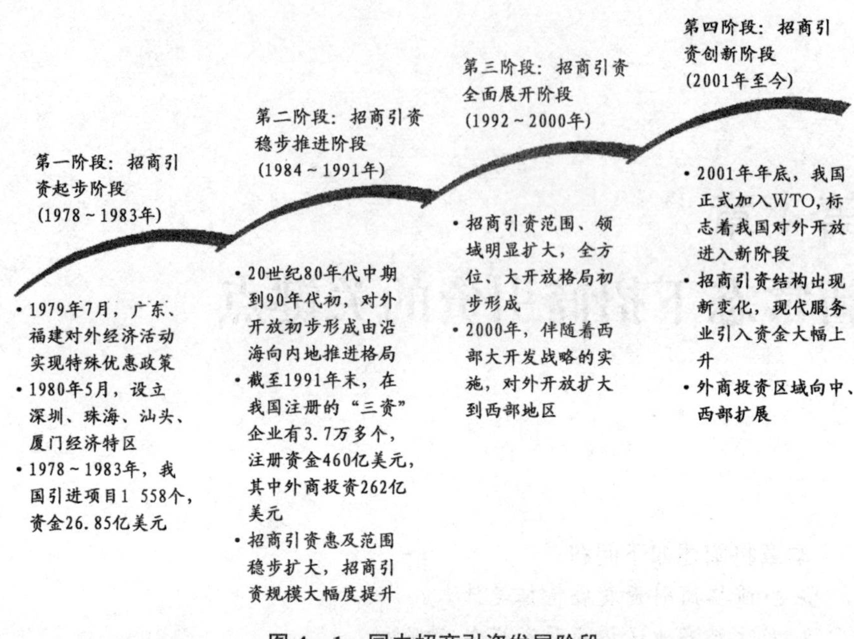

图 4—1　国内招商引资发展阶段

目前，从整体上来讲，国内招商引资处于创新阶段。招商引资结构和范围都出现了较大变化，在各地优惠政策和环境趋同的情况下，投资商更加关注投资区的人文竞争力，越是重大项目的投资、越是投资时间长的项目，对投资地的文化底蕴要求就越高，同时，在招商引资形式上也着重于创新。

新常态下招商引资的特征

招商引资是地方经济增长的着力点和突破口，成为很多地方经济发展战略中的核心工作。新常态下，招商引资面临着新形势、新特点，作为一名招商引资工作者，必须了解现代招商引资的关键特征（见图 4—2）。

招商引资实践差距明显

无论是从国家层面，还是从省、市、县、镇各级地方政府层面，都成立了招商引资部门，诸如商务局、招商局、投资促进中心、投资促进协会等。但是，国内区域经济发展极不平衡，有经济发达的东部沿海地区，也有经济相对落后的中西部地区。

东部地区是招商引资排头兵，具有丰富的招商引资经验、人才和基础设

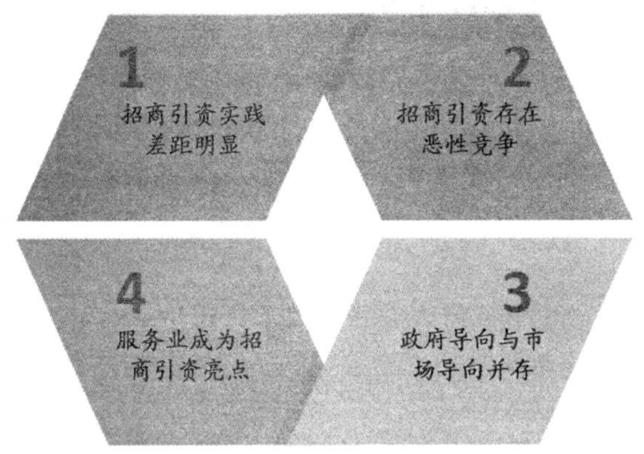

图 4—2　新常态下招商引资的特征

施配备，很多地方依靠招商引资促进了当地经济的活跃和繁荣。中西部地区招商引资工作相对滞后、招商机构不健全、招商规划不完善、招商人员不专业、招商经费不充足，招商引资服务工作缺乏全局性、长期性、连贯性和针对性。例如，内地某个地级市来沿海招商引资，领导给的任务是为即将举行的建市周年活动暨大型招商引资邀请民营企业家。虽然提出了引资议题，却没有项目对接，也没有指标，言下之意就是捧场。这些被请去的企业家基本上不用花钱，当地政府承担了他们的交通和食宿。一位老板私下表示，这是免费旅游，盛情难却嘛！

招商引资存在恶性竞争

当前，招商引资竞争主要集中在两个领域：优惠政策竞争和硬件建设竞争。总体来讲，无论是省市之间还是省市内县区政府之间，招商引资普遍缺乏引导和监管，招商引资竞争策略还处于低层次。

由于竞争同质化，一方面加剧了竞争的激烈程度；另一方面，招商引资进入一种不健康的过度竞争状态。招商引资恶性竞争导致项目引进成本飙升，极端情况下甚至出现零地价、零税收甚至于赔本引进的局面。

很多地方政府为了“引入大资金，招进好项目”，不惜以巨额资源为代价，出让自身利益和公共利益，忽视招商引资综合成本。例如，2011 年 11 月至 2012 年 3 月间，审计署组织对 18 个省（自治区、直辖市，以下统称省）、54 个县（包括县级市和区、旗，以下统称县；财力状况好、中、差各约占 1/3）的财政资金进行审计调查，发现招商引资中变相减免财政收入的情况非常严重，54 个县中只有一个县没有违规情况。

资料链接 4—1　变味的招商引资

3月的一天，温州香格里拉某会议厅人头攒动。数百名温州企业家聚集在这里。“到我们这里来投资的企业家，可享受人大代表、政协委员待遇，对表现比较突出、贡献比较大的企业家，甚至可以享受人大常委、县委常委待遇。”来自中部地区某贫困县的孟县长在台上激情洋溢地说。

“去年，一些外地企业家就当上了县里的人大代表、政协委员。除此之外，到我们这里投资的企业，还将享受用地、用水、用电等多项优惠政策。”孟县长逐一列举：一是用地方面，对投资兴办固定资产投资500万元以上、投资不低于100万元/亩的工业项目，地价为5.6万元/亩；二是用电方面，本县是国家贫困县，投资企业可以享受国家贫困县用电优惠政策，大宗工业用电电价0.55元/千瓦时；三是用水方面，水费按当地居民生活用水价格收取，到户水价2.2元/吨。

“需要补充的是，在用地方面，我们采取先缴后返的优惠政策。即企业先缴一定的费用，然后县政府根据投资项目的进度给予奖励，先返还60%；项目完成后，再通过税收奖励的形式返还40%，实际相当于零地价。”孟县长说。

听完孟县长的讲话，老宋觉得县政府招商引资的优惠条件的确算得上非常优厚。但对于“投资就能当人大代表”这事，老宋有些质疑：“我既不是当地人，又不在当地生活，投点资金，就可以享受人大代表待遇，这事到底靠不靠谱？此外，即便当上了人大代表，在一个贫困县，企业因此就会有更多的利润吗？”

资料来源：倪铭娅.变味的招商引资[N].中国证券报，2013—04—17(A04).

招商引资恶性竞争既造成了国家税收的大量流失，也不同程度地侵害了农民和市民的利益，同时，这种竞争也是一种无效竞争，最终结果是“三败”。

政府导向与市场导向并存

招商引资是区域经济发展的“生命线”，从实践来看，哪个区域招商引资多，哪个区域经济发展就快，经济发展水平就高。

无论是东部沿海优先发展战略，还是西部大开发战略、东北振兴战略、中部崛起战略，都包含了扩大招商引资、鼓励投资商到这些地区投资的政策。

在传统招商引资活动中，政府处于主导地位，这是在一定历史背景下所形成的，并且在实践中取得了积极作用。但是，以政府为主导的招商引资不可避免地会产生某些弊端。例如，一些地方政府招商引资急功近利，在土地、税收政策优惠以及利润回报等方面给予投资商不切实际的承诺；只重视招商引资，却忽视后续的协调服务，使得投资商合法权益无法得到保障等。

中介公司在招商引资活动中所提供的服务包括提供信息、联系客户、接触投资商、代理谈判、签约、代办审批手续、起草合同与章程，直到资金到位。

当前，世界上绝大部分市场经济国家实行的是市场化招商机制。中介公司受企业或园区委托为其进行招商引资，作为专业从事招商引资活动的中介公司，处于招商引资主体与投资商之间，对双方情况比较了解。

在国外，专业招商引资的中介公司的作用是不可替代的，市场化招商引资可以少走或不走弯路，招商成本低。在市场经济逐步完善、社会发育程度逐步提高的背景下，我国一些发达地区，如深圳和上海，都积极推行招商引资工作的市场化运作，政府由招商引资主体变为招商引资服务提供者。

服务业成为招商引资亮点

服务业包括商贸流通、仓储物流、房地产开发、旅游休闲、科教文卫、金融保险、信息广告、会计审计、物业管理、法律咨询以及其他各类中介服务等。服务业具有覆盖领域广、带动作用强、投入少、见效快、创造就业岗位多、受资源约束小等显著特征。

在发达国家，服务业已成为城市经济的主体，对发展中国家的影响也日益扩大，已成为城市的重要经济支柱和决定城市竞争力的关键因素。世界著名城市如纽约、东京、巴黎、伦敦等，其服务业所占 GDP 比重都在 80%左右。

根据世界经济发展的普遍规律，人均 GDP 达到 1 000 美元是服务业加快发展的转折点。

近年来，很多地方政府出台了“关于加快服务业发展”的优惠政策，在投融资、土地、税费、价格等方面进行多方位支持，加大力度发展服务业，明确“三二一”产业发展架构，重点突出服务业招商引资；其中，突出生产性服务业招商引资。例如，2011 年，西安国家服务业综合改革试点起步，建立西安市服务业重大项目库，目标是在 2011～2015 年间，重点抓好 150 个服务业综合改革试点重大项目。

区域特色招商引资模式

第二次世界大战以后，新加坡通过引进先进技术、资金、设备等，以合资、合作的方式，最大限度地提高了资源的利用效率，促进了经济的繁荣。其国土面积 710 平方公里，自然资源匮乏，但是，通过积极招商引资，目前已成为世界第一大货柜码头、第二大电子中心、第三大炼油中心和全球重要现代服务业中心，在航空工业、船舶修造、石油器械等领域居世界领先地位。

鉴于此，改革开放之后，我国东南沿海、长三角、珠三角等地加大对外开放，积极引入国外资金和技术，区域经济高速发展。经过近 40 年招商引资实践，各地结合自己的区域特色，创造了很多成功的、各具特色的招商引资模式。

“长三角”模式

“长三角”经济圈以上海为龙头，包括 16 个大中型城市，是我国经济实力最强的地区之一。目前，处于向工业化中后期发展阶段的“长三角”，成为我国区域经济发展的重要增长极和亚太地区经济发达地带，具有较强的国际竞争力。

“长三角”招商引资模式的主要特征是以政府为主导、向市场化过渡的多种形式相结合，以上海、苏州、昆山为代表。

(1)上海“双轮驱动”模式

20 世纪 90 年代初，上海开始走一条自上而下的经济革新之路，强势政府提供市场替代的行为，在短短 10 年内，就令这个具有沉重历史包袱的特大城市焕然一新。

上海规划管理型的政府操作主要体现在以下几个方面：①打造上海优良的投资环境；②政府将吸引外资作为工作重点；③完善招商引资的载体；④不断调整和优化产业结构，逐步提升经济发展的核心竞争力；⑤推行金融和国际贸易先行策略，为外资进入创造配套环境。

通过引进国外直接投资来发展大市场、大流通，引进大银行、大机构，推动金融保险、内外贸易成为第三产业的主体，房地产业、旅游会展业取得突破性进展。

实践证明，只有主动把握先进生产力的发展要求，以科技进步和扩大开放为动力，不断推动产业升级，才能赢得竞争和发展的主动权。

上海在招商引资实践中，存在向市场化过渡的招商引资模式。以金桥出口加工区为例，该开发区由浦东新区政府授权，由上海金桥集团有限公司实行商业化运作模式，负责进行统一规划、拆迁、基础设施建设、招商引资和土地管理。在整个建设和管理过程中，政府没有进行大量的资金投入，而是按照市场经济的原则和股份制的方式来运作，所有的投资行为均要对金桥集团董事会负责，投资回报来源于招商引资企业的税收贡献，其招商引资成为纯粹的商业行为，决定谈判成功与否的是双方的成本和效益。

(2)江苏“政府主导下的多种形式相结合”模式

江苏省各级政府都把扩大利用外资、发展开放型经济作为统揽当地经济全局的重要工作，拓宽招商覆盖面，在多个国家和地区派驻了招商代表；多种方式招商，强调综合性招商与专业性、专题性招商相结合；每年组织策划对重点国别、重点行业和重点项目的专业招商及会展招商活动。其中，较为典型的模式为苏州工业园模式和昆山产业集群模式。

模式 1:苏州工业园模式。

投资本质上是一种市场行为，只有专业化的人员，加以市场化的运作方式，以利润最大化为目的，才有可能获得经济效益和社会效益的双丰收。“苏州工业园”项目是一个市场化运作的成功范例。

苏州工业园是中国和新加坡两国的合作项目。园区的整个运作模式从招商到建设开发均施行市场化操作方式，即由中新苏州工业园开发有限公司(SSD)承担运作管理，该公司股东包括国内 14 家投资主体组成的中方财团，以及由新加坡政府控股公司和其他世界著名跨国公司组成的新方财团；新方股份占 65%，中方股份占 35%。

中新苏州工业园开发有限公司作为园区的开发主体，主要职责是工业园区 70 平方千米的土地开发和招商引资，经过几年的业务培育，中新苏州工业园开发有限公司主营业务已由单一土地开发业务，逐步转为以土地综合开发为龙头，以房产项目开发、招商引资、公共设施配套服务、高科技投资等多种业务为支撑的业务格局。

模式 2:昆山产业集群模式。

昆山市建立了产业集群模式，在实际招商引资工作中取得了良好绩效，凭借其外向型经济在“苏南板块”中异军突起，彻底完成了由乡镇集体经济向外向型经济的转型。

目前,昆山已成为长三角经济圈乃至全国国际资本投入的高密集区。围绕外向型经济的战略,昆山招商引资主要推进以下几项工作:①紧盯规模大、品牌效应突出的外资企业;②抓产业链,形成产业集群;③主攻台资企业;④以人文吸引台商,使其逐渐融入当地文化;⑤在规划上引导企业聚集,使国际品牌竞相落户。

运用"有形之手"和"无形之手","政府为主,向市场化过渡"的模式成为"长三角"招商引资的显著特点。

昆山产业集群模式成为当前国内最有代表性的模式之一,通过国际资本和先进技术的大量进入,昆山已形成了电子信息、精密机械、精细化工等支柱产业。

"珠三角"模式

"珠三角"市场化程度高,经济活动主要靠市场力量自动调节,当地政府尽量减少管制。以深圳为例,外资目前控制了当地接近80%的经济活动。"珠三角"模式的主要特征是市场主导、政府为辅,其中"东莞模式"颇有代表性。

"东莞模式"出现在20世纪90年代,它是由东莞提供土地或标准厂房,内地提供劳动密集型生产的廉价劳动力,外资提供资金、设备、技术和管理的要素组合,并按照"中国台湾接单、东莞生产、中国香港出口"流程运作的一种引资模式。除IT产业外,东莞台资企业还在制鞋、塑胶、家具、灯饰等近30个劳动密集型行业中具备相当大规模,上下游产业配套完善。

2011年3月,东莞市政府发布的《关于进一步加强对外招商引资工作的指导意见》传达了未来5年招商引资的明确信号,成立以市长为组长的招商引资工作领导小组,加大网络、媒体宣传力度,引进以新能源、新电子、新材料、生物医药等为代表的战略性新兴产业,原则上不再新批来料加工项目。

就整个珠三角地区来讲,2008～2012年,珠三角地区6个产业转出市转出传统企业6 000多家,新引进先进制造业、高技术制造业和现代服务业企业8 000多家。

"京津唐"模式

"京津唐"地区是环渤海经济圈的核心,位于我国东部沿海地带的北部,是我国北方地区的海上门户,与日本、朝鲜和韩国联系便捷。"京津唐"地区的科技、人才优势,决定了"京津唐"无论是科技资源的拥有量还是科技应用与开发的实力都居全国之冠。

优秀的人才、科技资源吸引了众多跨国企业设立研发中心，形成良性循环。在高新技术产业、汽车制造、金融、商业和贸易等方面，北京、天津与上海、广州旗鼓相当。而且京、津两大直辖市政治优势明显，仅从北京看，因其政治文化角色的不可替代性，使其自 20 世纪 80 年代末以来，天然地成为中外企业的云集之地，越来越多的跨国公司将其在中国的投资总部设在北京。

近年来，投资商在中国的投资流向不断由南部沿海向中部沿海和北部沿海转移，尤其是日韩及欧美等跨国公司纷纷在北京设立研发机构，"京津唐"地区对外开放呈现加快势头，依据该区域的资源禀赋和发展基础，"京津唐"地区以知识型经济为龙头，以现代制造业为重点，成为知识创新中心、发展主轴、高新技术产业带。

联合国贸易和发展会议认为，"通过装配活动促进技术升级换代的发展前景是有限的，因为这类活动带有很大的地区流动性，与当地经济的联系并不牢靠"。

"京津唐"区域招商引资模式的特征是总部经济。总部经济模式是区位优势与跨国公司竞争优势有机结合的典型例子，跨国公司的竞争优势与东道国的区位优势结合在一起，相互影响，共同促进企业创新能力的增强。

资料链接 4—2　湖北省出台招商引资"16 条"

湖北省政府出台《关于新形势下进一步加大招商引资力度的若干意见》(以下简称《意见》)，鼓励各地完善相关政策，推进招商工作。到 2020 年，全省实际利用外资和省外实际到位资金年均增长 8%以上，引进世界 500 强企业超过 300 家。

该《意见》分为加大招商引资力度、完善招商引资政策等 4 个部分，共计 16 条。鼓励各地出台支持总部经济发展的政策举措，吸引跨国公司、央企和民企来鄂设立总部、区域总部，以及研发中心、技术中心、采购中心和结算中心等功能型机构。鼓励各地有序推进重资产招商，政府可代建厂房及厂区基础设施、代购生产设备、配套提供员工公寓等，吸引龙头企业轻资产"拎包入住"。

鼓励各地设立招商引资专项资金，可对上一年度招商引资落地项目，新增地方财力、新增固定资产投资和实收注册资本增资，给予不同层次的奖励、资助；对那些对招商引资有突出贡献的各类商会、中介组织和个人予以奖励。

鼓励各地在法定权限范围内，用足用活税收优惠政策。加大跨境交易管理改革力度，直接投资项下外汇登记及变更登记下放银行办理，外商投资企业外汇资本金账户开户个数不受限制，可异地开户，实行意愿结汇。鼓励各地出台引进高层次人才政策措施，保障招商企业用工，对企业开展用工岗前就业技能培训给予补贴。

《意见》还提出，把招商引资作为考核干部的重要依据之一，对成绩突出的予以优先提拔重用，建立招商容错机制，为敢于担当的干部撑腰鼓劲。

资料来源：雷闯．我省出台招商引资“16 条”[N]．湖北日报，2017—04—05(001)．

现代招商引资误区、对策和路径

新常态下，各地为解决国内消费和投资需求不足的矛盾，纷纷扩大本地投资，借以拉动经济增长，同时，也相应加大了招商引资力度。但是，传统的招商引资误区在不同程度上依然存在，不利于招商引资工作的持续健康发展，为了促进科学招商引资，需要有针对性地提出对策，理清发展路径。

现代招商引资的六大误区

现阶段，囿于历史原因和具体国情，国内招商引资主要表现为政府行为。通常情况下，地方政府针对投资商提出有关筹建项目及所需资金的一揽子计划，开展适当的宣传推广，推动合作项目或融资项目。在这个过程中，存在着种种误区(见图 4—3)，招商引资部门需要警惕这些误区，避免无效或低效的招商引资工作。

(1)片面强调到大城市或海外招商

如今，招商引资成了很多地区政府部门和园区的年度核心工作，从政府第一把手，到招商、经贸、宣传等部门，天天都围着招商引资转，跑展会、跑企业、跑上级主管部门，外出考察、经验交流、投资商接待……这些本无可厚非，但是，实践中，很多地区，不管是东部经济发达地区，还是中西部经济相对落后地区，每年都要到北京、上海、广州、深圳等经济发达地区或者国外召开“××市招商引资洽谈会”，宣传招商引资项目，场面搞得轰轰烈烈，与高昂的招商引资成本相比，取得的成果显得微不足道。

相对来讲，特区和大城市投资商资源比较丰富，但这些投资商的关注点

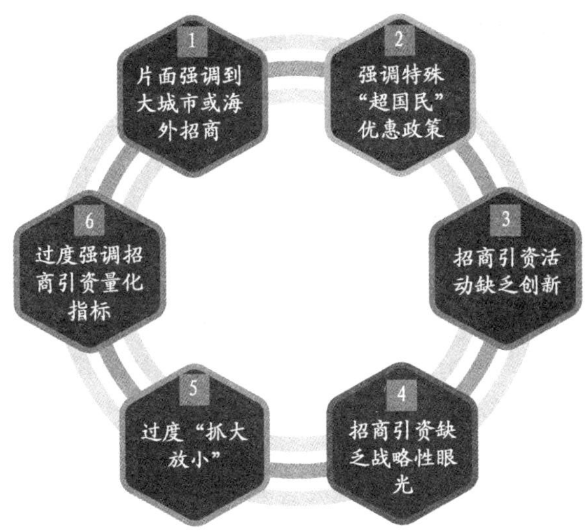

图 4—3　现代招商引资误区

多在于当地的交通便捷、人才资源丰富和国家优惠政策等，中西部地区的软硬件条件与之相比，具有较大差距，通常招商引资效果并不好。

实际上，随着信息化和网络化的迅猛发展，地方招商引资部门可以充分利用互联网，清晰地表达自己的招商引资意图和详尽情况。即使当地招商引资部门有必要“走出去”，也要对国外或国内大城市的招商引资形势进行全面了解，做好前期联系准备工作，并确定具有吸引力的项目和优势条件。

(2)强调特殊“超国民”优惠政策

优惠政策自始至终是推进招商引资工作的法宝。后危机时代，为了取得招商引资竞争优势，各地突破国家土地、税收法规及相关政策，竞相压价，恶性竞争愈演愈烈。例如“零地租”、“十免十减半”，甚至除明文规定减免税费年限外，还规定从盈利年度起再打折扣征收等。从长远来看，这种单纯依靠政策优惠的低层次招商引资并不利于当地经济的发展。

事实上，招商引资的成功并非取决于几条看起来很不错的优惠政策，如果不顾具体条件，忽视长远利益，不仅无法实现招商引资战略目标，还会遭受招商引资风险。例如，一些“候鸟”投资商恰恰就是利用各地“特殊”政策优惠的条款，先到甲地投资，还没等到优惠期满，就转移到乙地投资，寻找新的投资优惠政策。

众所周知，投资商之所以投资，其根本目的就是获利，必然选择有利可图的市场，一味地强调政策优惠，实质上等于无条件让利。

如果把招商引资竞争简单地等同于优惠政策竞争，可能会产生如下不利影响：①不利于发展本地的内资企业；②竞相攀比优惠，忽视优化招商引资环境；③容易造成资源配置扭曲；④出现短期行为，增加后期招商的风险。

成功招商引资，归根结底，还是要营造公平的竞争环境。各地的招商引资优惠政策必然会趋同，其吸引力也会逐步弱化。同时，从国际产业转移的新特点来看，当地应该重在改善或提供良好的投资环境和服务，只有这样才能长期促进本地区的经济发展。

(3)招商引资活动缺乏创新

目前，招商引资活动仍然以传统方式为主，如印发招商项目册、召开信息发布会和参加经贸洽谈会等，缺乏真正把握招商引资内在规律的新型招商。

就招商引资宣传册而言，各地基本上都会注重强调劳动力、地价、物产等资源优势。然而，无论是国外投资商还是国内投资商，最关心的则是投资所在地的社会环境、基础设施和产业发展前景。

许多政府招商引资机构，由于缺乏专业人员和专业素质，对项目的推介形成了一个程式化模式：刊登一组城市名片；推出一批项目清单；举行一次大型推介；邀请一批领导与会；设计一个签约仪式；赢得一个动感场面。

然而，对活动之后的关键环节，如效果评估、绩效检验、意向跟踪、商机整理以及渠道联系等跟进工作，缺乏充分的认识与运作。例如，某个西部经济欠发达县的招商团来到珠三角，由于差旅费有限，其招商引资任务很明确：在当地举办一场投资推介会，人数规模最好超过100人，届时，县领导班子成员会悉数登场。但通过活动牵头人的各种努力，出席人数还不到30人。会后，相关官员却说："不管咋样，总是办成了一次招商推介会，我们的报告有内容写就行！"

知识经济时代，人才、制度、知识产权同样是重要资源，其创造出的价值远远高于有形资本带来的增值。要想引入这些重要的资源，就不能仅仅凭借自己的优势资源，还要为这些无形资源的引进创建良好环境。

(4)招商引资缺乏战略性眼光

"老板放手放胆，政府撑腰壮胆"、"人人都是投资环境，个个代表开放形象"、"投资商是上帝，引资者是功臣，得罪投资商是罪人"……一系列招商引资口号和宣传语，体现了很多地方对资金和项目的渴望。

资料链接 4—3　频频出现的招商引资怪招

1. 全民招商

1998 年，江苏沭阳县给教师下达“招商引资”任务，结果引起教师集体罢课；2003 年，沭阳县除教师以外的财政供养人员人人都有招商引资指标，完不成任务就面临着通报批评、诫勉谈话、离岗招商直至引咎辞职等处理。2009 年沭阳县又出台了《招商引资第一责任人“代理负责”制度实施细则》，完不成招商任务的第一责任人被“代理负责”。

2.“离岗”招商

陕西关中某县制定了招商引资工作的“三三制”：1/3 机关干部离岗招商，1/3 干部处理日常工作，1/3 干部进行招商服务工作。这种“三三制”呈蔓延趋势，而且将干部考核与招商成绩相挂钩，想评先进、得到提拔就更要有招商成绩，否则会被“一票否决”。

3.“三零政策”招商

所谓零干扰、零门槛、零距离的“三零政策”，在土地、资金、资源等方面付出越来越多的“隐性代价”。不怕让利给你，就怕你不上门投资。各地优惠政策大比拼的结果是恶性竞争的加剧，有的投资商趁机进行圈地、套利、污染转移。

4.“不干预私生活”招商

有一些出门招商的干部公开宣称，对于上门投资的客商，不仅白天提供优质服务，“晚上也要负责保护客商的安全，不干预客商任何形式的‘私生活’”。

5. 车辆违章不罚款

山西省某市为了招商，曾出台类似“外地车辆在当地违章不罚款”、“因当地原因造成损失的，政府包赔”等一系列政策。

一些招商引资甚至只是为了实现领导者的“政绩工程”，不顾本地区社会、经济发展的实际情况，使得招商引资行为，无论是从内容还是从规模上，都与本地区现实相差甚远，无法取得招商引资预期效果。

同时，错位的政绩观必然派生出不求实效、劳民伤财、不惜以人民的血汗为自己捞取“政绩”的行为，进而派生出各种形式主义的花架子。很多地方政府为了完成招商引资任务，不计条件地向投资商让步。例如，有的地方怕投资环境不好，对外部投资商过分迁就，在引进设备工作中，听凭投资商任意报价，结果是让一些不法投资商钻了空子。

(5)过度“抓大放小”

“招大项目，招龙头企业”成为很多地方政府招商引资的重点工作，甚至在招商引资中不惜动用巨额资金，出让自身利益和公共利益，不考虑不良资本和不良企业的负外部效应等行为。这不但使政府的投入—产出不匹配，而且带来了许多严重的社会问题。

事实上，投资商初始投资都会比较慎重，一般会先少量投入，试试投资效果，如果效果理想，有可能大规模投入。有些地方政府片面追求大项目，忽视一些小项目投资，结果一事无成。例如，1995 年，一名做小食品的中国台湾老板刚来苏州投资时，仅有 50 万元人民币、58 个员工。苏州并不嫌弃这个小项目，该企业经过 10 年拼搏，到 2005 年，其资产已经达到 10 亿元。这个例子告诉我们，招商引资不能只盯大不要小，抓小才能引大，小的培育好了，大的就跟上来了。

当前，国际产业转移呈现产业链制造、研发、服务一体化的组团式转移态势，各地产业基础和产业配套成为承接国际产业转移的主要因素，大项目对于各地招商引资提出了更高要求。

另外，招商引资应该从本地实际出发，不能一味求大。从那些操作性强的小项目起步是一种现实选择，成功率更高，不仅项目好谈，审批起来也容易。

(6)过度强调招商引资量化指标

为了完成招商引资战略目标，很多地方政府自上而下制定招商引资任务，将任务指标层层分解，层层下达，细化到部门，分摊到人头，规定了完成任务的时间；甚至实行“一票否决”，把招商引资与个人工资、奖金、职务晋升挂钩。

政府直接从事招商引资活动，充当招商引资“运动员”，可以说是角色的错位，而且，以政府为主体的招商引资，其成本必然偏高。

为了完成招商引资指标，这些部门疲于奔命，牵扯了大量的人力、物力和精力。一方面，它们忽视了对已引入投资商的服务工作；另一方面，各地招商引资部门“高招频出”。

促进招商引资的 6 项对策

如前所述，招商引资是一项系统工程，地方政府要想进一步提升招商引资质量和水平，不仅要关注资金要素，还要全面研究各类生产要素，以当地招商引资现状为基础，借鉴国内外开展招商引资的先进经验和做法，制定具有地方特色的招商引资对策。通常情况下，促进招商引资的对策可以归纳为以下 6 项(见图 4—4)。

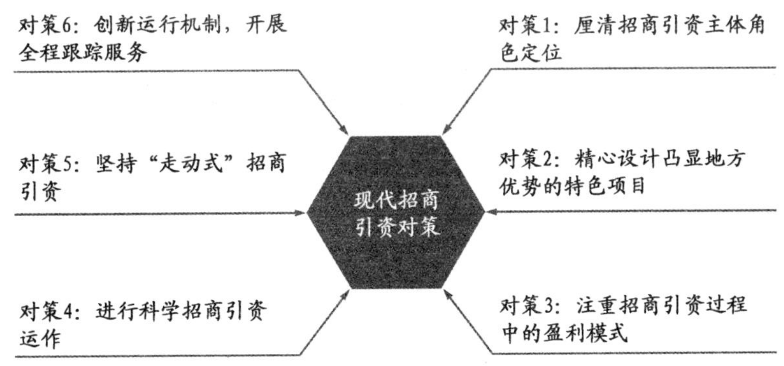

图 4—4　促进招商引资的常见对策

(1)厘清招商引资主体角色定位

招商引资是专业性强、要求严谨的经济活动，无论是新项目还是合作项目，无论是大项目还是小项目，都需要科学的论证和反复的沟通、协调与谈判。这就要求政府从前台退到幕后，把精力用于改善投资环境，而让企业成为招商引资的主体，直接与投资商、合作者谈项目、谋发展。

“政府搭台、企业唱戏”，要严格把握企业的主体地位，即使是欠发达地区的政府部门也要创造条件，将政府招商逐步让位于专业招商引资机构，逐步转变政府职能，提高招商引资水平。

许多发展中国家和地区为了从资本市场争取更多的份额，纷纷成立“智力型”、专家型的外资促进机构，招商引资的运作方式日趋专业化、规范化、国际化。

同时，政府需要加强招商引资组织领导力度，分类指导，促进企业自行招商。企业集团可以独立招商，中小型企业可以联合招商，有关部门做好相关的管理和服务工作。

(2)精心设计凸显地方优势的特色项目

目前，大多数招商引资项目都是表格式、清单式文本，内容集中于“四段式”：项目简介、投资规模、政策优惠、联系方式。这样的招商引资项目既不能突出当地的优势与特色，也无法引起投资商的兴趣。

对当地招商引资部门来讲,应该根据地方经济发展战略,结合国家和省的产业发展政策,制定充分发挥当地优势、体现当地特色、符合当地实际、适合当地发展的招商引资行业政策,并相应出台扶持行业发展的激励措施。在此基础上,转变思维,突出体现地方优势的特色项目,对接投资商,为之提供市场分析预测,公开法规保证与政策服务。

资料链接 4-4 深圳以特色为依托,全面招商引资推广方式

深圳始终认为,投资者喜欢一个城市的理由非常简单,但是如何让喜欢深圳的人把这些简单的理由转化成投资的动力,让深圳既"叫好又叫座",是深圳一直在不断探索的。在借鉴香港"港式服务"经验的基础上,结合自身的产业特点和城市发展格局,深圳主动出击,对投资推广方式进行创新,集中彰显"深圳魅力"。

一是充分利用"展会经济",借展会之机组织开展有针对性的投资推介活动,通过深度介入,引进符合深圳产业环境的新业态。作为国际化开放型城市,每年有不少大型展会在深圳举行,在 IT 峰会、医疗器械展、文博会、电子信息博览会、深洽会、软交会、西博会、国际 LED 展以及粤港投资推介会上,深圳先后挖掘了 50 余家企业投资意向。海信、神州数码等大型总部项目,都是通过展会契机落地深圳。

二是通过与重点规划建设园区合作,探索载体招商。深圳在市投资控股公司和特区建设发展集团开发园区、高新区深圳湾园区、大沙河创新走廊等多类型的重点园区建立重点园区资源与园区需求信息库,不断输送优质创新资源。

三是加强对投资额度不大,但对城市后续整体环境有明显提升的"小清新"项目的引进,推动 SAP 华南区总部、ADP、美国富兰克林邓普顿基金集团中国区总部落户深圳。

四是加大对跨国公司研发中心类项目的引进,在当前时代背景下,招商引资档案管理工作信息化建设还需要转变传统观念,结合实际工作需要,不断完善和创新制度内容,促使档案管理制度更加合理、有针对性,对档案信息化建设内容、对象、规划和发展方向作出明确的规定。

资料来源:冷静. 借鉴深圳投资推广经验 全面打造青岛招商引资新优势[J]. 决策咨询,2015(2):49-54.

(3)注重招商引资过程中的盈利模式

"共赢"是成功招商引资的核心理念,也是地方经济持续发展的根本。

一方面,地方经济借助于投资商实现跨越式发展;另一方面,也要兼顾投资商利益。另外,“共赢”本身就是当地招商引资的名片和品牌,会持续不断地吸引新投资商。

要想做到“共赢”,在招商引资过程中必须加强成本核算,调整招商引资思路,在引进资金、项目方面要十分注意成本核算,以务实的心态、周密的策划和深谋远虑的思考来做好招商引资。

(4)进行科学招商引资运作

2008 年,河南某市启动了千名优秀干部离岗招商活动,1 300 名机关干部离开工作岗位两年,奔赴各地招商。实践证明,以行政手段、运动方式搞招商引资,不仅无法促进当地经济发展,还可能破坏投资环境。仅凭少数领导脑子一热就拍板,大多是要出现失误的。

现代招商引资必须坚持科学发展观,切实转变招商引资观念,以优化经济结构为核心目标,改善环境、明确重点、创新方法,加大优势项目的招商引资力度,努力提高招商引资的质量和水平。

(5)坚持“走动式”招商引资

在招商引资过程中,敢于拿下面子、放下架子,招商引资人员既要下去联系基层、了解企业、了解项目,更要走出去招商引资、争取项目。例如,富甲一方的昆山也曾穷得连干部的工资都发不出,2003 年,他们打着“国家级自费经济开发区”的旗号到中国香港招商引资,甚至还在《大公报》上言称:“欢迎你们来投资,欢迎你们来剥削。”尽管这种做法有些出格,但招商引资最终结出硕果,经过 6 年时间,昆山财政收入从 10 亿元上升到 100 亿元,又用了2年(2004年、2005年)时间,从 100 亿元提升到 200 亿元,2011 年突破 600 亿元。

实践证明,要想真正形成招商引资的活力,必须转变过去单纯依靠政府主导、依靠一个或几个部门进行招商引资的做法。

(6)创新运行机制,开展全程跟踪服务

软环境是构建未来招商引资竞争力的重要方面。抓好软环境需要从机制上入手,采取有效措施,加强投资商的全方位服务。比如实行外来投资联合办公制度,让专人组成外来投资企业联合办公中心,由相关部门“一站式”办公,做到对外来投资企业的“一条龙”服务。

另外,还要为投资商提供优质、文明、高效的服务,加大项目领导、协调和服务力度,及时掌握项目进展情况,并跟踪督办落实。例如,河南郏县提出了“三个零”、“五个一”服务模式。“三个零”,即保证用地企业与群众零接触、部门为企业服务零距离、行政审批费用零成本,为入驻企业消除项目建设后顾之忧;“五个一”,即一个项目、一名领导、一套班子、一个目标、一抓到底,使每个项目从决定落户郏县那天起,就有一个固定的政府工作团队随时解决问题。以平煤机为例,入驻产业集聚区后,平煤机提出用工问题后,由县财政出资为其培训技术工人 450 名;平煤机提出能源问题后,政府投资 4 000 万元,专门为该公司铺设了 38 千米天然气管道;为解决企业的配套服务问题,政府专门规划建设了机械制造产业园,吸引关联企业入驻。

资料链接 4—5　天津市北辰区创新招法筑巢引凤

2017 年以来,天津市北辰区围绕五大发展理念,多措并举,狠抓落实,开创招商引资工作新局面。一季度,全区实际利用内资 99.19 亿元,同比增长 10.72%,完成全年任务的 26.4%,引进千万元以上项目 109 个,协议投资总额 238.3 亿元,其中亿元以上项目 29 个,在谈储备项目 90 个,预计总投 967.5 亿元,招商引资实现首季开门红。

● 科学规划,延伸链条产业招商

一是找准定位规划招商。坚持规划引领招商,统筹搞好定位布局,形成一批规划成果,包括北辰空间发展战略规划,京津城际地区、产城融合示范区、新增环内地区和京滨城际北辰站点周边等重点片区城市规划与产业布局规划,以及示范园区建设、楼宇经济发展、镇村工业园区改造提升等专项规划,基本实现规划体系全覆盖,不断提高招商引资的靶向性和成功率。二是延伸链条产业招商。围绕高端装备制造、现代医药、新能源和新材料、新一代信息技术四大主导产业,从区内龙头企业着手,认真分析产业链和上下游产品的分布,梳理出智能设备、数字印刷装备、轨道交通、大型成套设备等十大产业集群链条,细化招商目录,按图索骥,靶向招商,实现“缺链补链,短链拉链,弱链强链”,形成产业聚集。

● 创新招法,优化环境以商招商

一是广拓渠道外出招商。创新招商方法,用足用好各驻外办、驻津办、异地商会、行业协会等优质资源,探索平台招商、基金招商、网络招商等新形式,提高招商引资针对性和实效性。聚焦京津冀协同发展国家战略,加强与在京央企、国企联系沟通,组织赴京专题招商推介会,主动承接非首都功能疏解。聚焦长三角、珠三角等发达地区,一季度,先后组织人员赴广州、深圳、上海、苏州等地开展招商,考察对接长三角研究院、中兴通讯、星河集团、中国科技开发院等企业和单位,取得实际效果。聚焦欧美等发达国家、“一带一路”沿线国家和国际友好城市,利用驻区“世界 500 强”外资企业延伸招商“触角”，推进各领域务实合作。二是优化环境以商招商。研究制定先进制造业、科技创新、楼宇经济等 7 个方面的政策办法，打出一套招商引资政策组合拳。整合行政审批职能，完善联合审批、网上审批、预约审批、绿色通道等审批程序，进一步提高行政服务效能。贯彻落实企业对接帮扶政策，积极构建“亲”、“清”新型政商关系，营造亲商、利商、留商、暖商的浓厚氛围。

● 科研转化，筑巢引凤载体招商

一是创新发展科技招商。制定出台创新驱动行动方案，充分发挥河北工业大学、天津商业大学等 6 所驻区高校和 14 家大院大所的优势，积极搭建科技成果转化平台，加快建设金融创新大厦、科技创新大厦和各类创新载体，探索建立“科技成果转化超市”，促进区内高校和机构的科研成果向企业转化，实现互利共赢。二是筑巢引凤载体招商。利用“国家级自主创新示范区”和“国家级产城融合示范区”这两块金字招牌，引进 SMC、得力、精雕数控、力群印务等先进制造业项目；与光华教育集团合作，建设北辰外国语学校；与北科建集团合作，共同开发产城融合核心区等，城市载体功能不断提升。

资料来源：唐心怡，魏炳锋．创新招法筑巢引凤 天津市北辰区招商引资实现首季开门红[OL]．人民网一天津频道，2017－4－25. http://tj.people.com.cn/n2/2017/0425/c375366－30091201.html.

成功招商引资的 8 种路径

成功招商引资的关键是，通过学习、了解、研究、借鉴、创新招商引资模式，构筑一条符合当地实际的招商引资之路。通常情况下，现代招商引资可从以下 8 种路径中进行选择或组合（见图 4－5），从而提高招商引资的效率。

(1)利用当地优势、特色资源

利用当地优势、特色资源进行招商引资，包括两个方面：一是利用当地独特的自然资源优势；二是利用当地的软性资源，吸引投资商到当地投资。例如，苏州人利用古城、古镇、古园林的文化品牌进行招商引资。上海的招商引资盯住“世界 500 强”，盯住欧美企业；而苏州的招商引资就聚焦于台商。政府先行规划，构筑开发区、工业园区等招商引资载体，创造“让居者乐居，让投资商赚钱，让旅游者快乐，让创业者成功”的综合投资环境，从而实现地方经济的腾飞。

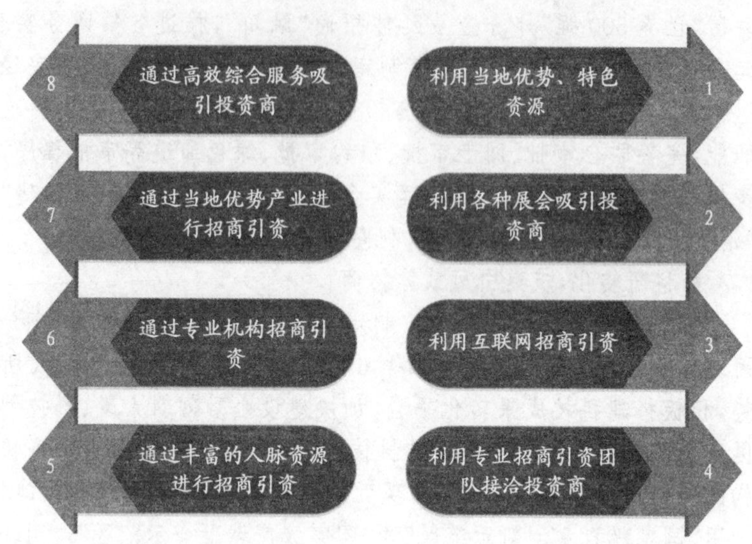

图 4—5　成功招商引资的 8 种路径

同时，通过一些成熟的渠道，诸如报刊、电视、广播等媒体发布各类广告，向全社会、海内外大规模宣传本地的资源、优惠政策和比较优势，从而引起投资商的注意，并调动潜在投资商的兴趣。

(2)利用各种展会吸引投资商

通过举办投资说明会、项目推介会、合作研讨会、商品展销会、交易会等各种活动，进行招商引资谈判、吸引投资。这方面比较成功的例子如广交会、青岛啤酒节等。这种方式既能吸引潜在客户，又能大规模宣传当地的独特优势，具有宣传优势明显、媒体密集度高等优点。

以招商引资为目的的“节会活动”不是多多益善，而是要因地制宜，少而精，争创特色，打响品牌。

另外，专题招商招才活动更适于在国外或外地城市单独举行。例如，在上海、北京、广州等主要城市，可以以外资PE/VC(私募股权投资/风险投资)、跨国公司地区总部、投资银行、商会、使(领)馆、投资咨询和管理公司等为重点，通过建立多种形式的合作机制，举行创新创业人才及项目招商对接会等专题推介活动。

资料链接 4—6　广东中山市招商引资引智再创新高

为期 3 天的 2017 年中山招商引资 · 招才引智洽谈会暨第四届中山人才节于 3 月 28 日在中山市博览中心开幕。据广东中山市政府介绍，本届以“创新引领，智汇中山”为主题的洽谈会上，达成的招商引资项目数量及投资额、招才引智合作与引进项目数量均创历史新高。

● 招商总额达367亿美元

洽谈会通过突出交通区位优势，展现优良投资环境，市镇两级联动，形成招商合力。除主会场外，18场系列分场活动包括8场招商分场活动和10场人才节系列活动，由各相关部门和镇区自主申办，全面发展靶向招商、委托招商、以商引商和产业链招商。引进一批重大产业项目，其中投资金额超过100亿元人民币的内资项目有6个，投资金额超过3 000万美元的外商投资项目有4个。

……

同时引进一批行业高端和产业平台项目，构建吸引大项目、好项目的“强磁场”。与金融机构达成全面合作协议，实现“项目＋资本＋产业”全方位引进。

● 汇聚人才，支撑经济发展

本届洽谈会特设颁发政府顾问聘书环节，聘请经济、科技、金融、文化、城市规划等领域的一批专家顾问，组成中山市政府顾问团。人才节则重点打造中山人才高峰论坛品牌，按照主论坛（1个）＋分论坛（4个）的形式共举办5场不同主题论坛活动。

其中，中山招商引资·招才引智洽谈会自1990年成功举办以来，已成为中山市对外进行经贸交流与人才合作的重要纽带，也是国内外企业进入华南地区、珠三角地区投资创业的重要平台。

资料来源：黄殿晶．广东中山市招商引资引智再创新高[N]．中国改革报，2017－03－28(003).

在利用各种展会或洽谈会招商引资时，要注重与当地特色的深层次结合，也要实事求是，不能过度包装，夸大其词。某些地方错误地认为，招商引资活动越大越好，牌子越响就越能吸引投资商，其实效果恰恰相反。例如，很多地方不去挖掘当地特色，盲目大打中国牌，所有节日均冠以“中国××节”。市、县，甚至连一些乡镇搞的招商活动也定名为“中国××节”。

(3)利用互联网招商引资

信息化时代背景下，无“网”不胜，网络成为超脱实体经济、虚拟经济之外的一种崭新经济形式。

地方招商引资部门在互联网上建立网站，发布项目信息，开展商务交流并寻找合作伙伴;同时,招商引资团队也可以通过互联网寻找有价值的商业信息、合作项目和投资商。世纪之初,江苏省溧阳经济开发区就开始建立互联网平台,之后天津西青经济开发区、江苏江宁经济开发区、固安工业园、兴化开发区、江苏海门临江新区、上海张江高科技园等都将互联网当作招商引资新型平台。2012 年昆明网络招商中心揭牌、"投资昆明网"正式上线,为互联网在线招商领域注入了新的活力。

资料链接 4—7　招商引资也"触网"

打开"投资青岛"网站(http://investqd.qingdao.gov.cn),就能看到青岛市政府为国内外投资商提供的有关青岛最新、最准确、最权威的投资资讯。据悉,"投资青岛"正式上线一年来,已有来自海内外的 20 余个高端投资项目成功"登陆"青岛。

在电子政务早已普及的今天,招商引资"触网"也成为一种发展趋势。2012 年 9 月 27 日,"投资青岛"网站正式建成上线,建起了青岛与投资项目之间的网络桥梁。"投资青岛"网站包括中文、英文、韩文和日文 4 种语言,是一个覆盖面广、功能强大、信息丰富的招商引资服务平台。该网站的突出特点是围绕"项目推介"来进行信息资源整合,专门设立了"重点招商项目推介"栏目,包含"楼宇招商"、"高端服务业"、"先进制造业"等内容,将青岛市拟重点对外推介的项目进行分类,并将不同项目适用的招商引资政策、资源、服务、投资成本等内容进行信息整合,方便投资商查询参考。另外,产业发展涵盖青岛市重点发展的产业集群和战略性新兴产业,以及近年来重点打造的 10 个千万平方米工程和 10 条工业千亿级产业链,可以让投资商了解青岛市产业重点发展方向。

……

据介绍,"投资青岛"网站正式上线以来,已有 20 余个项目通过该平台被吸引到青岛,项目类型以高端服务业、先进制造业等为主。"今年初,中山大学的工作人员带着'飞机无人机发动机研究项目',计划组织 50 多个企业到青岛考察。他们正是通过'投资青岛'网站找到我们的。"青岛市招商促进办工作人员透露,目前,该项目已经在谈判当中,这一项目一旦确定落户青岛,将填补青岛在无人机发动机研究方面的空白。

资料来源:赵伟,刘艳.招商引资也"触网"[N].人民日报海外版,2013—09—13(02).

(4)利用专业招商引资团队接洽投资商

招商引资不单是招商人员个人素质与能动性的表现,更是整个团队市场运作能力和综合协调能力的反映。招商团队针对已有资源,有选择、有目的地到境内外经济发达地区或资金和技术密集的地区,主动出击,选择重点目标客户进行突破。利用专业团队进行招商引资,针对性很强,成功率也较高。近年来,随着产业转移的不断深化,中西部地区看准机会,组成很多招商引资团队到东部地区进行招商引资洽谈。通常情况下,进行团队招商需要完成两项基础性工作:一是了解投资商的投资决策特点;二是有针对性地建立一支高水平的招商引资团队(见表 4—1)。

表 4—1　　团队招商的基础性工作

序号	关键任务	主要内容
1	了解投资商的投资决策特点	了解投资公司的投资决策权力结构,与投资决策人员建立直接联系。
		了解投资商的投资决策程序。
		了解跨国公司投资决策所关注的因素。
2	建立一支高水平的招商团队	拥有目标产业的专业技术背景的复合型人才。
		有海外留学或工作经历的人才。
		有在跨国公司工作经历的人才。

"投资商定向"实质上就是明确方向、突出重点的"精确化招商"。招商引资要淡化分散的项目招商,突出以产业、地域、企业、环境层层定位的精确化招商,把精确化招商作为招商引资工作的主线。精确化招商引资有 4 个层面的内容(见表 4—2),只有有效地分析这 4 个层面的内容,才能够实现招商引资工作的精确化,提高工作效率,取得更好的成果。

表 4—2　　精确化招商引资的 4 个层面

序号	方　向	描述说明
1	确定招商引资的重点产业	· 了解区域产业发展状况,立足区域产业特征和产业发展重点,围绕战略支撑产业、传统优势产业、高新技术产业、新兴产业等,确定若干专题性的产业招商领域。 · 明确区域外资招商的产业定位,统筹规划区域招商产业导向。 · 将招商产业导向与区域产业定位结合起来,主要吸引最适合区域产业发展的外资,增强招商的产业针对性。

续表

序号	方 向	描述说明
2	选定招商引资的目标国/地区	·在确定外资招商的重点产业领域后，了解这些产业是哪些国家/地区具有国际竞争力的优势产业，因为不同国家/地区的优势产业往往是不相同的。 ·其次要顺应全球范围内产业转移的大趋势，建立国际产业转移动态监测与预见体系，密切关注这些国家/地区在这些产业领域内的对外直接投资需求，将具有相关产业优势并有产业对外转移现实需求的地域选定为招商引资的目标国/地区，有针对性地进行定向承接。
3	锁定招商引资的目标企业	·要重点吸引相关招商产业领域的知名跨国公司，尤其是国际产业转移重组中的境外战略投资商，以实现外资大项目的龙头带动与产业聚集效应。 ·要分行业地加强对跨国公司战略布局和投资趋势的研究，了解区域招商产业领域内跨国公司对外投资的信息和最新动向，将这些公司锁定为区域招商引资的重点企业，因势利导地选择相对应的公司进行定向招商。
4	明确招商引资的环境条件	·在确定具体产业、地域和企业的基础上，要全面深入地研究目标产业和企业投资落地所需要的环境条件，包括作为大环境的产业投资条件和作为小环境的企业投资条件。

招商引资是一项专业性很强的工作，需要专门的知识、机制、方法和团队。

实践中，“精确化”招商，需要以专业团队为主，大规模的综合性会展式招商只是作为辅助，积极主动地建立和发展与目标公司投资决策人员的直接联系。例如，苏州招商引资部门组建了专业招商团队，由有能力的优秀干部牵头，带队伍出去招商。为了提高招商引资团队的专业性，着重进行专业的招商知识、灵活的语言能力、深厚的文化修养这3方面培训。

(5)通过丰富的人脉资源进行招商引资

丰富的人脉资源可以大大促进招商引资的开展。例如，新加坡国家领导人、政府各部部长等都对招商引资十分重视。只要有重要客商到新加坡，高级官员都会放弃休息亲自候机，先从心理上拉近距离。凡有外国重大货轮靠港，包括部长在内的高级官员都会主动登船拜访，介绍新加坡投资政策，以方便投资。在新加坡从事所有商业活动都需到商业注册局登记，其吸引外资措施广泛。为吸引跨国公司总部入驻，设立特准国际贸易计划、商业总部计划和跨国营业总部计划，对不同总部实行不同奖励。一般情况下，可以通过三种渠道建立并完善人脉网络。

一是高度重视已引进和签订项目的投资商。各部门通力协作，认真落实各项优惠政策，减少办事环节，提高办事效率，为投资商提供优质环境。良好的投资回报本身就是当地招商引资名片，通过该企业的关系网，就可以吸引更多的投资商。

二是利用当地大企业的客户资源网络。企业家往往有丰富的人脉资源，企业家之间信任度高。因此，可通过加强对企业的服务，鼓励企业家介绍熟悉的人才和企业过来，给予一定的综合服务支持，实现“以商引商，以企引企，以才引才”。

三是积极联系在职或退休的跨国公司和国内大企业的中高层领导。这些人往往是某个领域的专家，联系的企业和人才很多，政府可聘请他们作为招商招才特别顾问。另外，还可聘请投资银行、专业服务机构、咨询公司等机构的骨干人员，欧美同学会等海内外留学生组织的领导，部分有活动能力的海外留学生及在华外国留学生作为招商招才代表，对其颁发聘书和授权证书。

资料链接 4—8　浙江温州市侨联为招商引资积极“牵线搭桥”

2013 年，浙江省温州市侨联为了更好地发挥侨联在地方经济建设服务中的作用，自世界温州人大会之后，就紧锣密鼓地展开招商引资工作，积极为海外华侨牵线搭桥，做好服务。

近日，由坦桑尼亚华侨徐志勇先生引荐的新加坡亚细亚集团控股有限公司董事会召集人苏建城先生及其团队来访温州市侨联，市侨联副主席应凤娟立即组织市侨联招商引资工作人员与苏建城先生及其团队进行了座谈。座谈会上，苏先生表示对温州公共工程、高速公路、潮汐发电等 BT 投资项目非常感兴趣。

当日下午，中国阿联酋商会副会长暨迪拜中国商品城董事长陈志远先生、马来西亚温州商会会长陆日煜先生、迪拜华侨杨显珍先生、格林斯顿商务宾馆胡洁坚先生等一行到访，应凤娟带领招商引资工作人员与各位嘉宾进行了座谈。座谈会上，各位侨领表示对在温州投资一个国际精品市场感兴趣，希望市侨联帮助其牵好线、搭好桥。

针对他们提出的要求和建议，温州市侨联将温州市招商引资的相关资料发给他们，希望侨商们能从中找到对应的项目，并回到家乡温州兴业投资。

资料来源：姜瑜．浙江温州市侨联为招商引资积极“牵线搭桥”[OL]．中国新闻网，2013－4－3. http://www.chinanews.com/zgqj/2013/04－03/4702453.shtml.

(6)通过专业机构招商引资

利用市场化的利益机制和手段,当地可以与专业招商引资中介进行合作。例如,仅仅在昆山市,就有招商公司近百家,这些招商公司机制灵活,最有利于招商成功,公司虽不大,却能办成大事。

除了国内外知名会计师事务所和律师事务所等专业服务机构外,还有行业协会、专业俱乐部、涉外投资咨询公司、投资银行、外国政府或企业驻华机构等,它们本身既是潜在的招商引才对象,又有很多优质客户资源。可以通过和它们建立合作机制、举办相关活动,促进招商引资。例如,上海市政府批准设立上海市外国投资促进中心,使其成为招商引资过程中的一个中介平台,连接起外国投资商与上海市各区县政府、开发区和各类企业。该中心已经在海外建立办事处,通过这些海外办事处,中心与当地企业、商会、行业协会、华人专业协会建立联系,为招商引资工作拓宽了渠道。

(7)通过当地优势产业进行招商引资

产业链招商需要深入研究当地产业现状、相关产业关联度,分析当地企业与投资商企业的合作模式,使之相互契合。通过产业链招商引资,可以培育或引进优秀项目、核心企业、配套服务及管理人才,打造当地主导产业集群基地。

除此之外,还有围绕产业集群进行招商引资。例如,江苏省从经济较发达地区到相对欠发达地区,都因地制宜地培育出一批特色产业集群。2011年,经省认定的50个江苏省特色产业集群共实现营业收入15 231亿元,同比增长26%;实现利润1 036亿元,同比增长23%。龙头企业带动2万多家中小企业配套发展,产业链更加完善。此外,成功的例子还有,成都围绕已落户的英特尔、中芯国际等,大力吸引集成电路、终端产品及EMS等IT产业的集群落户。

(8)通过高效综合服务吸引投资商

项目成功引进,只是招商引资工作的开端,要想取得良好的招商引资成果,打造区域招商引资形象,推动当地经济发展,还要为项目提供综合性服务。

招商引资周期一般为7～9个月,大型项目则达到1年以上,在这个过程中,招商引资需要树立“精细化”服务意识。配合良好的基础设施、规范的政策兑现环境、安全稳定的社会秩序、有序的市场环境和充沛合格的人力资源等,营造出高水平的综合服务环境,从而有效地吸引内外资企业。

坚持亲商至上，以服务为本，以完善的服务网络，从服务的内容到服务的形式，全方位、全过程、全身心为招商引资服务，使投资商在一个十分亲和、友善、温馨、宽松和安全良好的服务环境中盈利。

例如，芝加哥政府高度重视招商引资，成立芝加哥世界商务委员会(World Business Chicago)，为投资商提供全方位的服务；成立芝加哥世界贸易中心(World Trade Center Chicago)，并协同各地商会实现有效联系，宣传芝加哥，定期举行招商会；利用免税、补贴、低息债券资助贷款、贷款担保、雇员培训以及特殊的租期规定等政策来吸引外资；尤其是针对特别项目而设立的“EDGE 项目”，即“能够带来经济增长的经济发展”项目，更以个性化优惠政策吸引项目入驻开发区。

资料链接 4—9　江苏昆山招商引资四大招

江苏省昆山开发区目前已吸引了来自日本、韩国、欧盟、美国等 30 多个国家的投资，是一个全方位、立体化、多层次的开发区。昆山开发区招商引资取得成功，主要依靠“四大招数”。

第一招，以高标准的硬环境吸引投资商。

昆山开发区坚持发展，但不以牺牲环境和超越政策法规为代价，区内实现“七通一平”，处处是明净的天空、清澈的河流、活跃的小鸟，形成“城在林中，绿在街中，人在景中”的人与自然和谐的格局。同时还创办了国际学校，兴办了友谊医院，建立了投资商公寓，启动了电子商务，开通了陆路口岸通关点，配套设施不断完善。

第二招，以以人为本的软环境服务投资商。

昆山开发区在为投资商服务中，除了提高政府效率，还非常注重把开发区作为一个企业来经营，把它作为一个咨询服务公司来经营。外资企业进入中国靠的是一部投资商投资企业法，进来后就会涉及所有的法律和法规，这就要求政府整体服务到位，并坚持“硬件不足软件补，政策不足服务补”的引资政策，创造出鲜明的招商引资新优势。

第三招，以具有特色功能的载体招揽投资商。

投资载体是招商引资的重要基础。具备承载国际资本的各类载体是吸引外资的前提。1998 年以来，昆山开发区先后组建了日本工业园、欧美工业园、微电子工业园等。其中，留学人员创业园已成为高新技术和专利产品的孵化器。

第四招，以主导产业来加大、拉长产业链。

目前，投资昆山开发区的外资企业大部分属于资金密集型和技术密集型企业，产品档次高，技术含量高，管理水平高，投资领域相对集中在电子信息、精密机械、精细化工等行业，其中电子信息企业有400多家，已投资40多亿美元，从而相应带动了一批服务性、功能性的项目发展。

从昆山开发区招商引资的“四大招数”中，给人的最大启示是：坚持以法招商、以规引资、以章管理、以制服务。

第 5 章
塑造优秀的招商引资环境

本章将阐述如下问题：

- 招商引资环境的内涵及要素是什么？
- 如何评价招商引资环境？
- 如何优化招商引资环境？

招商引资环境是吸引外部资金和人才的基本前提条件。对投资商而言，招商引资环境是其生存和发展的关键性因素，正常情况下，投资商进行投资时，首要工作是考察该区域的招商引资综合环境。

市场竞争也是环境竞争，区域开放首先是要营造良好环境，抓环境就是抓发展。良好的环境既是集聚资本的"磁力场"，也是促进招商引资的"助推器"。

打造区域招商引资环境的综合优势，为投资商提供透明、高效的服务体系，是构建区域招商引资竞争力的核心要素之一。

招商引资环境的内涵

环境是招商引资的第一竞争点。区域经济发展快慢的决定性因素不在于资源，而在于是否创造了良好的投资环境。

什么是招商引资环境？

招商引资环境也称投资环境，是一个动态的、多因素的综合系统，既包括一个地区的自然资源、地理状况、基础设施等物质形态的硬环境，也包括该地区政治和经济体制、经济结构、文化传统、法律制度等非物质形态的软环境。通过考察招商引资环境系统，投资商可以找到投资最佳切入点，制定最佳的投资决策。

地方政府可以从总体上把握本地区的优劣势，不断改善招商引资环境，即保持竞争优势，改进和消除竞争劣势，以便以最大优势吸引投资商，不断推动区域经济的发展。例如，苏州非常注意营造投资商喜欢的环境，一家酒吧也许就是一座招商引资的桥梁。苏州的独特文化，如小桥流水、古镇古园、评弹昆曲、吴侬软语等，都对投资商形成了很强的吸引力。

落后国家与地区的经济发展，总是要求不断改善其招商引资环境，吸引外来的资金、技术、人才以及管理方法和先进经验。

招商引资环境好坏不仅决定投资商的投资活动、投资效益、投资风险等重要内容，而且会间接影响当地的就业、经济发展的后劲和竞争力。

安全优美的居住环境、功能完善的设施环境、廉洁高效的服务环境、开放透明的政策环境，都有助于招商引资工作的顺利开展。有些地区招商引资比较顺利，有些地区招商引资进展缓慢，甚至寸步难行，之所以出现这种差别，关键还是在于招商引资环境。

地方政府除了继续加强硬环境建设外，还要特别重视服务环境、政策环境等软环境的改善，完善服务功能，强化服务意识。总体而言，招商引资环境建设应注意以下 3 点：

一是坚持发展，不以牺牲环境为代价，切忌为了吸引投资商而破坏生态环境；

二是坚持因地制宜，突出特色或“亮点”，切忌“削足适履”；

三是坚持环境成本观念，尽可能“软硬兼施”，以软为主。

资料链接 5—1　深圳大力推广城市形象

以城市魅力为核心，大力推广深圳形象正能量。以往我国各地都非常强调招商的优惠政策，但现在来看，各个城市在优惠政策方面的差距并不大，所以深圳特别强调城市的魅力优势和城市投资优势，这种优势是经过多少年的积累才有可能形成的，不过一旦形成，就不太容易被其他城市超越。综观全球区域经济发展的一些典型案例,如伦敦金丝雀码头、香港中环、上海陆家嘴,投资推广都助力区域发展实现了最关键的突破。因此深圳深刻地认识到,当前深圳已经从以往工业化、制造业的城市,转型为现代化、国际化的大都市,但城市要想踏上全球发展的节奏,发展成为全球顶级经济中心,就亟须将这种城市形象转变的信息传递出去,需要在城市特质与城市招商引资之间找到一个支点,因而投资推广就显得必不可少。2013 年在北京召开的“投资深圳,共赢未来”招商推介会上,面对雾霾正侵扰北方城市的现状,深圳敏锐地觉察到,城市的宜居环境或将在激烈的城市竞争中为深圳市开辟出一片新的招商蓝海,于是就把“蓝天白云”作为推介深圳的关键词。

一名投资推广专员曾解释自己每天的工作:“我们是这座城市的销售员,我们贩卖的,就是深圳。”“销售”这个词说起来简单,但其中的内涵却异常丰富。深圳本身有很好的城市吸引力,却需要整合城市的魅力,以便让城市更好地“出售”,用好的服务让投资者更放心地“买单”。目前,深圳已经摈弃了单纯以投资额来衡量招商成效的做法,更加重视招商质量,以“质量招商”推动“深圳质量”。在全国各地疯抢招商资源、立下各种“招商保证书”的今天,这一创举是深圳对于自身魅力的自信,更是深圳实践新型投资推广理念的自信。

资料来源:冷静. 借鉴深圳投资推广经验 全面打造青岛招商引资新优势[J]. 决策咨询,2015(2):49—54.

优化招商引资环境的价值

改善投资环境已成为一个地区招商引资竞争力的重要标志。在环境建设基础上,创建良好的投资硬环境,是招商引资成败的关键因素之一。

地方政府必须大力改善招商引资环境,这不能只反映在“只要来投资,一切好商量”等口号上,而必须落实在具体行动上。例如,某市为了促进招商引资,妇联把老板的太太、孩子拉住,教他们学唱戏、学跳舞、赏苏绣……;文联举办绘画班、书法班,举办各种文化讲座,让老板们参与,既满足了老板“我也才华横溢”的虚荣心,又弘扬了当地的文化。

改善招商引资环境,把靠政策转变为靠服务、靠诚信、靠环境。

招商引资环境包括两个方面:一是按照“产业发展与城市风格相统一、功能完善与优美环境相统一”的原则，高水平编制规划，高档次建设和完善城市道路、给排水、通信、供电、供气、供热等基础设施，营造一个生态环境良好、风景优美的投资环境；二是注重服务等软环境建设，营造更加宽松的政策环境、严明规范的法制环境、富有活力的人才环境、文明诚信的人文环境，以便与形势发展相适应。

例如，20 多年来，秦皇岛开发区在加大硬环境建设的同时，大力改善投资软环境。①在全区连续多年开展“投资环境年”活动，牢固树立“服务也是生产力”的理念；②大力推行审批制度改革，推行管委主任投诉卡、主任接待日制度；③成立开发区投资服务中心，建立健全“三个服务”体系，真正实现一个窗口对外、一条龙服务。通过一系列服务措施，开发区的投资环境得到了极大改善，区域经济的核心竞争力不断增强，一批投产企业纷纷增资扩股，一些投资商还做起了开发区招商“红娘”，把配套企业引到区内，有力地促进了产业集群和经济快速扩张。

招商引资环境是投资商的首要关注因素，主要包括自然资源状况、基础设施状况、经济发展状况、社会文化背景，以及政策环境和法律等。投资商特别关注这些因素，它们是进行投资决策的基础。每个地方的招商引资环境都具有自己的特色；也就是说，针对不同类型的投资商，所产生的吸引力也是不同的。因此，招商引资部门要清晰地了解当地投资环境的优势与劣势。

地方政府的一项长期核心任务就是改善投资环境，以创造“一流的招商引资环境”为目标，树立“环境出效益”的观念，吸引外部投资商入驻。

具有良好招商引资环境的地区，能够源源不断地吸引外部资源的进入，加快地区经济的发展；反之，招商引资环境欠佳地区，不仅难以吸引外部要素的进入，甚至原有集聚的要素也会外流，导致地区经济发展低迷甚至衰退。

通常情况下，内地或欠发达地区经济之所以落后和生产力低下，多是因为缺乏开发和利用丰富资源的各种现实条件。要想实现资源合理配置和经济繁荣，其前提就是，在了解本地区招商引资环境状况的基础上，改善其招商引资环境，提高地区的交通、电力、邮电等基础设施水平。

《广州外经贸白皮书 2013》就从不同侧面介绍了广州的投资环境，突出广州在推动新型城市化发展过程中在重点产业、重点区域、营商环境国际化等方面出现的新情况、新变化，并从企业实际需求出发，介绍新出台的扶持政策、2013 年计划组织企业参加的国内外展会、招商引资活动等具体信息。

资料链接 5－2　江西鹰潭聚优成“势”兴商贸

鹰潭市作为华东交通枢纽，是鄱阳湖生态经济区和海西经济区的核心城市，是长三角、珠三角辐射最为强劲的内陆城市之一，被列入全国区域性物流节点城市。为全力打造“商贸强市”，鹰潭市下大力气优化商贸环境，在全市范围推行联审联批制度，实行承诺办理、限时办结；建立起覆盖所有企业的挂点帮扶机制，对重点企业实行无障碍联系；完善经济发展预警监测分析制度；强化进出口贸易摩擦和产业安全的预警、应对机制。近两年来，全市累计为各类企业落实贴息资金6 000万元，为重点产业提供各类扶持资金947.22万元。

在改善软环境的同时，硬环境也日臻完善。鹰潭市先后开通了上海至鹰潭、宁波至鹰潭两条海铁联运国际运输通道，促成鹰潭至宁波“五定班列”纳入“百千战略”、海关和国检等口岸查验机构在鹰潭设立，累计建成铜产业公共信息平台、眼镜产业公共技术研发平台、微型元件公共试验检测平台等，培育特色产业20多个、特色商业街10余条。

实现商贸持续健康发展，根本在于转型升级。鹰潭市立足自身实际，适应市场要求，坚持不懈地调整和优化贸易结构、市场结构、经营主体结构及产品结构。通过重点扶持出口带动能力强的特色产业，逐步打造出铜材加工、节能灯、光学眼镜、微型元件等一批优势产业群；通过加大招商引资力度，实施“科技兴贸”、“品牌兴贸”战略，提高内外贸企业的核心竞争力；通过加快城乡流通网络建设，进一步改善优化消费环境。近年来，“鹰潭制造”在全国乃至全球迅速叫响，以贵冶阴极铜、兴业铜板带、宏磊漆包线、贵雅节能灯、三川水表、果喜雕刻等为代表的“鹰”字品牌畅销全国及160多个国家和地区，江铜集团、美运鞋业（中国）、世纪阳光、果喜集团、三川集团等一批知名企业将总部或主要生产基地设在鹰潭。

资料来源：赖永峰，徐卫华. 江西鹰潭聚优成“势”兴商贸[N]. 经济日报，2013—09—06(12).

招商引资环境构成要素

一般情况下，招商引资环境可以分为硬环境和软环境（见表5—1）。对于不同的投资商或企业来讲，对软、硬环境的观点是不同的。例如，中小企业更加关注基础设施等硬环境，而跨国企业、大型企业则特别在乎软环境，如政务环境等。从接触政府招商人员那一刻起，很多投资商会特别留意政府人员的工作作风和办事效率。

表5-1　　招商引资环境分类

分类标准	环境种类	说明
招商引资环境的物质形态	硬环境	·城市和工业基础设施的结构及其状况，如交通运输系统、邮电通信系统、能源动力系统、给水排水系统、防火设施系统、环境保护系统，以及住宅、商业网点、文化教育、医疗卫生、娱乐旅游及其他服务性设施。 ·自然地理条件，如自然资源、地理位置、环境气候以及自然风光等。
	软环境	·经济条件，如经济增长速度及其稳定性、财政和货币政策的连续性、市场规模及其完善程度、外汇管制状况、金融信息服务水平、企业自主权限、经济运行机制等。 ·政治条件，如政治是否稳定、社会是否安宁、与招商活动有关的经济法规是否健全、有无保护国际招商的协定等。 ·管理条件，如经济管理体制水平、政府部门的办事效率，尤其是为投资商简化办事手续的情况等。 ·人口素质，如居民的文化水准及技术素质，特别是劳动者技术素质及其费用水平。 ·政策性优惠条件，如是否给投资商以税收、费用等方面的让利。

在招商引资环境中，单个因素的影响力会直接或间接地对招商引资行为产生作用，但投资商总是在投资总目标下，依据环境各要素的总体作用，进行综合及系统性的分析与评价，进而作出决策。

招商引资环境中任何一种因素发生变化，都会引起其他因素发生连锁反应，进而影响整个环境系统。

例如，新加坡利用其优越的地理位置，投入大量资金，高起点规划建设国际一流的基础设施，具有世界一流的海、陆、空交通和通信网络，集装码头运转高效，生态环境世界领先，各类主题工业园区水、电、路、线、管及其他公共设施一应俱全，简直是一个宜居宜业的人间天堂，使投资商流连忘返。新加坡科学园、生物医药园、纬壹科技城等主题园区的个性需求基础设施细化配套到位，由此吸引全球众多国际知名企业入驻。

招商引资环境评价

研究发现，优惠政策已不再是投资商选择项目落户地的主要关注点，而市场化与对外开放程度、强劲的市场需求、产业配套、完善的基础设施、政府效能水平、资源禀赋等成为投资者主要的考察要素。[1]在新常态下，招商引资的手段由过去“拼优惠政策”转变为拼市场化程度、拼创新生态、拼产业配套、拼人才优势、拼宜居环境。因此，在完善招商引资环境时，要具备明确的认识、合理的组织、有效的协调，以实现最佳组合，发挥综合优势。

动态变化的招商引资环境

招商引资环境是一个动态开放系统，总是处在不停地运动变化之中。例如，区域经济结构不断变化，水平不断提高，制度不断完善，由此决定投资环境逐步完善。对投资商来说，在分析与利用招商引资环境时，要抓住对投资项目成败起关键作用的主要因素、兼顾次要因素，全面考察各方面条件。

招商引资环境是一个有机整体，各部分相互连接、协调、互为条件，构成了一个完整的招商引资环境系统。

通常情况下，投资商不仅关心目前招商引资环境的优劣，也注意招商引资环境的变化发展趋势。评价标准也会因招商引资环境的变化而变化。例如，早期廉价的资源与劳动力对外资最有吸引力，而现在发达的社会综合环境是投资商最为重视的要素，一个国家和地区政策的连续性是外来投资商最为关心和敏感的问题。

投资环境要素中，某个时期和某个地区，只有一个或几个主导要素在对投资活动影响中处于决定和支配地位。

招商引资环境优劣是相对的概念。评判某个国家或地区的招商引资环境优劣，不能脱离同其他国家或地区的比较而孤立进行，否则就失去了评判的意义。

在改善本国或地区的招商引资环境时，也要参考其他国家或地区的经验和教训，以便少走弯路、减少损失。

区域经济的地区差异，决定了招商引资环境的地区差异。一个地区的招商引资环境对某些项目的投资可能极为有利，而对另外一些项目可能会不利。对招商引资地区来说，正确把握招商引资环境的特殊性和一般性的统一，有利于发挥优势，完善招商引资环境，推动经济发展。

尽管越来越多的投资商对投资保持着谨慎态度，但在同等条件下，投资商总是选择那些第一印象好的区域作为投资基地。投资商会对某区域内的招商引资环境因素形成总体印象，既包括对硬环境的印象，又包括对软环境的印象；既包括交通、通信、能源、卫生、环保、商业、文化等基础设施的供应状况，又受到政治稳定状况、法治化水平、政府的宏观调控能力和政策优惠度、市场规模和市场化程度、群众文化素质等非物质条件的影响，且后者的作用在各国、各地吸引外来投资中显得越发重要。

招商引资环境定性评价

需要对招商引资环境的优劣进行综合评价，通过建立一套全面、科学的评价标准，运用恰当的评价方法，对地方招商引资环境状况的优劣进行全面、科学、准确的度量和评价，揭示当地招商引资环境实际水平的优劣和吸引投资商投资的能力。

招商引资环境评价标准既具有主观性，也具有某些客观性，要根据当地实际情况，综合考察投资商的投资动机和影响因素，制定招商引资环境评价标准(见图 5—1)。

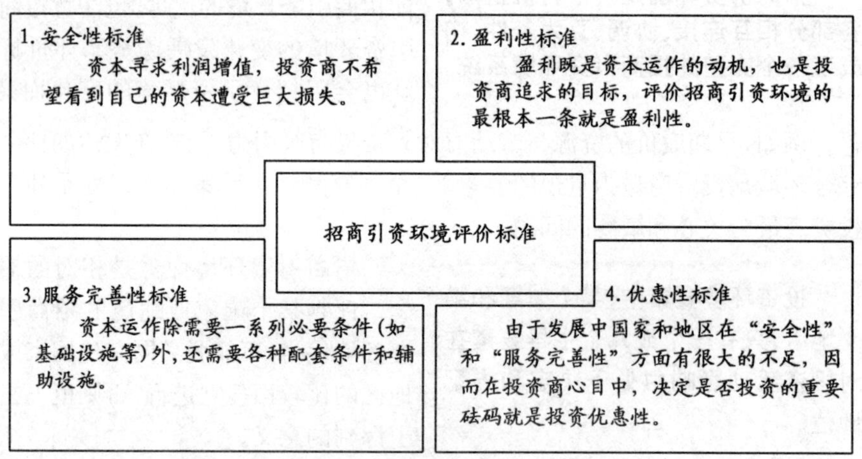

图 5—1 招商引资环境评价标准

(1)招商引资环境“冷—热”对比法

1968 年，美国学者伊西·利特法克和比特·班吉在《国际商业安排的概念框架》一文中提出了经济环境的“冷-热”因素分析法。该文从投资商的角度，向美国、加拿大、南非等国的大批工商界人士搜集资料，确定了评价环境冷热的七大因素，即政治稳定性、市场机会、经济发展及其成熟度、文化观念、法律法规阻碍、实质性阻碍、地理和文化差异。

投资商可以利用这套指标对多个目标投资国或投资区域进行评价，并将结果按由热到冷进行排序，热国(区域)表示投资环境优良，冷国(区域)表示投资环境欠佳，基于这种结果，作出合理的投资目的地选择。但这种评价方法主要考虑的是宏观因素，对微观因素几乎没有考虑，因此，只能用于粗略地评估某个国家或大区域的产业发展环境。

(2)多因素评估法

多因素评估法把招商引资环境因素分为政治环境、经济环境、财务环境、市场环境、基础设施、技术条件、辅助工业、法律法规、行政机构、文化环境、竞争环境11类。每一类因素又由一系列子因素构成,如政治环境包含的子因素有政治稳定性、国有化风险、当地招商引资政策(见表5—2)。

表5—2　　影响招商引资环境的因素及其子因素

序号	影响因素	子因素
1	政治环境	政治稳定性、国有化风险、当地招商引资政策
2	经济环境	经济增长、通货膨胀
3	财务环境	资本与利润转移、汇率、投融资情况
4	市场环境	市场规模、营销渠道、营销辅助机构、区位情况
5	基础设施	通信设施、物流设施、生产设施等
6	技术条件	科技水平、劳动生产率、专业人才
7	辅助工业	配套企业情况
8	法律法规	经济法、知识产权等法律法规的执行情况
9	行政机构	机构设置、办事流程、人员素质
10	文化环境	对外部资金及人员的接纳度、当地的风土人情适应情况
11	竞争环境	竞争对手、产品优势与劣势等

在评价招商引资环境时,先对各类因素的子因素作出综合评价,然后据此对该类因素进行打分,优、良、中、及格、差分别对应的分数为5、4、3、2、1,最后按下列公式计算招商引资环境总分:

$$招商引资环境分数=\sum_{i=1}^{11} w_i(5a_i+4b_i+3c_i+2d_i+e_i)$$

上式中,w_i 为第 i 类因素的权重;a_i、b_i、c_i、d_i、e_i 分别为第 i 类因素被评为优、良、中、及格、差的百分比。

招商引资环境最终得分越接近5,说明投资环境越好;越接近1,则说明投资环境越差。

多因素评估法是对招商引资环境所做的一般性评价,很少考虑具体投资项目的投资动机。下面的关键因素评估法则从具体投资项目的投资动机出发。

(3)关键因素评估法

关键因素评估法从影响招商引资环境的一般因素中找出影响投资动机

实现的关键因素,然后依据这些因素对招商引资环境作出评价。此方法把投资动机划分为六种:①降低成本;②开拓当地市场;③获得原料供应;④分散风险;⑤竞争者跟随策略;⑥获得当地的生产和管理技术。

每种投资动机又包含若干影响招商引资环境的关键因素(见表5—3)。

表5—3　　根据不同投资动机列出影响招商引资环境的关键因素

序号	投资动机	影响招商引资环境的关键因素
1	降低成本	适合当地工资水平的劳动生产率、土地费用、原材料价格、物流成本
2	开拓当地市场	市场规模、营销机构、文化环境、区位条件、物流条件、通信设施
3	获得原料供应	资源、汇率变化、通货膨胀率、物流条件
4	分散风险	政局稳定性、国有化风险、汇率、通货膨胀率
5	竞争者跟随策略	市场规模、区位条件、营销机构、法律法规等
6	获得当地的生产和管理技术	科技发展水平、劳动生产率

应当关注投资环境的动态性,不仅要预先分析它们可能的顺向变化,更要分析它们可能的逆向变化。

根据挑选出的关键因素,仍采用多因素评估法计算总分的方式来评价招商引资环境。

招商引资环境定量评价

鉴于招商引资投资环境的复杂性,为了更全面、客观地进行评价,还需要进行定量评价。通常情况下,所采用的定量评价方法包括层次分析法和主成分分析法。

(1)层次分析法

层次分析法(Analytic Hierarchy Process,AHP)是指将与决策有关的元素分解成目标、准则、方案等层次,在此基础之上,进行定性和定量分析的决策方法。

层次分析法的特点是,在对复杂决策问题的本质、影响因素及其内在关系等进行深入分析的基础上,利用较少的定量信息,使决策的思维过程数字化,从而为多目标、多准则或无结构特性的复杂决策问题提供简便的决策方法。该方法尤其适合对决策结果难以直接准确计量的场合。

研究招商引资环境时，层次分析法特别适合招商引资环境这个多因素、多层次的动态系统中各因素权重的确定。具体步骤是：

步骤 1：根据投资动机找出影响招商引资环境的主要因素，建立目标、因素和因子层次结构，形成指标体系。

步骤 2：构造判断矩阵，进行层次单排序，检验判断矩阵的一致性，再进行层次总排序，确定各因子的权重。

步骤 3：对各指标打分，计算出评价值。

层次分析法既融合了专家评价的权威性，又不失定量化的精确性，并以大量基础统计数据作为支持，更具严谨性和科学性。

(2)主成分分析法

主成分分析法(Principal Component Analysis，PCA)是多元统计分析中的一种重要方法，旨在利用降维的思想，把多指标转化为少数几个综合指标。

在实际问题研究中，为了全面、系统地分析问题，我们必须考虑众多影响因素。这些涉及的因素一般称为指标，在多元统计分析中也称为变量。因为每个变量都在不同程度上反映了所研究问题的某些信息，并且指标之间彼此有一定的相关性，因而所得的统计数据反映的信息在一定程度上有重叠。在用统计方法研究多变量问题时，变量太多会增加计算量和增强分析问题的复杂性，人们希望在进行定量分析的过程中涉及的变量较少，得到的信息量较多。

主成分分析法是指通过原始变量的线性组合，把多个原始指标简化为有代表意义的少数几个指标，以使原始指标能更集中、更典型地表明研究对象特征的一种统计方法。简言之，就是从 p 个指标出发，综合样本数据的信息，得到 m 个综合指标，在降维的同时消除各指标间较严重的相关关系，但又尽可能保留原指标信息，然后利用 m 个综合指标计算综合评价值。

构建招商引资环境评价指标体系

招商引资环境主要包括经济环境、社会文化、基础设施、政治法律和自然地理 5 个方面，这些方面的评价指标构成区域招商引资环境的评价指标体系(见表 5—4)。

表 5—4　　区域招商引资环境的构成要素

序号	构成要素	解释说明
1	经济环境	经济环境对投资活动会产生较大影响，也是投资商通常最先考察的方面。经济环境的系统可以分为经济实力、结构、效益、外向性、市场发育程度以及金融环境 6 个方面。
2	社会文化	社会文化要素是指影响投资经营活动的各种社会文化因素，主要包括社会稳定状况、人民生活质量、文化多样性、教育水平、科技研发环境和力量储备等方面。
3	基础设施	基础设施是投资商进行建设、生产和经营活动所依赖的基本物质条件，主要分为生活设施、交通运输设施以及邮电通信设施 3 个方面。
4	政治法律	政治的稳定和完善的法律是影响投资决策的关键因素。政治因素是指地区的政治体制、社会结构、政局稳定性等内容，直接影响投资商的投资保障。完善的法律体系可以保证有序、公平的市场竞争秩序，为投资商提供投资保障。
5	自然地理	自然地理要素是指地区的自然资源、气候与水文条件，是关系到生产经营的重要内容。

构建衡量招商引资的指标体系，首先，需要建立评价系统指标标准，并对各方面指标进行系统分类。把相关性强的指标归为一类，选出一套招商引资关系较强的系统评价标准，用于指导本区域招商引资的指标标准，避免引进与本区域不适合的资本与产业。

其次，对区域招商引资环境各方面指标进行分类，找出与招商引资具有较大关联性的指标。同时，对经济环境、社会文化、基础设施、政治法律和自然地理的指标进行筛选，将与招商引资相关程度较大的指标作为招商引资环境评价体系的具体指标。

最后，对各方面数据进行筛选后，根据各项指标的重要性来确定权重，建立一套相对客观、完善的招商引资环境评价指标体系（见表 5—5）。

加强投资环境的评价工作是加强招商引资效果的一项重点内容，只有选择正确的评估方法，才可以更好地掌握市场的动态和投资商的心理。

如前所述，招商引资是一项十分复杂的过程，需要考虑很多因素。建立招商引资环境评价指标体系，可以对招商引资环境作出科学评价，为招商引资工作的顺利开展提供保障。

表5—5　招商引资环境评价指标体系

序号	关键指标	子指标
1	经济环境	包括人均GDP、人均固定资产和投资总额。经济结构指标包括产业增加值在GDP比重方面的变化，以及高科技产业的产值；经济效益指标包括流动资产的周转次数、工业成本费用；经济外向性指标包括外贸依存度、进出口商品总额；市场发育程度指标包括社会消费品零售总额和批发零售贸易业商品销售总额。
2	社会文化	包括人口平均寿命、职工平均工资、人口自然增长率、就业率等内容。反映地区文化教育水平的指标包括地方科技的拨款数额以及大学生的在校人数。
3	基础设施	包括电力供给充足率、人均住宅建筑面积、城市用水普及率、年客运总量。反映邮电通信设施水平的指标包括互联网用户总数、人均邮电业务总量。
4	政治法律	包括政府的财政收入增长率。反映政策环境的指标包括进出口商品总额占全国总额的比重；反映法律环境的指标包括律师人数。
5	自然地理	包括地区生产总值能耗、矿产资源总额以及人均水资源量。反映环境状况的指标包括人均公共绿地面积、废气排放量和固体废物的综合利用率。

资料链接5—3　临港打造国际智能制造中心

目前，临港地区的产业投入已超千亿元，新能源装备、汽车整车及零部件、船舶关键件、海洋工程、工程机械、民用航空和战略性新兴产业的“6＋1”产业格局已显山露水。

传统制造率先向工业互联网示范区转型，公众互联网和企业网络的升级改造将打出“头炮”。据透露，在现有中航商发、上海电气、上海汽车、中船三井、三一集团、外高桥海洋工程等骨干企业排摸后，临港会选出若干家条件成熟企业试点建设工业互联网样板工厂，支持试点工厂应用工业以太网、工业光纤、高端传感器等新型网络技术装备，形成生产现场设备与IT系统、互联网之间网络联通、数据流通、业务联通的生产模式，构建工厂透明化、智能化的信息物理系统，推广符合未来工业互联网发展方向的新型应用模式。

在网络升级的基础上，临港将逐步形成智能制造四大生态圈：创新园所生态圈，包括工业互联网创新中心、智能制造研究院、“工业4.0”研究院等；功能平台生态圈，包括工业云数据中心、人工智能平台、工业互联网实验验证平台等；专业园区生态圈，包括机器人、新材料、民用航空、智能照明等产业主题园区，国家级或上海市企业工程技术中心；示范工程生态圈，包括智能制造样板工厂、关键零部件企业等。

临港地区推进国际智能制造中心是上海建设具有全球影响力的科技创新中心的重要一环。浦东新区区委常委、临港管委会党组书记、常务副主任陈杰表示，临港将整合现有资源，设立工业互联网产业发展专项资金，用于产品研发、技术攻关、创业孵化、人才引进、基金设立等相关内容，发挥好政府资金杠杆作用，吸引社会资本参与，支持工业互联网创新要素在临港地区集聚发展。

除了资金扶持之外，临港聚焦智能制造人才的保障措施，实施人才安居计划，加快引进工业互联网领域高端人才，对于符合条件的人才，可申请双定双限房、公共租赁房、人才公寓或者享受租房补贴，对经认定的特殊人才，可享受临港就医、子女就学绿色通道和家政服务。

"未来的临港将是一个宜居宜业、产城融合的现代化地区。我们将打造'双创驿站'，为国内外优秀青年人才提供'一站式'服务。"陈杰透露，依托居住证加分、居转户、直接落户等制度，临港将实施更加开放的人才引进政策，探索并建立与国际接轨的高层次人才招聘、薪酬、考核、激励、管理等相关制度。

资料来源：唐玮婕．临港打造国际智能制造中心[N]．文汇报，2016－05－29(002).

优化招商引资环境的路径

优化招商引资环境，就其软环境而言，目标就是要形成规范透明的政策环境、公平竞争的市场环境、优质高效的服务环境。

经济全球化、信息化的时代，随着市场经济日益深化，招商引资竞争越来越聚焦于招商引资环境。相对于硬环境而言，软环境更具吸引力。传统意义上的招商引资决定性因素，如劳动力成本、土地价格和优惠政策等，都不再是主要决定因素，而优质的行政环境、优良的劳动力素质、诚信的市场环境、科技创新能力、产业配套能力等因素所构成的综合招商引资环境，成为投资商进行投资决策的关键因素。不断完善区域投资环境的评价体系是保证招商引资取得良好效果的基础，只有不断进行区域投资环境的优化，才可以引入更多的投资资金。[2]

优化产业发展环境

发展当地产业不再是传统意义上的长官意志，不能靠经验、拍脑袋来决定当地经济发展，而是要深入调研经济发展优势与劣势，并研究外部宏观环境趋势，把握其机遇与威胁，引入外部专家或专业公司，共同制定当地滚动式经济发展规划，使经济发展更具战略性视角，更加具有规范性。

就当地产业发展而言，要有针对性地选择合适的主导产业或战略性产业，制定产业战略发展规划，通过招商引资，建立和完善产业发展支撑服务体系，培育特色产业集群，延伸产业链条，实现产业发展环境的优化升级（见图 5—2）。

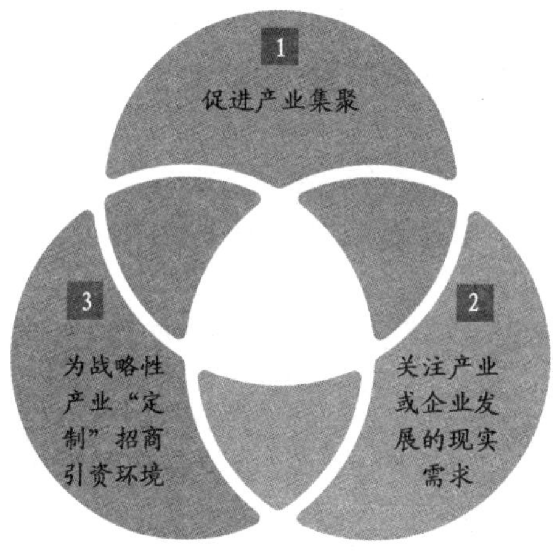

图 5—2　优化招商引资环境的路径

(1)促进产业集聚

地方政府顺应当地产业发展趋势，采取主动性的产业集聚战略，有利于改善投资商投资综合环境，增强对外部资金的吸引力，最终会增强当地招商引资的综合竞争力。具体做法可以是：

● 结合本地具有一定竞争力的特定产业，制定产业政策和配套措施，强化特定产业的集聚效应，吸引新的投资商直接投资进入；

● 通过对该国家或地区的针对性招商引资，以及在本地完善有针对意义的软环境配套措施，形成有特定国家或地区特色的产业园区，以吸引更多的投资商；

● 针对已在本地投资的投资商，制定一系列动态的相关扶持政策，鼓励其再投资，形成特定投资商集聚效应。

资料链接 5—4　丹阳眼镜产业创新发展

中国(丹阳)眼镜产业园正以“戴丹阳眼镜,读天下文章”、“为人类提供最完美的视光学服务”为目标,以其厚实的产业基础,致力于打造更具行业领导力和市场美誉度的“世界眼镜之都”。

1. 完整的产业链条

丹阳是不折不扣的“眼镜之乡”,仅中国(丹阳)眼镜产业园内就有眼镜生产企业 720 余家,从业人员 5 万多人,年产镜架近 1.2 亿副,占全国生产总量 1/3 强;年产光学玻璃及树脂镜片 2.5 亿副,占全国生产总量 70%以上、世界总产量 40%以上。

产业园分工精细,协作配套健全,眼镜生产所需的各种原辅材料及配件基本可以就地取材,形成眼镜原料配件、镜架制造及电镀、镜片生产、眼镜机械、印刷包装等完整的产业链。特别是年成交额 30 亿元以上、位列全国三大眼镜专业市场之一的中国(丹阳)眼镜城,为产业发展提供了畅通的市场渠道和信息桥梁。

完善发达的产业链条,为丹阳眼镜产业加速运转提供不竭动力。

2. 完善的创新体系

丹阳眼镜产业集聚发展的另一显著特征是其拥有完善的创新体系。

产业园拥有各类眼镜科研机构 15 家、专业技术人员 2 022 人;182 家企业通过了 ISO9000 认证,38 家企业通过了 ISO14000 认证,并自行建立了产品质量检测与研发中心。

面向中小企业的各类公共技术服务平台更是不断涌现。产业园拥有国家眼镜产品质量监督检验中心,获得了眼镜标准的制定权和眼镜质量的监督检验权;拥有省行业特色网站、国内眼镜行业最大的行业门户之一的中国眼镜网,致力于打造行业资讯平台;拥有江苏省中小企业技术服务示范平台——丹阳市精通眼镜技术创新服务中心,为广大中小视光学企业提供了强大的技术和创新支持。

……

为提升产业多层次品牌优势,近年来丹阳市专门出台了《关于加快眼镜产业发展的若干意见》,加快眼镜产业园、眼镜市场等重点项目建设,并组织业内企业参加上海、北京、中国香港、米兰、大邱等眼镜专业博览会,进一步创新求变,打响“丹阳眼镜”品牌。

资料来源:方莉.丹阳眼镜产业:集聚创新的典型样板[N].江苏科技报,2011—12—12(A08).

(2)关注产业或企业发展的现实需求

产业发展是一个动态过程,产业结构不断优化与升级,对区域内的各种生产要素、物流、产业配套以及人文环境等因素提出新要求。另外,不同产业、不同企业都有自身特点,比如食品业、服装业或装备制造业,它们对基础设施、人才技术环境、产业配套等招商引资环境的要求也具有较大的差异性。

因此,地方招商引资环境优化应基于产业结构特点,有针对性地优化招商引资环境,可以从以下两个方面着手:一方面,招商引资环境优化需要针对区域内企业的实际需求,为企业提供足够支持,提升投资效益,促进企业在当地持续发展;同时,有针对性地优化招商引资环境,也能有效降低招商引资成本,提升区域整体产业效率。另一方面,优化招商引资环境,能够引导产业结构的升级。这需要当地根据产业发展的战略目标,构建适应产业发展要求的招商引资环境,高效推动相关产业和企业的集聚。

资料链接5—5　地方政府改善发展环境,助力企业发展

天津市河西区在积极拓展招商渠道的同时,把帮扶企业发展作为区域振兴的经营之道。区委区政府通过搭建平台、跨行业帮扶,实现政府与企业间的良好沟通,成为企业的"娘家人"。

……

近年来,天津市河西区在积极拓展招商、打造亿元楼宇的同时,重点打造投资环境。"企业是区域发展的活力,帮扶企业就是要当好'娘家人',搭建平台,为企业提供资源、解决问题。"天津市河西区区长彭三如是说。

天津华彩电子科技工程集团有限公司成立于2001年,是天津市河西区政府确定的重点招商引资项目,是目前全国12家具备国家一级照明施工和国家甲级设计资质的科技企业之一。董事长李树华告诉记者:"当初创业时华彩照明是一个只有7个人的施工队,项目靠抵押贷款完成,如今成长为年收入过亿元的科技企业,每一步都离不开政府这个'娘家人'。"

走进天津市河西区民营经济和中小企业发展促进局,工作人员正在忙碌,办公桌上摆满了各企业的报送简报。综合管理科科长宋秀琦告诉记者:"从企业注册到经营服务,我们都建立了信息库,按照企业发展的不同阶段,有针对性地进行指导、服务、综合协调,促进企业加快发展。"

天津蓝马工业工程技术有限公司成立于1999年，进入企业信息库后，天津河西区积极促成企业与华中科技大学的合作，引入高节能电机产品——低速大扭矩同步直驱电机新技术，并帮助公司申请了30万元的转型升级专项扶持资金，使企业完成了从工程公司到科技型加工企业的转型，获得了“天津科技型中小企业”和“天津中小企业成长之星”的称号。

资料来源：武自然.天津河西区：热心帮扶企业 改善发展环境[N].经济日报，2013—05—06(9).

(3)为战略性产业“定制”招商引资环境

依据当地产业发展规律和区域规划，从投资商或企业需要出发，改善投资环境。主要措施如下：增强产业配套能力，延伸产业链条，培育产业集群；加强市场调研，进一步细分产业，制定产业发展规划，为投资商提供科学的、可信服的、定量化的投资依据；降低企业经营物流综合成本。

政府聚焦于健全招商引资运作体系和制度建设，完善政府对有关项目联合审批制度、招商引资领导小组会议制度、重大项目领导挂钩追踪制度、投资商投诉制度等，构建招商引资制度优势。

提高行政效率，理顺招商引资服务

政府管理经济的方式要由过去的以行政手段为主转变为以政策法律调控手段为主，由直接管理转变为间接调控，由微观转变为宏观，由长官主观意志转变为法律程序，由人治政府转变为法治政府。

行政环境对招商引资至关重要，当地要以效率和效益为价值取向，建立精简、统一、高效的政府运行机制，进一步提高社会化服务的功能。从市场经济的内在要求出发，界定政府机构及职能，弱化审批功能，政府及其官员真正树立服务经济、服务社会的意识。

在招商引资工作中，该管的一定要管好，不该管的要坚决退出来，政府经济职能从事前审批转变为事中监督和事后服务，以此来创造良好的行政环境。

招商引资相关部门要全面推行首问负责制、限时办结制、服务承诺制、效能告诫制等有效机制，从制度上保证服务质量。

经济发展的服务环境由多方面的内容构成，首先是管理服务，其次是商业性服务，最后是社会服务。

全心全意维护投资商的合法权益，各部门要为投资商、企业经营排忧解难，及时掌握和处理一切破坏投资商正常生产经营及生活秩序的问题，积极配合有关部门严肃处理干扰和侵害投资商合法权益的各类违法违纪行为。同时，通过投资商恳谈会，听取投资商所关心的问题。真心实意为投资商办实事，帮助投资商解决生产、生活、安全等方面的问题，增进与投资商之间的感情。

对投资商反映的问题，能解决的要当场解决，不能解决的也要限期给予答复。对反映的问题分类归口，责成有关部门限期明确答复，同时督查各部门的整改执行情况，向投诉单位反馈处理信息。对于重大问题或单一职能部门不能解决的问题，可协调多部门解决或报上级政府协调解决。

地方政府还要对招商引资优惠政策进行梳理，充分理解，用足用活。同时，要借鉴外地经验，适当调整当地优惠政策，采取更加优惠灵活的措施来吸引投资商。

招商引资必须从以单纯的税收优惠、廉价土地和劳动力为主要引力的开放"怪圈"中走出来，转变为注重以改善环境、健全体制、发展产业等创新为引力的开放，并立足于发挥自身优势，依靠特色来进行招商引资和发展产业。同时，坚持让国内外企业和个人对国家及地方政府的政策、法律、法规有更多的知情权，使其知道哪些能做、哪些不能做、应该怎么做，这也能在相当大程度上避免暗箱操作带来的腐败。

资料链接5—6　发挥优势，吸引外资

在欧债危机的大背景下，欧洲小国因为自身相关优势躲过了一劫，为走出去的中国企业提供了难得的投资机遇。

投资欧洲，应该算是一拍即合的事情：中国企业需要到海外寻找机会，欧洲国家希望能搭上中国这列经济快车。最近几年，中国企业对欧投资增长迅速，尤其是近期，一些欧洲小国因其丰富的项目，获得了中国企业的极大青睐。

● 丹麦独特税收成优势

……

作为丹麦政府新设立的贸易与投资大臣，迪赫尔在2012年2月率团访问中国，推介丹麦的贸易和投资潜力。她认为，中国在丹麦的投资程度低是一个亟待解决的问题。"让我吃惊的是，中国投资商对丹麦的

了解很有限，我们需要让中国投资商知道我们的优势和特点，我们对来自中国的投资很欢迎，只要能在丹麦创造就业机会，我们并不介意投资商是来自中国还是丹麦或其他国家。"她说。

丹麦的企业所得税为25%，低于欧盟15个创始成员国的平均水平。此外，丹麦还采取一种独特的税收机制，避免向丹麦公司的海外机构双重征税(在丹麦注册的公司不用为其海外分公司的收入纳税)，这使得在丹麦注册的公司可更便利地向其他欧洲国家开拓业务。丹麦由此可作为中国企业进入北欧和波罗的海国家的门户。

……

●波兰——欧盟最大"建筑工地"

波兰因其独特的地理位置，素有"欧盟之门"之称。欧债危机的阴云并没有太多影响波兰，它仍保持中东欧国家"领头羊"地位，成为欧盟成员国中最具经济活力和投资吸引力的国家之一。联合国贸易和发展会议《2011年世界投资报告》"世界最具吸引力投资国"排行榜中，波兰列第六位。

为了能吸引更多外国投资，波兰政府出台了一系列非常优惠的政策，不仅在税收方面予以优惠，在贷款、招工和企业待遇等方面都给予很多优惠。

资料来源：杨敬忠，陈进，高帆，韩梅．欧洲小国成中企的"大爱"[N]．国际先驱导报，2012-07-12(5).

建立诚信、公平、竞争的市场环境

市场经济是"诚信经济"，经营管理活动都必须建立在诚实、守信的基础上。地方政府采取法律、经济、行政、舆论监督等多种措施，着力打击当前社会生活中信用紊乱、逃废债务等不良现象和不法行为，切实维护金融机构的合法权益。

地方政府依法维护市场秩序，增强各类经济主体的契约和信用意识，提高市场经济运行效率，降低交易成本。地方政府保障市场机制在资源配置、经济发展过程中发挥决定性作用，对政府管理的诸如专营专卖项目、政府投资项目等，采取公开招标、拍卖方式，吸引各类经济主体和社会资本广泛参与，公平竞争，实现资源配置市场化。

地方招商引资要避免"有诺不践，有章不循"、"开门招商，关门吃商"的现象，以免失去投资商，丧失经济发展的基本条件。树立信誉至上的观念，诚实守信，不断增强市场主体的信誉意识和责任感。

同时，建立健全企业信用等级管理办法和信用不良行为的警戒公示制度。使具有良好信誉的企业充分享有守信的好处和便利，使有不良记录的企业声誉扫地。

此外，人文环境是一个地方物质文明、政治文明和精神文明状况的综合反映，是经济软环境中一个不可忽视的重要部分。要在市场经济发展过程中树立"诚信为本"的思想，就必须注重治理和优化人文环境。例如，开封以文切入、借文造势、靠文发力，充分利用清明文化节、菊花花会和系列文化活动释放经济能量，助推经济升级，找到了一条具有开封特色的发展道路。

规范优良的法制环境

招商引资必须依法运作，这既是优化投资环境、保证招商引资工作健康发展的需要，也是保护投资商合法利益的需要。同时，招商引资要符合经济规律，与 WTO 规则和国家法律法规不相适应的"优惠政策"不受国家法律保护，并不能从根本上保护投资商利益。

当地政府要保护好投资商的合法权益，确保其投资安全，但是，对投资商的不法行为不能迁就。对那些借招商引资洗钱、生产违禁产品、野蛮开采资源、严重污染环境的行为要坚决制止；已经构成犯罪的，要尽快请司法机关介入查处。

只有地方政府依法行政，市场依法经营，公民知法守法，才会有好的社会环境和市场竞争环境，才会对投资商产生磁场效应。

总之，在与投资商的合作过程中，政府要坚持依法办事，坚决遵守国家的法律法规，尤其要注意遵守《公司法》、《合同法》、《税法》、《劳动安全法》、《环境保护法》等与企业活动直接有关的法律。通过加强法制建设，为广大投资商和企业营造一个安定的投资经营环境，保证经济持续、健康、稳定发展。

资料链接 5—7　让法治成为招商引资的一张名片

法治的魅力就在于潜移默化、历久弥新，这种有底蕴、有内涵的东西，才是最具吸引力、最能令人信服的。作为最朴素情感的一种体现，法治是公权力与个人权益之间的一个基本共识，作为对最广大群众利益的一种维护，法治又是彼此之间的一个对话平台。

……

法治不仅限于维护群众利益，赢得社会信任，还可以助力经济社会发展。比如，在地方招商引资中，在政府购买服务时，社会资本是否愿意投资合作，不仅要看政府的诚意、发展的空间，往往也会看法治是否健全。一个依法行政的政府部门、一个法治健全的市场环境，总能给对方带来安全感，促使对方愿意来、留得住。如果政府部门肆意妄为，甚至个别领导干部带有明显的以权谋私等不法行为，如果市场环境杂乱无章，这对于社会资本来说，不仅缺乏信任度，而且面临着风险。因此法治就像一张名片、一个品牌、一种核心竞争力，法治越健全的地方，越能给社会投资方、外来建设者带来心理上、利益上的保障，越能为经济发展带来不竭的动力。

党的十八大以来，随着全面依法治国的深入推进，各地、各部门越来越深谙法治的重要作用，通过一系列举措加强法治建设。法治建设如同生态保护一般，“功在平时、利在千秋”，我们相信，这张名片的打造，必将给各级党委、政府以及广大群众带来越来越多的获得感。

资料来源：希仁．让法治成为一张名片（论法）[N]．人民日报，2017－04－12(19).

制定科学的招商引资考核制度

地方政府要建立“政府引导，部门服务，业主开发，多方参与”的招商引资新机制。硬件环境营造上，高起点规划；软件环境建设上，推行“一站式办公＋专题会议协调”服务模式，实行专班专人对招商引资项目跟踪服务，打造良好招商引资环境，保持地区经济的可持续发展。

实践中，招商引资的速成效应也带来了另外一个负面激励，即设置招商引资数量和投资金额指标，有些地方甚至出台全员招商指标。不论是经济类还是非经济类部门都牵涉其中，引进的项目数量看似很可观，但质量上良莠不齐。

更重要的是，“快餐化”招商引资方式造成了土地、能源、水和劳动力等资源的快速耗费，极大地透支了培育未来优势产业所需的基础资源。因此，引进项目还是应结合区域产业定位，重点关注企业质量，瞄准行业内的龙头企业或高成长企业，并培育一批有创新发展能力的中小企业。

因此，在综合考虑地方招商引资内外部环境的基础上，完善招商引资人员监督激励机制，对工作突出的部门、区县及个人应予表彰奖励，对先进单位和个人进行精神和物质奖励，调动人员的创新意识和服务意识，增加集体荣誉感。比如说，可以实行首问责任制和服务承诺制，按照谁主管谁负责、谁负责谁承担责任的原则进行。同时可以采取专题检查、投资商评议和调查走访等多种形式相结合的检查考核方式。

强化基础设施建设，完善城市功能

良好的基础设施水平，能够减少物流和信息等成本，影响投资收益。地方政府应该结合当地发展战略和基本定位，针对不同层次的基础设施发展现状，提高基础设施的发展水平(见图5—3)。

图5—3 提升基础设施建设水平

首先，良好的交通基础网络可以降低区域之间商品流动的成本，提高生产过程的效率。因此，交通运输基础设施越完备，产品综合成本越低。

其次，信息化社会中，人们对信息的需求大幅增加，良好的通信基础设施可以促进信息的更快交流，降低信息收集的成本，从而使投资商能更加快捷地了解和把握投资环境新近变化，更紧密地监控投资项目的进展状况。

最后，土地资源精细化开发。地方政府需要注重土地的使用效率，着重提升单位面积产出等指标。各地对于许多企业的圈地运动要提高警惕，对引进项目的功能和需求一定要严格审核，保证土地的精细化开发。一是要突出产业用地，合理控制不同用地比例，处理好公共设施、产业发展、商用住宅之间的关系；二是在产业用地方面，要提早制定创业研发区、软件加工区、加工制造区、行政商务区等的详细规划和建设方案；三是规划时要始终把握单位面积投资密度概念，最大限度地提高单位面积的产出率。

伴随着区域经济发展，土地价值必然会水涨船高，节约使用水土资源，最终将为政府带来更大的发展空间和后劲。

现代城市所能提供的交通、通信、能源、居住、娱乐等资源，代表着自然和人文条件构成的硬件环境。在城市功能配备上，要不断完善区内生活设施，提供教育、文化、医疗等必要的社会功能配置,使高新区由单一的产业区向聚集了高新技术产业、房地产、公共事业服务等的城市科技新区转变。

资料链接5-8 成都主打环境招商牌

作为中国内陆城市,成都之所以能够成为国际资本竞相投资的重要目的地,关键在于它已成功实现从资源招商、政策招商到环境招商的转变。成都主要是从生产服务环境、生活服务环境、政务服务环境3个方面来营造具有国际水平的招商环境。

首先是生产服务环境。目前,成都已初步建成中国第四大国际航空枢纽、第五大铁路枢纽和西部高速公路枢纽,开通了中国西部首个国际出口直达数据通道,同时聚集了2 700多家研发机构和80多个国家级研发中心,是中国创新能力最强的城市之一。

其次是生活服务环境。目前,成都是中西部地区金融机构数量最多、服务功能最全的城市;拥有近6 000家宾馆,其中14家是五星级酒店;百万平方米的高端写字楼,能够充分满足跨国公司商务办公需求;具有国际资格认证的乐盟、爱思瑟等国际学校,将为到成都工作的外籍人员子女提供完全与国际接轨的基础教育;同时还引进了百汇医疗等国际高端医疗服务集团,开设国际高端医疗项目;国际知名卖场、时尚品牌、物业管理等纷纷入驻。

最后是政务服务环境。目前,成都已成为全国同类城市中审批事项最少、审批效率最高的城市之一,也是国内首个"全面版权示范城市"和首个"国家知识产权示范城市"。成都市政府连续举办52次、每季度一次的外商投资企业座谈会,"一对一"听取企业意见和建议,及时帮助企业解决问题,成效显著。

资料来源:陈颐,李芳原.环境招商 成都之道[N].经济日报,2013-05-06(16).

注释:

[1]黎智威.新常态下番禺招商引资对策的探讨[J].广东经济,2015(9):68-71.

[2]于文明.基于招商引资的区域投资环境评价研究[J].现代国企研究,2016(18):139.

第 6 章
招商引资形象定位与设计

本章将阐述如下问题：

- 招商引资形象定位的内涵是什么？
- 如何设计招商引资形象？
- 招商引资形象设计中常见的问题有哪些？
- 如何进行区域招商引资形象推介？

开放格局下，塑造区域招商引资形象、宣传推介形象，提高区域在国内外的知名度和美誉度，成为招商引资过程中值得高度重视的关键问题。

只有准确的区域招商引资形象定位和设计，才能在招商引资中树立鲜明、准确的形象。

当前，良好的区域招商引资形象已经成为综合实力的象征。例如，广州的国际大都市气派，珠海的大港口、大工业，深圳的高速度、高效率，顺德的乡镇集体经济异军突起等，都是珠三角良好招商引资形象的具体体现。而有些开发区也开始导入区域招商引资形象工程——CIS 系统，即企业形象识别系统，向外界展示本区域的形象，提高其在国内外的知名度和美誉度，如天津经济技术开发区、宁波经济技术开发区等。

区域招商引资形象的内涵

菲利普·科特勒认为，区域形象会影响人们对该地区投资、办厂、移民、旅游、就业，以及地区外市场消费者对该地区产品的态度和购买行为，并强调通过对区域形象进行像对品牌一样的管理，可以给一个国家或地区的经济发展带来地区品牌资产。

事实上，一个地区具有的形象资源优势才是该地区难得的吸引力，因此，招商引资应加强本地区的形象设计，通过对理念形象、行为形象、视觉形象、听觉形象和文本形象5个部分的设计，构造出具有本地区特色的招商引资形象。[1]

什么是区域招商引资形象

区域招商引资形象是区域内外公众对该区域招商引资历史、现状及未来发展的概括性认识和评价，是由区域内在特点所决定的外在表现，是这种外在表现在区域内外公众心目中的印象和评价。

区域招商引资形象包含三层含义：①区域招商引资形象具有客观性，是具体的、客观的、可描述的；②区域招商引资形象具有可传播性，它建立在客观事实的基础上，可以借助各种传播渠道向外宣传；③区域招商引资形象也具有主观性，是客观事物在公众心目中的反映，是抽象的、复杂的。

需要注意的是，区域招商引资形象的知名度和美誉度并非总是成正比：知名度较高的区域，有时并不是因为形象好而为公众所知；同时拥有较高美誉度的区域，并不一定拥有庞大的公众群。

区域招商引资形象的两个重要衡量标准和目标是知名度和美誉度。健康、良好的区域招商引资形象对于提高区域知名度、扩大区域合作、加强区域内部精神凝聚力、促进区域经济全面协调发展发挥着非常重要的作用。

区域招商引资形象基本特征

区域招商引资形象既包括该区域的地理位置、历史、文化、经济、政治、社会等因素，还包括区域内组织和个人的行为表现，是区域发展程度的重要展现和标准。通常情况下，区域招商引资形象具有以下五大特征（见图6—1）。

（1）综合性

区域招商引资形象涉及众多因素，如经济、社会、政治、科技、教育、历史、文化、生态环境以及社会风气、居民素质等。这里既有物质层面因素也有精神层面因素，既有历史因素也有现实因素，各种因素相互交织，共同构成了区域招商引资形象网络。

（2）差异性

每个区域都有自身的特色，在自然资源和人文因素方面，都存在着不同程度的差异。为了凸显区域招商引资形象，必须要根据实际情况进行区域

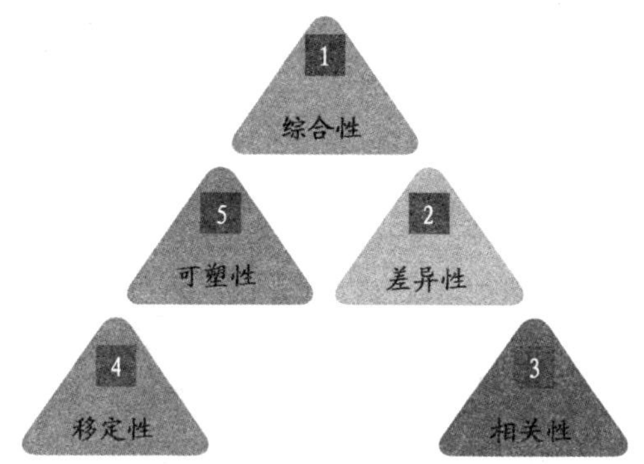

图 6—1　区域招商引资形象的特征

定位，采取差异化的传播策略，以达到最理想的传播效果。同时还应该注意到，这种差异性体现在实际形象与传播中的形象以及公众认知区域招商引资形象间的差异上，这也是区域招商引资形象传播所需要努力的地方。

(3)相关性

虽然区域间的差异性不可忽视，但它们也不是完全割裂的。地缘相近的区域招商引资形象往往是相互影响的。当某地区的区域招商引资形象出现危机，不仅该区域本身会受到影响，也会波及其邻近区域的发展。除此之外，区域内部的各因素也是相互关联的，当区域内某企业的产品质量出现问题时，很可能会直接或间接影响到组织或者公众对该区域整体形象的评价。

(4)稳定性

区域招商引资形象的形成并不是一日之功，而是一个长期积累的过程，有历史因素的积淀，因此区域招商引资形象一旦形成，将会具有一定时期的稳定性。另外，从公众心理认知角度来说，印象一旦形成，无论好坏都会有一定的稳定期，这对区域招商引资形象传播来说可谓喜忧参半。

(5)可塑性

区域招商引资形象很大程度上是一种主观评价和认知，而且这种认知一方面会随着区域招商引资形象构成因素的变化而变化，另一方面也会随着公众和组织认知水平的变动而改变。区域主体素质的变动、区域行为的变动以及公众经历的变化，都可能引起原有形象认知的改变，改变即意味着机会和可塑性。

区域招商引资形象构成

良好的区域招商引资形象是区域发展的无形资产，也是区域发展的动力和目标。但良好的区域招商引资形象并不是自然形成的，必须要有专业的策略和规划才可以达到理想效果。

区域招商引资形象包括公众形象、企业形象和政府形象 3 部分（见图 6—2）。

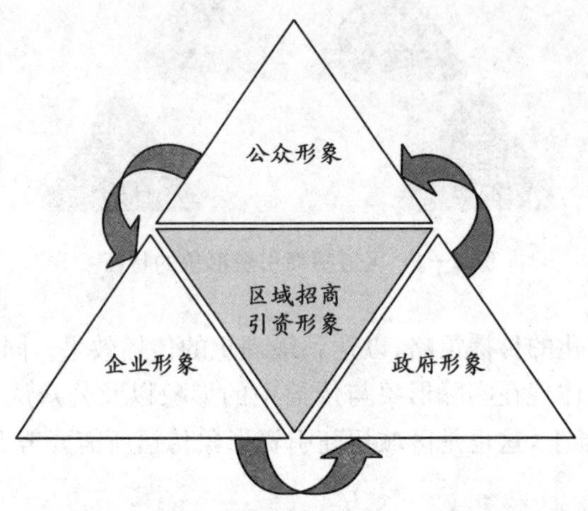

图 6—2　区域招商引资形象构成

（1）公众形象

招商引资公众形象，是指作为区域招商引资整体构成部分之一的公众在他人心目中的印象和评价，它受公众自身的文化素质、思想观念、言谈举止、精神风貌、理想追求等因素影响。

公众形象是招商引资形象最重要的构成部分，同时又是招商引资形象传播的最大载体。

一个区域公众素质的高低，影响区域营销能力的强弱，当然也影响区域招商引资形象的形成。区域招商引资形象也影响着公众形象。例如，早期温州是“假冒伪劣”的代名词，人们会觉得温州人不可信；而现在温州是“信用温州”，自然人们对温州人的可信度就增加了。

（2）企业形象

企业形象代表着城市的发展实力和潜力。招商引资中的企业形象是外界经过对企业各种信息的选择和加工而形成的对企业的整体性认知和评价。这里的“外界”是指与企业有直接或间接关系的个人或组织，如消费者、中间商、供应商、竞争者、合作企业、金融机构、政府、媒体等。

企业是良好区域招商引资形象最直接和最大的受益者。良好的区域招商引资形象会吸引更多的投资，吸引更多的旅游观光者或从事商贸活动的人。

区域内的企业会由于本区域较高的知名度和较好的美誉度而具有较强的竞争力，使自己获得一张“区域标签”，从而使自己的产品比来自不知名地区的同类产品更容易打入市场。此外，企业尤其是成功的知名企业，是形成和提升区域招商引资形象的重要推动者，同时也是塑造区域品牌形象的重要力量。

(3)政府形象

招商引资政府形象是指政府的施政业绩、综合能力、整体素质等客观实在作用于公众，进而在公众心目中形成的一种认识和评价。政府形象主要包括人员形象、组织形象、政策形象、标识形象、宣传形象等，政府的依法治政、精简高效、公开透明、勤政廉洁是形成良好政府形象的基础。

作为政府形象重要输出载体之一的政府领导者，也直接影响着政府形象，领导者形象取决于个人觉悟、品德、素养、学识、才能等因素。

无论是从应对竞争的角度，还是从市场营销启示的角度，或是从稀缺资源供给的角度看，一个地区要想实现招商引资工作的可持续发展，就有必要进行区域招商引资形象设计。

政府官员、政府政策、政府效率等直接影响区域招商引资形象，反过来，区域招商引资形象的好坏也会影响政府声誉。例如，厦门风景秀丽、环境整洁，拥有“国际花园城市”、“国家卫生城市”、“国家园林城市”、“国家环保模范城市”、“中国优秀旅游城市”和“全国十佳人居城市”等殊荣，另外，还荣获 2004 年度“联合国人居奖”。厦门享有如此多的荣誉，人们自然会觉得，厦门市政府是注重经济、社会和环境协调发展的政府。

资料链接 6－1　昆明提升城市形象，实现招商引资跨越发展

2008～2011 年昆明通过招商引资，在城市形象提升、资金吸纳、产业结构调整、促进就业等方面都取得了长足进展。

1. 城市形象提升。作为中国西部欠发达地区的昆明，以招商引资作为昆明发展的第一要务，以提高办事效率作为软环境建设的切入点和着力点，提出了打造“三最四低”优化软环境的目标。即将昆明打造成中国西部创业最宽松、社会最文明、人居最安全，以及低交易成本、低生产成本、低行政成本、低社会成本的地区。在工作作风方面，昆明市委、市政府提出了“工作成果倒逼法”和“五办”(即立即办、主动办、上门办、跟踪办、公开办)作风。

2. 吸纳了大量的资金。例如，实际利用外资从 2005 年的 0.82 亿美元增加到 2011 年的 11.08 亿美元，增长 13.5 倍多。

3. 调整和提升了产业结构。经过“大干 2008”、“拼搏 2009”、“攻坚 2010”、“稳固 2011”，全市三次产业结构从 2007 年的 6.7 ∶ 46.0 ∶ 47.3 调整为 5.8 ∶ 45.2 ∶ 49。

4. 促进了地方就业。例如，“十一五”期间，累计实现城镇新增就业人员 46.63 万，其中，绝大部分是 2008 年以来新增的，城镇登记失业率控制在 4.5%。

总之，通过招商引资加速改善了昆明的基础设施：“四环十七射”骨干路网基本形成；地铁 1、2、3、6 号线开工建设，1、2、6 号线 2012 年 6 月通车；沪昆高铁、云桂铁路、中缅油气管道和石油炼化基地等重大项目快速推进；昆明新机场已建成。通过招商引资推进了滇池及入滇河道的治理，也推进了昆明的制度创新。

……

资料来源：沈庆，田习忠．从“招商引资”到“内培外引”促昆明和谐发展[J]．价值工程，2012(27)：183—185.

区域招商引资形象设计

在招商引资竞争日益激烈的背景下，各个国家和地区都围绕各种投资资源展开了激烈的争夺。良好的区域招商引资形象可以有效地增强本地区的招商引资竞争力。

招商引资形象设计的必要性

对招商引资发达地区来讲，如何稳定本地区在投资商心目中的良好形象，巩固投资商对本地区的投资忠诚和投资偏好，保持本地区招商引资工作的可持续发展，成为其招商引资工作中的重头戏。对于招商引资后发地区而言，由于同一层次的竞争者数量太多，全国各地几乎无处不在招商，市场上充斥着各种各样的招商信息，如何让投资商从众多的竞争者中注意到和识别出本地区，是其在招商引资竞争中获得优势的重要条件。

综合上述两种情况来看，地方政府都需要围绕招商引资，有目的、有针对性地设计区域招商引资形象，增加本地区的知名度和美誉度，进而提升区域吸引力和竞争力。

良好的招商引资形象，有助于已入驻企业介绍更多的企业来投资。以河南郏县所引入的平煤机为例，该企业成功入驻后，陆续促成了煤神机械、艾通机械、鼎盛机械、德科机械、宏鹰煤机等相关机械加工项目扎堆落户，不仅使自身产业关联度不断提高、配套能力显著提升，而且由集聚区实现了产业集群的发展。同时，圣光集团落户郏县后，通过医药物流公司打造“圣光医药战略联盟”，联合全省 108 个县(市)的医药经营单位，共同建立统一采购、统一价格、统一配送、统一结算的医药流通体系，在全省覆盖率达 100%，在全国达 60%，有力地提高了郏县的知名度。

成功招商，地方政府必须懂得整体策划，树立良好的区域招商引资形象，宣传优秀的区域文化。

在很大程度上，是否具有某种稀缺资源，是一个地区能否顺利招商引资的重要因素。从新资源观的角度来看，自然资源、资本、科技、人才、文化、信息、知识是重要资源，形象、关系、观念、体制同样属于当地招商引资的重要资源，因此，树立良好的招商引资形象能够有效地吸引投资商。

此外，招商引资的过程实质上也是区域营销的过程。现代营销竞争策略中的 CIS 战略，对招商引资工作具有重要的启示意义。借鉴市场营销的经验，实现招商引资竞争策略的提升和突破无疑是当务之急。

在招商引资过程中，很多地方政府囿于传统思维，片面强调硬资源，如资金、项目等，忽视了软资源的引入与培育，尤其是区域招商引资形象资源普遍没有得到重视。

从招商引资先进地区考察回来的人们，很容易被当地的优惠政策和良好的硬件环境所迷惑，认为这就是这些地区招商引资成功的全部奥秘。

有鉴于此，把形象提升到战略性稀缺资源的高度，进行有目的、有意识的地区形象设计，无疑是提升地方招商引资竞争力的重要方面。

招商引资形象传播内容

区域招商引资形象主要分为理念识别(MI)、行为识别(BI)和视觉识别(VI)3 个部分(见图 6—3)。

(1)理念识别(MI)是区域招商引资形象的核心价值观

理念识别是区域招商引资形象识别系统的核心和灵魂，是区域发展的重要软实力，影响着该区域经济、文化、社会的发展，以及组织和公众的决策和行为。区域招商引资形象理念需要深度挖掘和提炼当地资源特色，具体包括精神理念、定位以及使命感。

塑造良好的区域招商引资形象，拥有统一认可的区域精神理念是关键

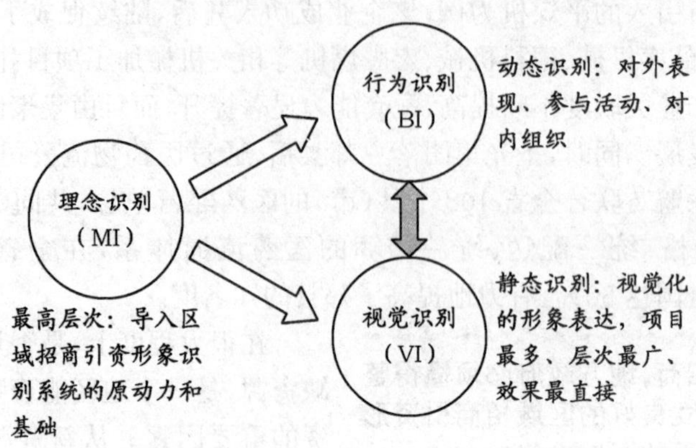

图 6—3　区域招商引资形象系统示意图

和前提，只有建立以本区域历史价值观为基础，同时顺应时代精神发展要求的精神理念，才能得到认可，才能将区域内的各种资源结合起来，激发其最大效应。只有建立代表区域内广大公众根本利益、代表时代先进文化发展方向的区域理念，才能对内加强凝聚力、对外提升认同感，为区域招商引资形象的传播创造一个良好的内外部环境。

作为一定数量人口聚集地的区域，价值观念也必然是多样的，尤其是人口流动比较大的区域，更容易受到外来价值观的冲击。

在区域精神理念的确立中，有几个问题需要特别注意：①区域精神理念应该是历史沉淀的结果、精髓的积累，但同时也要注意吸纳时代的新因素，融合历史与现代的优秀基因；②现代经济的发展令内外交流越来越畅通，在保持本区域精华的同时，也要注意吸收来自外部的优秀因素，兼收并蓄；③正确发挥政府的引导作用，彰显主流价值观，为区域经济、文化、社会发展营造一个良好的氛围；④重视网络媒体以及社交媒体对区域精神理念的影响，一方面充分利用新渠道带来的便利，另一方面要防止不良信息、精神垃圾的流传。

区域招商引资形象定位是区域招商引资形象设计的前提。无论是从自然层面还是人文层面来讲，每一个区域都拥有自己的特殊性，呈现出不同的特色，区域招商引资形象定位应该具备区域特色，避免重复。

以杭州城市形象定位为例，杭州的区域定位经历了一系列变动，从历史赋予的“人间天堂”到“住在杭州、游在杭州、学在杭州、创业在杭州”，再到“东方休闲之都”，这几次定位都是从某个侧面对杭州特点的概括，没有彰显出杭州的综合、本质魅力，直到“生活品质之城”形象定位的确立。该定位是建立在对杭州现实情况清晰认识和理智分析的基础上，既肯定了杭州丰富的自然和人文资源以及较发达的经济实力，同时也认识到在地大物博的中国，杭州的单向优势并不是最具有竞争力的，但其强项在于兼而有之，具有极强的综合优势。

区域内的组织和公众肩负着带领本区域发展经济、文化和社会生活，为区域整体发展创造和提供一个良好环境的职责。在经济日益一体化的今天，区域间的联系也日益紧密，区域招商引资形象的重要性也日益凸显。

区域招商引资形象定位后，其成功传播需要充分发挥区域内组织和公众的责任感，调动其为区域招商引资形象传播的积极性和主动性，关键点在于：①地方政府为区域招商引资形象的构建做好策略扶持；②企业承担起区域内经济活动主体的责任，加强区域内外的经济合作；③文化组织则要挖掘和进一步发展区域的特色文化，发挥优良传统，同时注入时代新元素，使区域招商引资形象与时俱进；④公众也应加强自身的主人翁意识和责任感，增强自身的素质水准，通过切身行动树立和维护好区域招商引资形象。

(2)行为识别(BI)是区域招商引资形象的动态表现

行为识别是指，区域内的组织和公众通过日常的生产和生活，将理念层面的东西具体化，大致可分为两大类：对内行为识别和对外行为识别。对内行为识别主要表现为市民风貌、行为准则、研发成果等；对外行为识别是指区域内组织和个人在对外交往中，对区域招商引资形象的一种外在展现和影响，主要包括城市举行的大型政治、经济与学术活动，大型城市文化活动，城市形象广告，城市体育赛事等。

区域招商引资形象行为识别具有双重性，任何一次有曝光度的活动都有可能起到双面作用：做得好，会进一步提高区域招商引资形象在广度和深度层面的影响力；反之，则会适得其反，对区域招商引资形象形成损害。因此，招商引资活动要以区域理念为指导，以塑造良好的区域招商引资形象为目的，以科学、专业的策略为手段系统进行。

(3)视觉识别(VI)是区域招商引资形象的静态展现

据统计，一个人在接受外界信息时有83%来自视觉，而听觉仅占11%，嗅觉只占3.5%，1.5%来自触觉，1%来自味觉。

区域招商引资形象视觉识别则是其静态展现，主要体现为地貌、人文景观、自然景观、城市的建筑、文化广场等，它是区域招商引资形象识别中最直接、最直观的部分。

因此，在区域招商引资形象公关活动中，要充分考虑到视觉刺激规律，利用这一渠道凸显区域特色。它的直观性要求将物质文明和精神文明的精华，以一种最简单、最容易接受的方式，在第一时间准确传递出去，但同时又赋予区域某种特定内涵。例如，当人们看到"HK"这两个英文字母时，自然就会想到中国香港，而不是内地其他城市，这就是视觉传播的效果。

区域视觉识别系统的开发设计首先要从基本要素设计着手(见表6—1)。

表6—1　视觉识别系统基本要素

序号	内　容	说　明
1	区域标志	通常是代表区域全体的标志。
2	区域名称标准字	通常是指区域的正式名称，以中英文两种文字定名，可以全名表示，以缩略名亦可。
3	区域的标准色	通常采用1～3种色彩，用来象征区域的指定色彩。
4	区域标语	指对外宣传区域特长、发展、思想等要素的短句，通常与区域名称、标准字附带组合使用。
5	专用字体	指区域名称及对内对外宣传、广告所主要使用的文字(中英文)、数字等专用字体。

确定了基本的设计要素后，就可以进行视觉设计形象的统一及标准化。

区域招商引资形象设计关键点

在充分调查研究的基础上，区域招商引资形象设计要注意整体性、差异性、稳定性和贯彻的坚决性。同时，设计区域招商引资形象，要抓住4个关键点(见图6—4)。

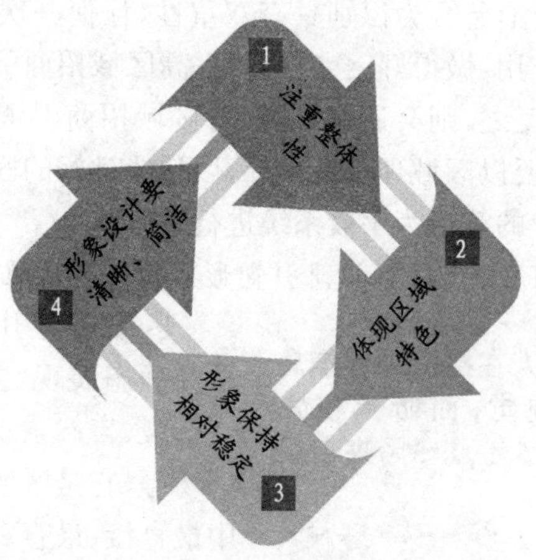

图6—4　区域招商引资形象设计关键点

(1)注重整体性

区域招商引资形象设计中,理念形象是核心,是整体形象的灵魂,占有主导地位,并通过行为和视觉反映出来。投资商对一个区域招商引资形象的认识,常常是来自整体形象的某一层面。因此,区域招商引资形象确定以后,要保证其对外发布和推介的统一性(见表 6—2)。

表 6—2　　区域招商引资形象的 5 个"统一"

序号	内　容	说　明
1	统一标志	区域标志必须统一且只有一个,无论谁代表本区域去招商,都必须确保本区域标志的统一。
2	统一颜色	区域的标准色是特定的,不能随便改变,更不能以自己的好恶随便取舍,要严格以设计手册中的规定色为准。
3	统一口号	区域的标语、口号常常浓缩了本区域的内在精神,一旦确定,对外传播时就不能再变化。招商人员要严格统一"口径",切莫"百家争鸣"。
4	统一"招牌"	区域招商引资形象中基本要素组合和应用要素组合系统是特定的,对外传送时也要保持统一。
5	统一"思想"	理念是区域招商引资形象的首要支柱。每一个招商人员必须深刻领会,不许有任何误解和曲解。要能准确对外传播,不能含含糊糊。

(2)体现区域特色

招商引资形象设计时如不注意控制和强化自身与众不同的特色,就很难引起公众的注意,更难被投资商识别。

区域招商引资形象设计要从自身特色出发,对招商引资活动进行系统的理念形象、行为形象、视觉形象设计,强调地方特色,塑造与众不同的个性,以唤起公众的认同,向社会传播当地的优势和信誉。

各个区域所处的地理位置不同,具有不同的历史、文化及社会背景,在进行区域招商引资形象设计时,可深入挖掘出有价值的东西,加以改装利用,容纳到形象设计中。区域招商引资形象设计要出奇制胜,其差异性可以通过很多方面体现出来,甚至可加入一些传奇因素,如神话、寓言等。

在地区形象设计中,要重点围绕最突出、最有特色、最有代表性的方面进行。例如,随着良好文化生态的形成,开封用文化广结天下"亲戚",一个个招商引资项目纷纷签约。通过国家级的宋都古城文化产业园区这个平台,衍生出了汴西湖文化生态园、东京梦华园,鼓楼复建工程、古城墙修复工程、老城区"两改一建"工程、二期水系沿岸开发工程等纷纷开工建设,连阿联酋客商也远道前来投资政府精心打造的清明上河城。

(3)形象保持相对稳定

区域标志具有长久的、深远的影响。同时,地区形象设计具有很强的延续性和继承性,一经设定要保持相对稳定,不能朝令夕改。因为投资商对地方形象的变化有一个认识过程,原有形象不会立即在脑中消失,新的形象也不会被马上接受,其心理体验具有滞后性,心理态势也倾向于保守。

一个良好的地区形象设计,如果不加以坚决落实,或者使投资商感到实际情况与宣传的或设计方案根本不是一回事,那么对地区形象的伤害将是深远的。

设计者要跳出“形象”看“形象”,真正抓住区域的内在精神实质,既要有深度,又要有广度,把区域的内在与外在精神有机地结合起来,设计出本区域的真实形象。

(4)形象设计要清晰、简洁

形象设计一定要站在全局高度,对本区域进行战略定位。经过充分的调研,对区域招商引资形象的总概念有深刻的认识和理解,并能用简洁明快的文字和图案表达出来。

形象设计者要参与形象导入与推介的全过程,知道其中的来龙去脉,并了解影响区域招商引资形象的每一个细节。要在本区域做深入的调查研究,并要与本区域最高层领导沟通,掌握区域的“思想动态”。在区域招商引资形象设计中,一开始就要保证区域理念清晰、区域发展方针清晰、区域现有形象特征清晰。

区域招商引资形象设计流程

区域招商引资形象设计是一项复杂的系统工程,必须通过科学的流程,保证形象设计真正符合当地发展实际,树立良好的招商引资形象,促进招商引资工作的顺利开展。

一般情况下,招商引资形象设计流程包括 5 个基础环节(见图 6—5)。

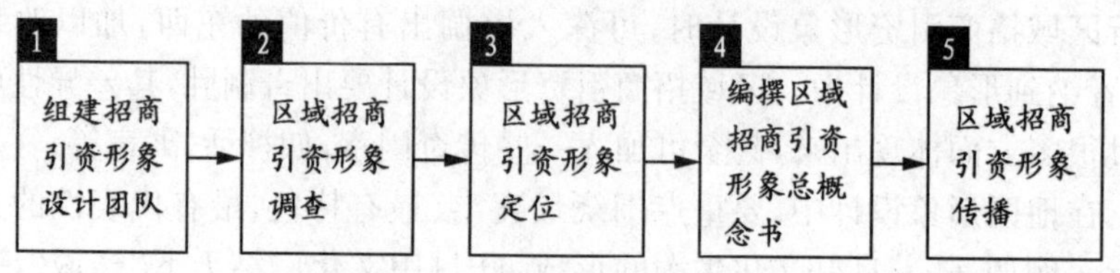

图 6—5 招商引资形象设计流程

(1)组建招商引资形象设计团队

设立专门的形象设计执行团队,既可以充分发挥团队成员的各自优势,又能保证设计工作的稳定推进。一般情况下,区域招商引资形象设计团队由当地各相关部门代表及专业设计师共同组成,招商引资领导层必须参与其中。形象设计团队的主要任务是:确定区域招商引资形象的核心理念;制订形象设计具体工作计划;组织区域招商引资形象的调研工作;确定区域招商引资形象方案;区域招商引资形象的宣传与推广;根据实际情况和反馈,对招商引资形象进行修订和完善。

(2)区域招商引资形象调查

区域招商引资形象调查是为了获取区域形象设计所需要的基本资料,包括区域内的地理环境、发展历史、人口规模、产业结构、经济状况、发展前景、文化习俗等以及区域外(主要是指竞争对手)的情况(见表6—3)。

表6—3　区域招商引资形象调查内容

序号	类　别	说　明
1	区域招商引资形象	区域的认知、传送媒体、特性形象、规模形象、基本形象、辅助形象、负面辅助形象,对区域标志设计、标准字和标准色设计的评价,对区域管理体制的评价,对区域服务水准的评价等项目
2	区域对外宣传	对外传达、对内沟通及表现水平等
3	区域理念	区域使命、发展方针、活动领域、行为基准等活动

通过调查研究,让设计团队所有成员都有机会认识到招商引资形象对区域的意义及重要性,以利于执行阶段革新性工作的推动。另外,调查对象还要包括来自不同国家的投资商及相同性质的区域,以便能听到全面的意见。调查方式是以问卷调查表为主,辅以深度访谈、座谈会、文案调查等。

(3)区域招商引资形象定位

区域招商引资形象定位是指,根据所掌握的有关区域内外的信息,确定区域在整个经济社会网络中所处的地位,即明确区域在经济社会中最适宜扮演什么角色,从而凸显区域形象的个性特征。区域招商引资形象的定位,依赖于对区域招商引资形象实态的调查研究(见表6—4)。

表6—4　区域招商引资形象定位关键因素

序号	类　别	说　明
1	国家经济政策及形势	区域招商引资形象定位不能违背国家经济政策和经济发展潮流。

续表

序号	类别	说明
2	区域自身	区域招商引资形象定位需从自身的优势特征出发，充分利用现有及潜在的资源进行形象塑造。例如，福建武夷山市有著名的武夷山，因此，树立区域旅游形象便是最优选择。
3	其他区域（竞争对手）	“知己知彼，百战不殆。”区域招商引资形象定位既要深入分析自身形象特点，挖掘自己的独特之处，又要考虑其他区域的形象建设情况，力求与其他区域相区别。
4	公众	区域招商引资形象定位时，要考虑该区域形象能否为公众所接受，若公众所期望的区域形象与该区域形象有差距，则要研究差距究竟表现在哪些方面、差距有多大、弥合差距的措施等问题。

(4)编撰区域招商引资形象总概念书

总概念书是有关区域招商引资形象的计划书，主要根据区域的客观事实，再提炼出适合本区域的区域理念，也可以说是区域最高主管的建议书，因此具有解决问题、改善区域招商引资形象、指出未来方向的作用。

总概念书能针对调查结果，表达出正确的判断，进而提供有关形象的活动方针和改良建议，深入浅出地指出未来区域应具有的形象，并明确今后一系列的形象作业及管理办法。因此，区域招商引资形象导入过程中，最重要的环节是总概念书的制作，借此塑造今后的区域发展方向、活动方针、经营战略、形象革命。

区域招商引资形象总概念书内容如表 6—5 所示。

表 6—5　　区域招商引资形象总概念书内容

序号	内容	说明
1	调查结果的要点	扼要整理出事前调查的结果，对其中的重点加以解释。
2	本区域的形象概念	包括本区域未来的作用、理念、形象、活动领域、方针、重要概念……总之，必须把区域未来的概念进行完整、扼要的叙述。
3	具体可行的策略	为了具体表达上述概念，罗列出实际可行的办法。
4	形象设计开发要领	具体而详细地记载形象设计开发计划，使它能立刻展开作业。通常在记载中会明示“设计规范”。
5	与形象有关的补充计划	为了顺利达到目标，除了发布设计开发计划外，还得配合区域对内对外的信息传递计划，以及其他各种相关计划。

(5)区域招商引资形象传播

在信息化社会中,招商引资形象传播应在营销资源集合、传播工具组合上精心策划、有效实施,应有机组合招商引资宣传册及宣传片、大众传媒及互联网、节庆事件、会展、人员推销等营销传播工具,构筑信息传递通道平台。

2011年东莞的城市形象宣传片不仅会出现在北京西客站出站口的巨型LED广告屏上,而且"投资东莞——东莞市投资商投资促进中心"在百度、谷歌等世界知名搜索引擎的排名也会提升,东莞以网络招商为手段拓宽招商引资渠道。同时在境内外媒体、网络加大招商引资鼓励政策宣传力度。另外,东莞还将定期向"世界500强"企业及其他跨国公司发送反映东莞投资环境和产业需求的电子邮件,吸引更多投资商到东莞考察投资。

资料链接6-2　山西省打出"形象招商"牌

招商引资不仅是借力发展、激活资本市场的助推器,而且是引进新鲜血液、推动跨越发展的强大动力。经验表明,作为中部欠发达地区的资源型省份,招商引资关乎经济转型进度,关乎综改试验区建设推进,关乎经济抗市场风险能力提升,关乎收入增长和民生改善。

……

1. 建立动态化的投资环境客商评价指标。由省投资促进局负责,建立以外商为评价主体的"投资环境金牌城市"或"最受投资人喜爱的地区"评价指标,用以测评在晋外商的环境认知和创业感受,形成"口碑式"活广告宣传,以此促进山西省的转型发展和投资软环境建设,提升招商引资竞争力。

2. 做好"心理招商"、"民意招商"的相关工作。伴随山西转型综改、转型发展的持续推进,有关不同的声音也趋向活跃,尤其是在山西省经济下行的当下,这种情况会更为突出。不同声音不可能改变山西转型综改、转型发展之路,但不同声音的纷扰,特别是负面声音的过度放大,会造成外商的观望情绪。对此,应切实推进效率招商、阳光招商、依法招商、反腐招商。同时,各级党委、政府新闻发言人应集中关注相关焦点问题,利用新闻发布平台适时、有质量、有说服力地作出回应,加大招商引资方面的通报和引导,形成健康、持续的招商引资新局面。

3. 对外宣传、文艺创作要讲好山西故事。持续做好山西山水、山西人文、山西历史、山西精神、山西业绩的宣传,向外界立体展示山西人民在全面深化改革、转型综改试验中的正能量、好形象。鼓励拓展山西影视、戏剧创作题材空间，引导和支持文艺工作者高起点、深层次地创作反映山西"全面深化改革新气象、转型发展新气象、招商引资新优势"的新剧目。同时，讲好外商在三晋大地创业发展的生动故事。

资料来源：王早霞．战略招商 活力招商 形象招商[N]．山西日报，2014－08－26(A03).

区域招商引资形象传播

良好的招商引资形象不仅能折射出区域的魅力和吸引力，同时也能形成一种强大的凝聚力和辐射力。

招商引资形象传播媒介选择

招商引资的过程实质上就是针对当地的投资环境、招商引资项目，与目标投资商进行沟通传播的过程，通过与目标投资商之间采取不同方式、积极主动地沟通，希望目标投资商能对当地的投资环境产生较为全面、积极的认知与评价，留下良好的印象，进而能对当地招商引资项目产生投资兴趣，到当地进行投资考察、洽谈，直至签订投资协议。

区域招商引资形象推介的最直接方式是通过报纸、杂志、电视、广播等大众传播媒介进行传播，最常见的宣传载体为印刷宣传品、幻灯片和光盘，它们各有优点和缺点，详见表6－6。

表6－6　招商引资形象宣传载体的优点和缺点

宣传载体	优　点	缺　点
印刷宣传品	1. 制作容易，成本低 2. 阅读方便，使用面广 3. 传播容易，不受场所限制 4. 便于保存 5. 形式灵活多样	1. 缺乏动感 2. 过于普及，人们不够重视 3. 信息量有限 4. 携带不便
幻灯片	1. 形象、生动 2. 清晰、准确 3. 更容易引起注意和重视 4. 重点突出，针对性强 5. 专题性强	1. 信息量小，报告人口头补充说明，或配合印刷资料 2. 传播面较小 3. 制作成本较高 4. 使用率不高 5. 不宜单独使用

续表

宣传载体	优　点	缺　点
光盘	1. 内容丰富,信息量大 2. 容易操作 3. 编辑方便 4. 复制容易,广为传播 5. 携带方便 6. 形象生动 7. 使用性强 8. 针对性强	1. 使用时有条件限制 2. 制作比较复杂,成本较高 3. 需要有特定的传播渠道 4. 使用周期短

由于不同的媒体面向不同层次的大众,因此,在选择媒体进行区域招商引资形象宣传时,要注意以下 4 个关键点(见图 6—6)。

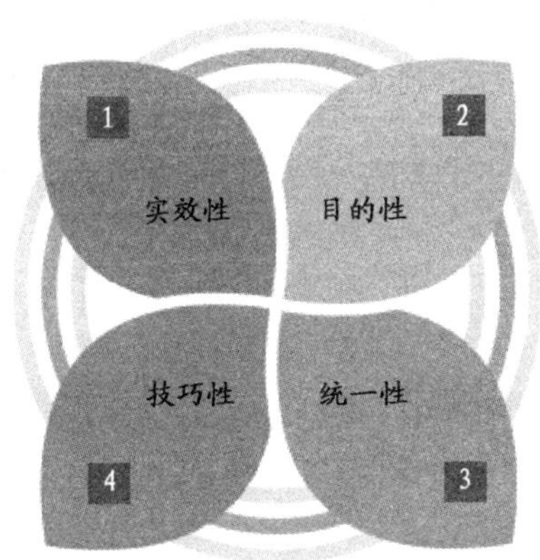

图 6—6　招商引资形象宣传的关键点

(1)实效性

无论在何种媒体上作形象推介,一定要讲求实效。没有效果的宣传是出力不讨好的做法。实效性的判断来自对媒体的分析和宣传对象的了解。因此,在选择媒体时,一定要先做调查,再做决定。

(2)目的性

选择某种媒体做宣传时,一定要目的明确。例如,要在公众中树立本区域招商引资形象,可考虑在报纸或电视上做广告宣传;要在投资商中树立本区域招商引资形象,可选择有关的专业杂志或专业报纸。只有这样,才能达到预期的目的。

(3)统一性

无论在哪种媒体上宣传区域招商引资形象,保持形象的统一性是非常重要的,要杜绝自相矛盾、前后不一的现象发生。同时,也要注意区域招商引资形象的连贯性。每一次宣传都是区域招商引资形象的亮相,要做到有计划、有组织。

(4)技巧性

区域招商引资形象在媒体宣传的表现形式和手法上要新颖别致。除了保持其统一的版式外,可在主题版面位置等方面做一些技巧性的编排。

招商引资形象传播的4股力量

区域招商引资形象的提升依赖于各方力量的共同努力,政府应在其中起到协调和引导的作用;同时,公众、各企事业单位和民间团体也应积极配合,以区域招商引资形象建设的规划为指导,为区域招商引资形象建设贡献力量。通常情况下,地方招商引资形象传播需要4股力量共同推动,争取形成合力,以达到更好的效果(见图6—7)。

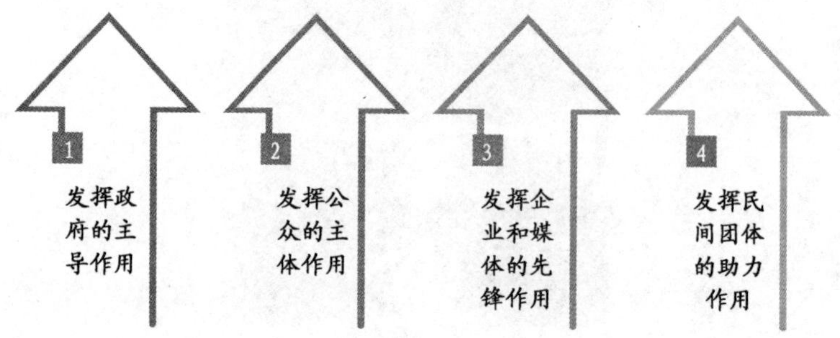

图6—7 招商引资形象传播的4股力量

(1)发挥政府的主导作用

区域招商引资形象建设是一个长期而持续的战略,需要科学长远的规划,也需要稳定有力的组织力量。政府作为国家行政性权力机关,具备统合区域资源和各方力量的能力。政府可以运用组织、领导和控制等行政手段,将社会各种力量、资源进行有效的整合,推动区域招商引资形象建设规划的实施。

政府的主导地位具体表现在以下3个方面:

第一,政府应做好区域招商引资形象提升战略的规划者。政府要有长远的眼光,同时运用科学的手段,对区域招商引资形象进行合理定位,并制定出长期的战略规划。

第二，政府应做好区域招商引资形象资源的整合者。政府应当具有宏观的视野，对区域招商引资形象的现状和问题具有深刻的了解，把分散在区域各种不同层次、不同方面的形象资源进行有效的整合，从而有效贯彻区域招商引资形象提升战略规划。

第三，政府还要做好区域招商引资形象的营销者。政府不仅是区域招商引资形象战略规划的制定者，也是区域招商引资形象战略的营销者之一。特别要注意的是，政府要抓住机遇，特别是紧抓各种会展、活动、文化体育赛事等机遇，大力展示本区域各方面的良好形象。

(2)发挥公众的主体作用

社会公众是区域招商引资形象的创造者，也是区域招商引资形象的载体。公众的主体地位要求政府在区域招商引资形象建设时，引导公众做到如下几点：

第一，公众要注重自身素质的发展，塑造良好的公众形象。围绕区域招商引资精神，公众要努力提高自身的觉悟和素质，积极参与区域发展建设，展现当地公众的优良品质。

第二，引导公众加强对区域招商引资形象价值的认识，使其有意识地在同外部公众交流中为本区域招商引资形象做宣传，形成塑造和维护区域招商引资形象的可靠队伍。

第三，提高区域公众凝聚力和集体责任感，引导公众积极参与政府主导下的区域招商引资形象建设。

(3)发挥企业和媒体的先锋作用

企业营销能力是区域招商引资形象提升战略的重要途径之一。例如，品牌产品的外销本身就是对外宣传区域招商引资形象的一种方式。充分利用品牌在区域招商引资形象宣传中的先锋作用，以品牌产品在国内外的行销，塑造良好的区域经济发展形象，提升区域整体招商引资形象。

另外，大众传媒具有范围广、传播速度快、成本低等特点，应有效利用媒体的宣传作用，大力促进区域招商引资形象提升战略的实施。

(4)发挥民间团体的助力作用

民间团体或称非政府组织(NGO)和非营利组织(NPO)，是指不以营利为目的、主要开展公益性或互益性社会服务活动的独立民间组织，诸如基督教各地教会、各学术团体、行业协会、商会、各种公益基金会、各种联谊会和志愿者协会等。

对民间团体在区域内外的巨大影响力进行合理的运用，能够有力提升区域招商引资形象。一方面，民间团体大多建立在非营利和公益的基础之上，具有一定的影响力和号召力，能够凝聚起一定数量公众的力量；另一方面，各种各样的民间团体，有些具有全国或国际性质，有些则是全国或国际性民间团体的区域分部。只要政府能够对其在国内外的广泛活动加以正确引导，使之成为区域招商引资形象的宣传力量，就能够为区域招商引资形象的提升提供强大助力。

招商引资形象传播 3 个关键点

如前所述，经济全球化的时代背景下，“区域形象”日益品牌化和标识化，其重要性渗透到国家、城市、区域等层面，在竞争和合作中发挥着越来越大的作用，直接影响其综合、可持续发展。

区域招商引资形象传播信息，一方面是对区域形象的媒介再造；另一方面也影响着社会舆论，其提供话题，从而影响公众对区域招商引资形象的主观认知。在招商引资形象传播过程中，需要把握 3 个关键点（见图 6－8），才能够更好地提升区域招商引资形象的知名度和美誉度。

图 6－8　招商引资形象传播关键点

(1)注重招商引资形象系统培训

招商引资形象传播的信息内容能够较好地迎合、满足目标投资商投资决策时的信息需要，使他们在获取这些信息以后对当地的投资环境与投资项目留下好的认知印象，给予积极的评价，那么目标投资商就可能产生投资欲望，从某种意义上说，招商引资就成功了一半。因此，要注重招商引资形象系统培训。

首先,提高领导者对塑造良好区域招商引资形象的认识,有针对性地定期出台整治和提升区域招商引资形象的对策措施,并亲力亲为地抓好落实工作,这是塑造良好区域招商引资形象的关键所在。

其次,组织招商人员认真学习形象手册,领会本区域招商引资形象的实质,充分认识区域招商引资形象在招商中的作用和影响。

最后,引导和教育公众积极投入到塑造良好区域招商引资形象的实践中去,自觉做到有伤区域招商引资形象的话不讲、有损区域招商引资形象的事不做,努力为塑造良好的区域招商引资形象做贡献。

(2)精心制作招商宣传资料

招商引资的过程实际上就是将当地的投资环境和招商项目对目标投资者进行传播的过程,能否吸引到理想的投资商到当地进行投资,关键取决于招商形象传播的效果。而招商形象传播效果的好坏,又取决于招商管理者能否根据目标投资商在投资决策时所需要的信息点、关心点,全面、准确地提供有关当地投资环境与投资项目方面的信息。

因此,要严格执行招商引资手册中的规定,按规定设计本区域的招商宣传资料,确定基本格调和版式,把区域招商引资形象的实质精神反映在招商宣传资料中。

(3)统一各部门招商引资对外宣传口径

规定各部门的权限和义务,以确保本区域招商引资形象的对外统一性,即统一招商引资政策,以一个标准、一个口径对外宣传、推介。

同时,要求各部门从全局出发,以整体利益为重,共同塑造和推介本区域招商引资形象,树立形象意识,主动进行区域招商引资形象推介。

资料链接6—3　移动互联网全面革新城市形象传播

城市形象传播是指城市主、客体之间的互动过程,它应是从受众角度出发的,有意识地改变人们对于城市总体认知的动态过程。它既包含了定位与传播,也与城市未来的发展战略紧密相关。城市形象的核心价值在有目的定位、传播、营销之后所产生的形象附加值,将会形成城市品牌。

当前,技术革命正带领我们进入移动互联网时代。在这个处处有媒体、人人是媒体传播者的“新媒体时代”,传统的“单向大众传播”正在转变为“多向互动的全媒体沟通”。人们既是信息的接收者,又是发布者。移动互联网既非传统媒体的补充,也不是延伸,而是可以将传统媒体属性和传播方式囊括进来的、迄今为止包容度最大的媒体空间。与传统媒体相比,移动互联网同时还具有“即时”、“持久”、“绑定”等特点。在这种剧烈演变的传播环境下,城市形象传播也步入了3.0时代。

在移动互联网时代,城市的概念将被重新定义,城市与市民之间将建立起全新的关系。在国际上,一些国家和城市已经成功进行尝试,用基于移动互联网的各种应用来进行城市的管理和服务,重建政府与市民之间的关系、市民与市民之间的关系,形成良性互动的新型城市人际沟通关系,营造一种全新的和谐社会生活氛围。

同时,移动互联网的应用对于城市有着重要的作用,通过移动互联网应用,城市可以实现自我宣传,进行相关产品推广,履行社会职责并实现与市民的沟通对话。

资料来源:文春英,张婷婷.城市形象传播进入3.0时代[N].中国文化报,2015-02-28(004).

注释:

[1]路燕,陈静.招商引资的营销学原理[J].中国外资,2007(3):48.

第 7 章 提升区域招商引资竞争力

本章将阐述如下问题：

- 招商引资竞争的现状是什么？
- 如何进行招商引资宣传？
- 如何进行专业化招商引资？
- 如何进行产业招商引资？
- 如何科学合理地制定招商引资政策？

竞争在招商引资过程中普遍存在，竞争主体或是政府，或是部门，或是企业，或是区域，但归根结底还是企业。竞争态势决定了招商引资的方式和方法，决定了应采用何种招商引资策略。

招商引资竞争无处不在

在招商引资中，只有确定竞争目标，才能通过竞争态势的分析，找出比较优势，拟订可行的招商策略。

如前所述，在新形势下，各地政府纷纷加大招商引资力度，那么在激烈的招商引资竞争中，如何才能脱颖而出？实践中，很多地方招商引资部门对“家门口的竞争”认识不足，以致丧失了不少的机会。

招商引资竞争误区

区域间招商引资竞争超越了一定的界限，其所带来的负面效应不可低估。目前,国内区域之间的招商引资竞争已经出现了一些无序、恶性的现象。实践中,招商引资误区主要体现在以下4个方面(见图7—1)。

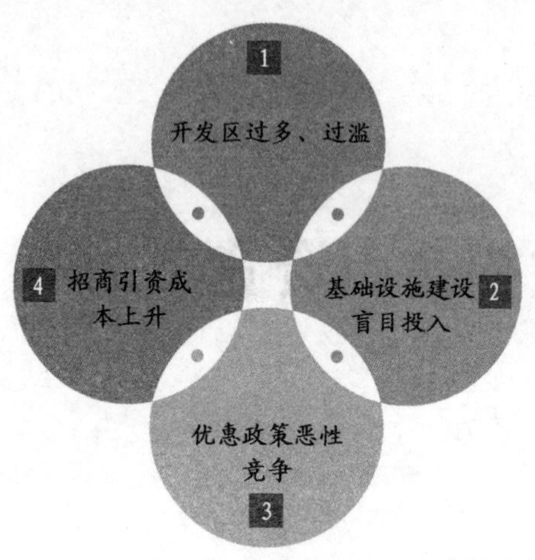

图7—1　招商引资误区

(1)开发区过多、过滥

目前,中国的开发区基本是由各级政府投资建设,包括国家、省、市(地区)、县(市)、乡(镇)5个层次。不同层次的开发区往往分布在同一区域,但定位大多不甚明确,导致功能重复交叉,加剧竞争。

(2)基础设施建设盲目投入

一些开发区为竞争所需,在潜在投资商及其需求都未明确前,大规模建设基础设施,称之为"筑巢引凤"。而投资商在一定时期内的数量是有限的,导致了其在数量和结构上供过于求,使资源闲置。

(3)优惠政策恶性竞争

几乎所有的省、市、县甚至乡镇都出台了对外资减免税费的优惠政策,并不断根据周边竞争者的变化而调整。例如,国家规定对外资企业的所得税"两免三减半",许多地方自行增加到五年免税、五年减半;有的地方规定对除税收以外的各种政府收费全免,称之为"无费区"。

一些地区竞相降低土地出让价格,个别地方甚至免费向投资商提供土地。同时,少数区域还利用行政手段降低用电、用水等生产要素价格。

(4)招商引资成本上升

各种投资洽谈会、境外出访团组、委托中介机构、广告宣传等形式无疑将耗费大量的资源。例如,2013年5月,某省招商团在中国香港香格里拉酒店举行早餐会。一名参会的中国香港企业家透露,参加者共约40人,花费约4

万元，人均 1 000 元。这名有亿万身家的企业家，宴会结束后特地向服务员要了账单，看后不禁感慨："一顿早餐花 1 000 元，我不掏钱都觉得心疼。"

招商引资竞争途径

随着地方的发展意识不断增强，经济发展中的地方特色越来越浓厚，地方角色越来越凸显，地方竞争特别是相邻开发区间的竞争越来越激烈。[1] 在制定招商引资任务、目标、方针和决策措施时，地方政府必须充分考虑投资商的需要，满足投资商的需求，同时实现自己的经济和社会发展目标。通过有效的招商引资竞争途径（见图 7—2），综合利用各种手段和措施，能够降低招商引资综合成本，增强当地招商引资竞争力。

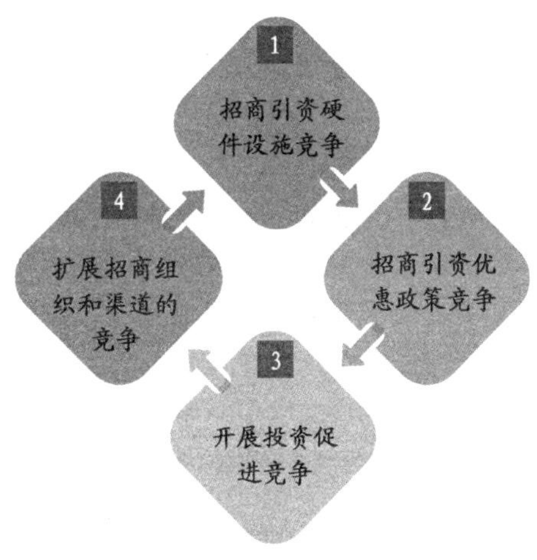

图 7—2　招商引资竞争途径

（1）招商引资硬件设施竞争

新建经济开发区和工业区、旅游度假区；投入巨资兴建各种基础设施，包括交通、能源、通信等。

（2）招商引资优惠政策竞争

当前各地为了吸引投资商投资，在国家统一规定的优惠政策之外，纷纷出台各自的特殊优惠政策，且互相攀比、竞相优惠，它们认为政策越优惠、越特殊，越能吸引投资商投资。

优惠政策是发展经济不可缺少的重要手段，并不是唯一的手段。外资企业看重的还有法律保护，如待遇保护、工业产权保护等，以及资金的运营安全和能否实现预期的边际收益。

资料链接7—1 招商引资怎能没有原则?

“外地客商来××市投资,由于当地人文环境、政策环境、法律环境等因素造成亏损,一律由当地政府包赔。”这是山西省××市针对招商引资出台的七大规定之一。这一招商新规经媒体报道后,引起广泛争议。事实上,这套新规已经出台大半年。自去年开始,包含“对外地车辆在××市境内的违章,只纠错、不罚款”等优惠条件的《××市进一步优化发展环境的若干规定》就已经出台。

近年来,地方政府为在竞争中取得优势,纷纷将招商引资列为一号工程,各级领导亲自带头找项目、谈合作、促投资。有的甚至制定了全员招商办法,所有政府部门都有任务,就连公安和政法机关也不例外,完不成任务概不提拔。××市这几条新规更是彰显了当地的招商决心,但是,这种美其名曰“善待外来人”的背后,反映的正是当地领导政绩饥渴下的心急火燎,生怕得罪上门的“财神”而作出的一些退让显然是没有原则的。打出“政府包赔”的招牌,直接目的是为了吸引资本流入。但是,在市场经济环境中,政府是裁判员,企业是运动员。到底是赚还是赔,应该由市场最终说了算,没有“亏损包赔”的道理。而且对外来资本的“优待”,客观上又造成一种不正当竞争的格局,对于本地企业来说明显不公平。这种不公平同样体现在“外地车辆违章,只纠错、不罚款”之上。法制完善的社会,谁都不能有高人一等的特权,为何外地车辆可以享受豁免而横行霸道?那么,所退让和牺牲的,显然是整个社会环境。

……

我们不得不承认,由于地方的经济发展在路径上长期依赖于招商引资模式,政府退出并交还市场变得十分困难。但说到底,还是根子上的政绩冲动使然,恐怕只有消除了这种冲动,一切才会变得容易起来。

资料来源:桐子岚.招商引资怎能没有原则?[N].南方日报,2012—03—02(F02).

(3)开展投资促进竞争

以各级政府和各类开发区为主,通过制作投资宣传资料、投入大量广告费用、举办名目繁多的投资洽谈会、派遣招商团组、职业人员上门推销介绍等方式来发现和吸引投资商。

(4)扩展招商组织和渠道的竞争

各地政府成立了各种各样的机构负责招商引资工作,其职能不仅是审批外资，也从事招商。由此出现了职业和半职业的投资促进人员。吸引外资的渠道和方法日趋多样化，广告、互联网、中介机构和代理人都可成为吸引外资的工具。

招商引资宣传策略

招商引资宣传，可以有效地向投资商介绍当地招商引资的特色项目、特色产业和优惠政策等关键信息，对吸引投资商参观考察起着极为重要的作用。

在实践中，很多招商引资部门并没有设立专门的宣传推广费用，而是采用极为传统的招商引资方式，将主要资源放在参加各类展会、盲目拜访投资商等工作上，最终成效并不尽如人意。要想把关键资源用在刀刃上，在招商引资工作中取得实效，就有必要制定一套基于当地实际情况的招商引资宣传策略。

明确招商引资宣传方向

招商引资不但要有优势，更要善于应用优势。宣传力就是影响力、形象力，只有积极借助网络、电视、报纸、广播等媒体，以让广大客商喜闻乐见的方式，广泛宣传地域的资源、环境、政策、人文等优势，通过举办客商联谊会、项目对接洽谈会等，增强对外宣传的力度、广度，全方位、宽领域宣传，才能营造良好的招商氛围，引领更多投资商投资创业。

(1)注重提高知名度

由于对外宣传带有整体性、全面性的特征，也由于当今各类社会媒体多数隶属于政府管辖的报业、出版、影视、广播集团，更由于政府媒体的权威性、准确性和可靠性，因此，招商引资中的对外宣传必然需要由政府来部署和组织实施。

实践证明，政府高度重视对外宣传，不仅会加快招商引资的进程，推动外来投资商同本地工商企业家的对接，而且有助于极大地改善投资环境，营造全社会“亲商、爱商、富商”的氛围。

(2)避免两个招商引资宣传误区

地方政府应该根据其自身的社会、经济条件，创造和选择不同的宣传策略。招商引资宣传只有站在战略的高度，选择合理的目标，才能凸显招商引资宣传的积极作用，取得期望的效果。

当前，很多地方招商引资宣传中存在两个误区：

误区 1:照抄照搬其他成功地区的宣传策略,宣传中缺乏挖掘当地招商引资特色的力度,以单纯的效仿居多,或是展现一下高楼林立的都市风范,或是特意营造人们幸福的和谐景象,对当地具有代表性的、对投资商有特殊吸引力的元素不加筛选,最终的结果是"千城一面",各地招商引资宣传中的内容几乎一致,让投资商无从下手。

误区 2:招商引资宣传片面围着领导转,强调当地领导的招商引资讲话,或开会动员情况,并没有全面而客观地反映当地招商引资实际情况。

(3)招商引资需要确定宣传方向

高效的招商引资宣传,从一开始就会明确:我们能够为投资商提供什么?而投资商的心理需求又是什么?

只有以投资商的视角来审视自己的招商引资宣传思路,并不断地予以调整和完善,才能赢得投资商的青睐。这就要求在招商引资过程中坚守客观公正宣传,在宣传中找准切入点,时刻保持创新观念,多从投资商关心的事情和招商引资日常工作入手,少些纸上谈兵,能给人以思考和启示。

同时,招商引资宣传要把握好当地招商引资形象的内涵,深刻理解招商引资形象所依托的各种因素。宣传中,既要传承当地的文化,又要体现招商引资地域特色,还要符合投资的心理要求,更要契合当地的招商引资战略规划目标。

选择合适的招商引资宣传内容

招商引资形象中所包含的有效信息很多,必须有针对性地选择宣传内容,才能达到最好的效果,有助于在广大投资商中形成良好的印象(见图 7—3)。

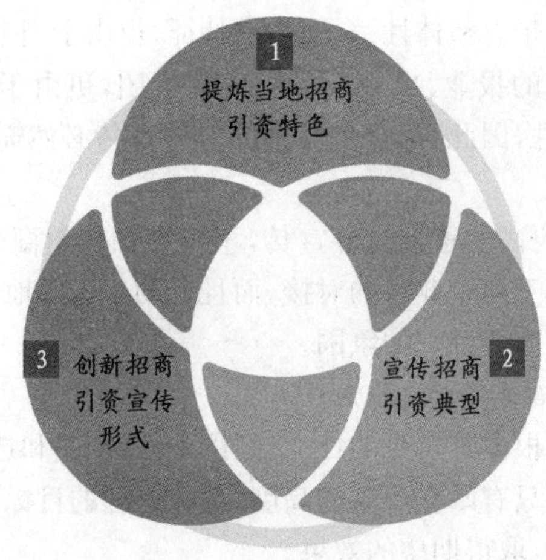

图 7—3 科学的招商引资宣传

(1)提炼当地招商引资特色

招商引资宣传范畴不能过于局限,吸引投资商的是综合性因素,因此,招商引资宣传有必要提炼当地的文化、经济、环境、招商引资成就等特色,突出表现当地招商引资的核心竞争力。

(2)宣传招商引资典型

招商引资是一件务实的工作,其宣传也应该接"地气"。招商引资的重点不是追求"大事情"、"大工程"、"大企业",而是贵在踏实、形象、有代表性。

几个招商引资成功典型,在某种程度上就是当地招商引资形象的代言,能够让外部投资商了解当地的招商引资情况。因此,当地招商引资部门要善于发现、善于调查,挖掘在某一行业、某一岗位、某一方面有特殊才能和杰出贡献的优秀案例,作为招商引资宣传的典型,避免寻找那些"高、大、全"的全能型模范,不追求气氛的热烈和场面的光鲜,要让先进典型真正"树得起、立得住、叫得响"。

(3)创新招商引资宣传形式

地方政府要不断创新对外宣传形式,加大对外宣传力度,积极拓展对外宣传渠道,精心谋划对外宣传活动,加强有针对性的对外宣传推介,更好地服务招商引资工作,打造对外招商引资品牌。

拓展形式多样的招商引资宣传

目前,纸媒、广播、电视、互联网、移动网络这五大媒体处于共存共生的状态中,层出不穷的新媒体已经在陆续瓜分传统媒体所占据的那些"份额",新的媒体环境正在形成。

然而,任何一种媒体都有其传播效果的局限性,要想有效宣传城市形象,必须整合利用各种媒体形式和传播渠道,形成全方位、多角度、持续性的宣传态势。

招商引资宣传可以:①通过电视广告宣传,快速增加城市的曝光度,吸引民众的注意力;②通过报纸媒体的新闻和软广告,对城市做全方位、深层次的宣传报道;③利用网络媒体传播城市中生活化的、细节的一面,拉近与受众的距离,制造舆论话题,形成口碑传播;④在对外交通区、旅游风景区以及城市商务区等地设置户外广告,形成富有特色的广告群景观,对城市形象中的不同主题进行宣传,增强民众的直观记忆;⑤政府也要将自己的公关、宣传和教育行为与媒体统一在一起,这样才能实现最大的传播效果。

资料链接 7—2 “互联网+”条件下的招商引资新方式

1. 搜索引擎推广。搜索引擎营销推广是通过搜索引擎优化，根据关键词的相关度和流行程度来确定网页在搜索引擎结果页面中取得较高排名的网络营销手段。搜索引擎优化对网站排名起到决定性作用，当受众通过搜索引擎查找相关信息时，排名较靠前的网页通常都是通过专业搜索引擎优化的。搜索引擎营销推广的适用对象是单笔成交金额特别巨大、后期收益持续较长时间的产品或服务项目。

2. 官方微博、微信公众平台和微网站。“互联网+”时代，网民的数量与日俱增，手机和移动 App 的使用率也直线上升，所以政府招商引资必须抓住机遇，尽快开通官方微博、公众微信平台并制作微网站。

3. 电子邮件。电子邮件招商具有成本低、效率高、反馈快等优势，如今电子邮件已经普遍应用于人们的工作和生活中，利用电子邮件招商也是有效的网络营销方式。

4. 精准投放网络招商广告。与传统媒体广告相比，网络招商广告可以通过访问流量来准确统计出广告覆盖受众的数量，还可以获得目标客户访问的时间分布和地区分布等特点。鉴于此，政府招商部门可借助分析工具，制定针对性广告招商策略，合理把握宣传重点。

5. 友情链接。友情链接是具有一定资源互补优势的网站之间的简单合作形式，指互相在自己的网站上放对方网站的链接。必须在网页代码中找到网址和网站名称，而且浏览网页的时候能显示网站名称，达到网站互相推广的目的。友情链接是网站流量来源的根本，它是一种创新的自助式友情链接互联网模式。

资料来源：樊晓云．“互联网+”时代招商引资新模式研究[J]．江苏经贸职业技术学院学报，2016(3)：11—14.

专业化招商引资策略

尽管投资商行为在很大程度上是理性的，但是，在具体招商引资活动中，它们又往往会受到感性因素的影响。专业化的招商引资策略往往能达到事半功倍的效果。例如，确定招商引资目标也不是随心所欲的，它需要考虑一系列因素(见表 7—1)。

表7—1　　招商引资目标影响因素

序号	影响因素	解释说明
1	投资需求	如果投资商需求比较接近，投资习惯大致相同，对项目的需求差别不大，就可以采用无差异策略；反之，则采用差异性或密集性策略。
2	经济区资源及能力条件	如果经济区的资源雄厚，可以采用差异性策略，使资源得到充分利用；如果资源及能力条件较差，最好采用密集性策略。
3	项目特点	差异性较小的同性质项目，竞争的焦点一般在初始成本上，较适宜采用无差异策略；而一些差异性较大的项目，则更适宜采用差异性或密集性策略。
4	项目推介周期	项目刚经推介时，竞争者少，可以采用无差异策略；而当项目进入推介成长期及成熟期以后，就应采用差异性策略，开拓新的投资商群体，不断刺激新需求以延长项目的推介周期。
5	竞争对手的招商策略	如果竞争对手采用无差异策略，则可以采用一般的差异性策略；如果竞争对手已经采用了差异性策略，则应采用差异性更大的策略或以密集性策略对抗之。

专业招商引资策略往往需要引入外部智力资源，或者是专业咨询公司，或者是招商引资专家。专业的招商引资策略可以使整个招商引资工作更加深入、科学、严谨，避免重大失误。

专业化招商引资的必然性

国际上，招商引资多采取专业化操作，从投资咨询、投资环境评估到项目运作都由专业公司来完成。国内招商引资大多以政府部门为主导，但实际上只有少数地区的招商引资具备专业化水平，这就造成很多地方招商引资出现巨大浪费，同时也影响了整体招商引资形象。

招商引资专业化必然导致其市场化，这就要求招商引资以经济手段为主，辅之其他办法，通过中介机构、中介人、经纪人的合法活动和卓有成效的工作，最终促成投资商在本地投资成功，并将这一成果与经济效益直接挂钩，实行中介招商、有偿服务。

招商引资专业化和市场化，并非否定政府的推动及其重要作用。加入WTO后，我国政府也必须根据招商引资工作的市场属性转变职能，让专业化机构和企业成为招商引资主体。

地方政府招商引资角色需要从“运动员”转变为“引导员”，强化政府服务职能，积极创造和搭建企业投资合作平台，真正发挥企业在招商引资中的主体作用。同时，要充分发挥行业协会、投资机构等市场主体在行业研究、投资信息掌握和联络渠道开拓等方面的专业优势。[2]

专业化招商引资的可行性

之所以强调专业化招商引资，是因为在发达地区招商引资实践中，通常会组建专业化的招商机构，引进懂产业、会外语的专业人才，以市场化的机制和方式进行招商活动，从而取得丰硕的成果。专业化招商引资的可行性主要是基于以下 4 个方面的考虑(见图 7—4)。

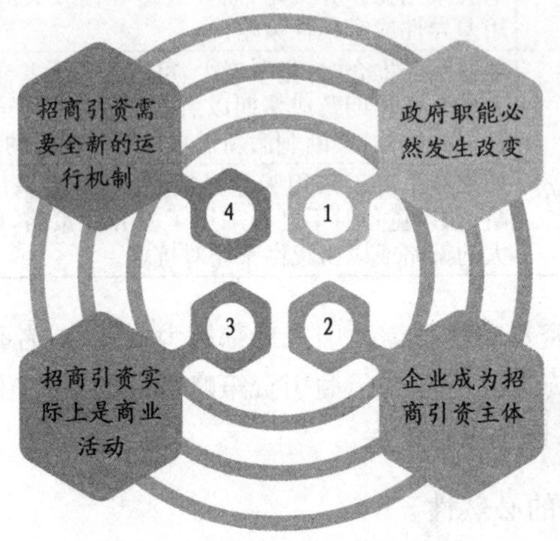

图 7—4　专业化招商引资的可行性

(1)政府职能必然发生改变

当前，招商引资是地方政府在现代市场经济条件下进行经济管理的重要职能，其对经济发展和公共利益的改进起着关键作用。但是，从战略发展方向上来看，加入 WTO 后，政府职能会出现巨大转变，政府主导招商引资的情况会逐步弱化。

依照国际经验来看，今后，地方政府应该通过规划区域投资框架、主导产业和产业政策来发挥导向性作用；通过改善投资环境、提高行政效率来发挥其服务职能；通过建立良好的政府形象、提供适宜的招商引资平台来引导经济结构调整与升级；通过监督企业经营、公平竞争以及保护环境和土地资源等方式来实现其监督职能。

(2)企业成为招商引资主体

从本质上来讲，招商引资是一种企业行为。在招商引资活动中，企业应发挥重要作用。如果政府行政干预过多，甚至一切包办代替，会产生很大弊端。在加入 WTO 的大环境下，企业将充分享有自主经营、自主管理的权利。政府必须按国际规则办事，变换角色，从主体到主导，朝着“小政府、大社会”的方向发展。

(3)招商引资实际上是商业活动

招商引资也是一种专业性商业活动，如何确定招商引资对象？如何吸引投资商？如何进行招商引资推介？……这些都需要专业人士来进行操作。随着我国市场经济的深化，通过专业化机构进行招商引资成为必然趋势。

(4)招商引资需要全新的运行机制

依据我国当前的招商引资实践，有必要建立一种双驱动的招商引资运行机制，将政府推动与市场化运作有机结合，最大限度地调动各个方面的积极性，使人人关心招商引资，积极参与招商引资。这样，在具有广泛性、群众性的基础上，一批中介机构、中介组织就会脱颖而出，在开展专业化招商、实行市场化运作上发挥重要作用，这是地方招商引资能否快速发展的希望所在。

专业化招商引资的关键点

新形势下，必须对传统招商引资进行深入反思，对招商引资理念、运作模式、渠道等进行创新性变革。依据当地的实际情况以及外部环境进行相应的变化，逐步强化招商引资的市场属性，淡化其行政属性。进行专业化招商引资，需要抓住以下 3 个关键点(见图 7—5)。

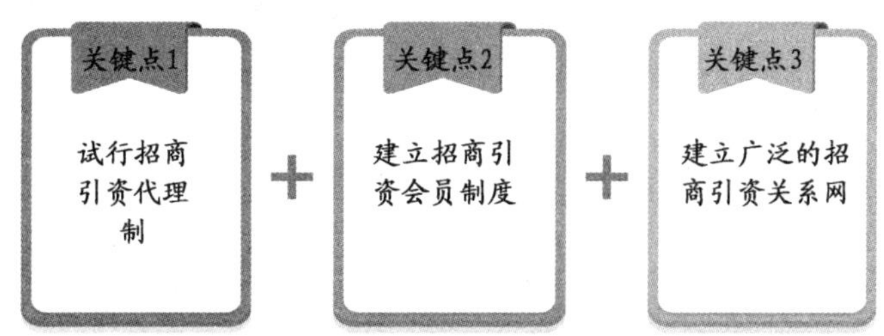

图 7—5　专业化招商引资的关键点

(1)试行招商引资代理制

随着招商引资实践的逐步深化，在一些地方，尤其是招商引资较为成功的地区，政府普遍意识到专业招商引资机构的重要性，与这些专业性机构大力合作，通过招商引资代理制进行招商引资推介。

提供高效、便捷和优质的服务，应该是以后招商引资工作中政府最主要、最直接的工作。

实践证明，专业从事招商引资的中介机构，从总体上来讲，它们有实力、有信誉、业精路广，委托其招商，既可以降低招商引资成本，又可以稳妥、方便地招来切合当地实际的好项目，还可以大大拓宽招商引资的视野和路子。在这方面，上海1996年就尝试了海外招商代理制，通过国际“中介人”引进一大批符合产业改革的好项目，使外商投资保持强劲的增长势头。

(2)建立招商引资会员制度

还有一些地方建立招商引资会员制度，吸收国内外大型企业团体和重要投资商入会。这种制度一方面可以集聚当地招商引资人脉；另一方面，可以使得当地优秀的招商引资项目及时传达到多个会员手中，吸引更多的会员参与，并在其中形成某种竞争，促进对招商引资项目的投入，有效加快项目建设速度。

另外，通过会员之间网络信息和面对面的交流，也能够促进当地企业学习国内外先进的现代管理经验，不断提高自身管理素质，改善该地投资的软环境。

(3)建立广泛的招商引资关系网

可采取广泛联络投资商、政府组团招商、信息载体招商、以商招商、网上招商、资产置换招商、以外招外等各种形式和途径，吸引国内外广大投资商来投资和发展。例如，2009年，合肥市政协发起成立“合肥之友”，先后在北京、天津、上海、中国台湾及澳大利亚、美国等境内外21个城市和地区建立理事会，发展会员近万名，通过境内外积极的招商引资，共签约项目215个，投资总额超过1 700亿元。

总之，从实践来看，很多地方的招商引资工作中，政府成了主导者和决定者，对招商引资工作干预过多。在市场经济条件下，招商引资应该由以政府为主导、行政干预为基础，过渡到以企业为主体、市场为基础，政府在招商引资过程中要积极发挥企业的自主性，政府的主要工作应该是积极为投资商在土地征收、土地使用、占用土地审批、资源实现共享方面做好协调服务工作，提高服务质量，打造公平的投资环境。[3]

资料链接7—3　招商引资要实现专业化和精准化

招商引资是经济工作的生命线，是济南市“四个中心”建设的生命线，关键要实现专业化和精准化。

2015年底，济南市投资促进局应运而生，在2016年交上了一份亮丽的成绩单:济南实现招商引资双位数增长,达到近年来最好水平。引进市外投资 1 176.64 亿元,同比增长 23.86%;实际到账外资 112.26 亿元,同比增长 14.67%,高于省平均值 4.8 个百分点。

……

"让专业的人干专业的事,济南招商引资要走专业化路径。成立十个产业招商组,对十大千亿级产业开展专业招商;组建市级专业化招商平台,向社会公开选聘专业招商人才,实行'企业化管理、市场化运作'的模式,进行全员绩效考核,建立激励机制,充分调动招商人员的积极性和主动性,大力开展专业化招商。"白秋生说。

白秋生说,今年济南将开展高端精准招商,委托世界著名专业机构——德勤会计师事务所——进行策划组织和精准对接。今年 7 月,在德国开展智能制造专题招商推介;10 月,在美国开展新一代信息技术专题招商推介。组织参加中德中小企业交流合作大会、第 20 届新加坡—山东经贸理事会、山东省—三菱企业第七次战略合作交流会等重点招商活动,在健康医疗、科创、智慧物流等方面寻求合作,引进优质项目。

……

资料来源:吴钦景. 招商引资要实现专业化和精准化[N]. 联合日报,2017—04—12(2).

产业招商引资策略

但凡招商引资成果显著的园区,其产业定位都非常清晰,招商目标客户群都非常明确;相反,大部分招商不好的园区,几乎都缺乏明晰的产业发展思路,对发展产业的资源优势和投资环境的比较优势缺乏深入的研究,没有准确可靠的招商引资规划。

招商引资要深入了解本地区产业布局,结合本地经济特色、地域优势及发展短板,将招商引资作为调节本地区产业结构的有效手段。在确定招商引资目标、引进项目、引资规模等方面,将招商引资工作与地区发展规划的实现有机结合,充分借助本地区优势和开放性优势,作为调整经济发展规划中受本地经济发展局限而难以实现的目标的有效手段,形成稳健发展的良性循环。[4]

什么是产业招商

现代招商引资需要立足于现实中的优质资源和产业基础，强化产业链招商，达到引进一个、带动一批、辐射一片的效果。[5]招商引资实践证明：当地产业链一旦形成，必然会吸引更多的垂直和协作关系的企业前来投资配套与服务，由此带来产业集群，推动区域经济的良性循环和健康发展。

“产业招商”是依托当地的比较优势，基于合理的产业定位，围绕主导产业及其上下游产品来招商引资，引进高端产品生产技术，扩展技术链，营造主导产业，延长产业链，调整结构，形成完整产业链，提升综合竞争力（见图7—6）。

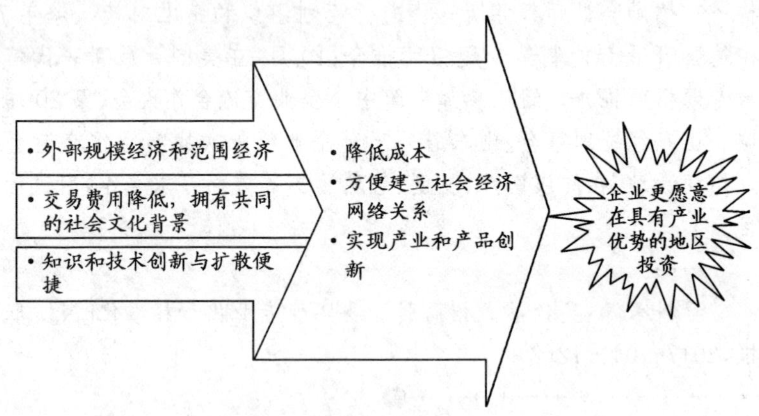

图7—6　产业招商的理论依据

“产业招商”摒弃了单纯依靠优惠进行低层次竞争的政策招商思路，将招商引资的着眼点放在当地产业系统的建立和可持续发展上。其本质是新形势下区域经济发展的要求，也是企业及产业自身发展的客观需要。它可以实现企业间信息资源、人力资源、市场资源和产业服务体系的共享，提升产业的专业化水平（见图7—7）。

“产业招商”形成的产业链呈现出“网络式”，在各大环节都有若干核心企业；同时围绕核心企业存在的中小企业，往往形成企业集群。

产业集聚优势成为吸引外资投向的主导力量，较完整的产业链可以最大限度地降低产业配套协作成本，是区域招商引资的核心优势所在。通常情况下，产业招商的着力点集中在以下5个方面（见图7—8）。

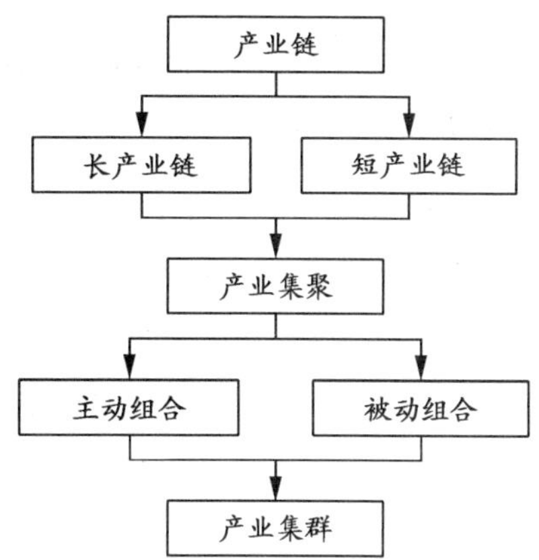

图7—7　产业链向产业集群演化的路径

图7—8　产业招商的5个着力点

(1)产业定位是产业招商的核心

产业定位是招商引资战略的核心，产业定位的好坏、对错不能抽象而论，关键要看是否适合主体的条件，做自己最适合做的事情，才能做得最好。

产业定位需要从自身的资源优势和区域的竞争优势，乃至全国、全球的比较优势进行客观研究，以及对其进行可持续发展的论证。在总体规划指导下，根据各地产业发展规划，认真研究国家有关产业政策、区域布局，谋划全区性的招商引资规划，统筹协调各地招商引资的重点，改变各行政主体之间引资的无序竞争状态，加强招商引资的策略化、协同化，实现资源的优化整合。

通过规划引导，逐步实现对外来资金由无序争取到有序利用，由饥不择食式盲目争商抢商，向有目的、有选择地利用外来资本和技术转变。例如，2011年，广东东莞市分析认为，以新能源、新电子、新材料、生物医药等为代表的战略性新兴产业，将成为新一轮经济增长的主要动力。

(2)依托产业优势推进招商引资重大项目的筛选

地方政府筛选、论证、储备一批优势项目，加大对所引项目可行性、资源合理利用、综合效益、可持续发展等方面的评估，变“盲目招商”为“产业招商”。例如，广州主要希望在“9＋6”主导产业领域进行招商引资，首先是鼓励外资投向商贸会展、金融保险、现代物流、文化创意以及商务与科技服务5类现代服务业项目，引进汽车制造、石油化工、电子产品、重大装备4类先进制造业项目；其次是加大战略性新兴产业招商引资，引进新一代信息技术、生物与健康、新材料、节能环保、新能源汽车、新能源6类产业项目。

每个地区都具有自己的特色产业和特色资源，招商引资就要根植于此，通过把外地资金、技术和智力嫁接过来，培育自己的主导产业，形成地区核心竞争力。

(3)加强产业链招商

产业链招商的基础，是要对产业集群产业链的每个环节进行分析，对产能过剩的环节进行优化组合，对薄弱环节进行扶持和壮大，对产业链缺失环节进行再造和“输血”，并对产业链进行延伸，进一步完善整个产业链。

产业链招商关键在于对龙头企业和重点项目的引进，要建立龙头企业和重点项目档案，加强信息管理，对已签订意向协议的龙头企业和配套企业要紧密跟踪联系。同时，积极发挥政策引导作用，在引进国内外龙头企业时，鼓励其将研发、设计和销售结算中心落户园区。

(4)围绕产业发展进行招商引资考核评价

要改变过去招商引资目标责任制下主要考核招商数量和引资数量等指标的状况，把目标责任和考核的重点放在是否促进特色优势产业的发展、是否促进当地产业结构的调整、是否促进当地经济的可持续发展上来。

构建科学合理的招商引资指标体系，不能用简单的总量指标考核招商引资工作，不能搞单纯的以上年为基数逐年递增的“指标工程”。要加强质量指标体系的考核，在招商引资的资金到位、项目完成验收、投资收益、财政增收、产业关联、吸收就业等多个方面，设计指标进行评估和综合考核。

产业招商更有利于完善产业链条、打造产业集群、增强产业集群的持续发展能力。从国内先进开发区的发展经验看，产业招商是顺应产业转移趋势、主动承接产业转移、推动区域经济发展的有效手段。例如，广州开发区紧紧抓住日本三大汽车厂商成功落户后的品牌和整车生产优势，开展汽车产业链招商，使全球范围内与三大汽车厂商有着数十年合作关系的数百家核心零部件配套企业落户。又如，浙江的嵊州利用本地生产领带企业众多的优势，主动从韩国等地招来一批国外大的领带生产企业落户，从而引发了世界领带业的大转移。

(5)绘制产业招商地图

产业招商也需要有战略思维，需要进行精心的招商策划，描绘清晰的产业招商地图(见图 7—9)。

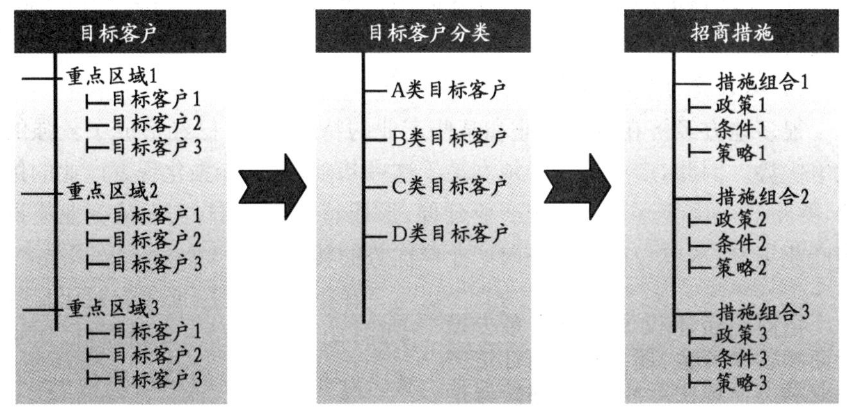

图 7—9　产业招商地图

产业定位原则

以现有优势产业为基础,通过广泛招商引资,大力发展优势产业、特色产业和延伸产业,形成相关产业集群,强化产业的群体优势,增强当地核心竞争力。通常情况下,产业定位基于以下五大原则(见图 7—10)。

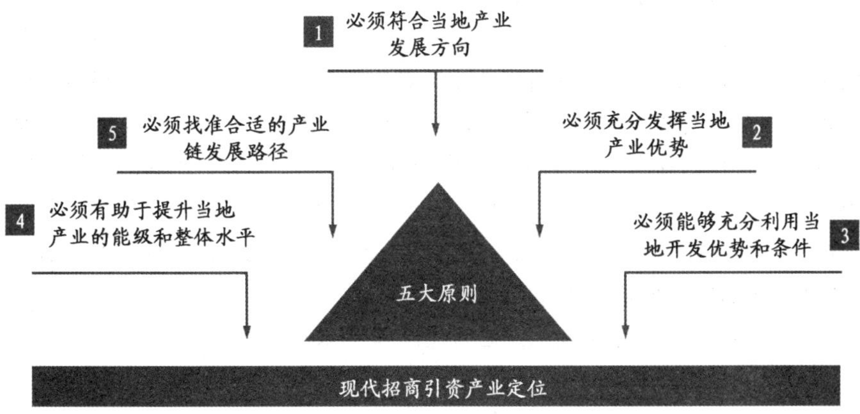

图 7—10　产业定位五大原则

(1)必须符合当地产业发展方向

招商引资项目和战略要以本地区经济发展战略为依据,要符合本地区的产业政策和产业布局,要能发挥当地的资源优势,要与当地区域规划配套,要与当地基础设施建设协调。仔细研究当地和上级政府的产业发展规划,在产业选择上必须与上述产业导向相一致,只有这样才能得到相关部门的大力支持。

(2)必须充分发挥当地产业优势

很多地方经济在特定产业和某些产业的特定环节,已经形成了较强的竞争优势。因此,产业选择必须立足于这一基础,进一步强化现有产业的优势,并将这一优势逐步向上游产业延伸,形成特色产业群,实现从企业集群向产业集群、从单一产业优势向产业群优势的转换。

招商引资不仅要看引来多少投资商和多少资金,还要看如何让这些企业满负荷地生产和经营,始终保持长足发展势头,获取丰厚的效益,拉动地方经济发展。

在招商引资中,必须立足于自身实际,认真筛选好产业和项目,切实解决好招商企业的原料供应问题。例如,黑龙江的名山农场在产业选择上,重点是依托名山口岸,从俄罗斯进口木材进行口岸加工和销售的国内外木材加工和制品业;选择能够为投资商提供充足劳动力的劳动密集型产业,以及利用高度农业机械化、标准化、科学化的优势,建立起科技含量高、经济效益好、质量较优、数量较多的优质稻米生产基地的稻米加工产业,以此为投资经营者提供可靠的原料保证。

(3)必须能够充分利用当地开发优势和条件

产业选择必须与本地的交通优势、区域优势、人力优势等条件相匹配,扬长避短,有针对性地吸引相关产业集聚。例如,2013 年 4 月,宝鸡市在中国东西部合作与投资贸易洽谈会(以下简称"西洽会")上举办"高端装备制造业项目合作对接会"和"文化旅游产业项目合作对接会",用这两道极具宝鸡风味的"特色菜"吸引更多客商前来投资。这两项招商活动体现了"招大、选优、引强"的招商新理念,用最好的产业、最好的项目、最好的资源吸引优质客商,从而实现西洽会上招商引资大丰收。

(4)必须有助于提升当地产业的能级和整体水平

产业选择必须有助于带动现有优势产业的升级,促进形成相互关联和相互支撑的、具有国际竞争力的优势产业集群,进一步增强区域的总体竞争力。

(5)必须找准合适的产业链发展路径

根据产业发展基础和潜力,找出产业链核心环节及其延伸环节,围绕产业链核心环节布局重点项目,构建产业链经济成长的引擎。另外,构建产业功能主体,通过产业链的补位、延长、做粗、增高,实现产业链纵向关联与横向融合发展，同时，构建产业链的重点支撑体系（产学研合作、企业技术联盟、人力资源体系、园区运营、基础设施、资金支持等），打造专业级产业集群（见图 7—11）。

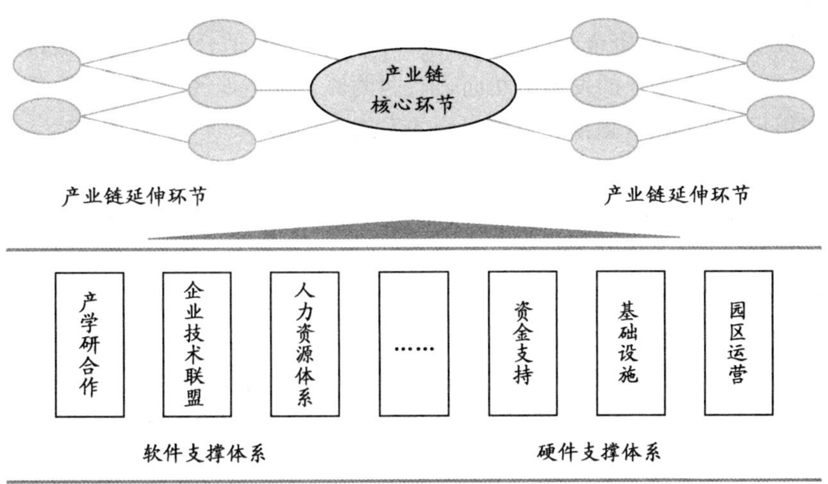

图 7—11　产业链发展示意图

产业定位方法

产业定位要考虑当地全面和独特的资源优势，根据当地经济和产业实际情况，以及国家或上级部门制定的产业发展规则，来科学地确定自己的核心产业。通常情况下，产业定位的关键影响因素包括自然资源、区域特点、核心产业以及产业升级和转移。与此相对应，产业定位方法（见图 7—12）需要重点考虑这些因素，才能够有效地促进招商引资发展。

图 7—12　招商引资产业定位方法

(1)根据资源优势定位

每个地区拥有的资源优势不同,有些地区拥有森林、草地、矿产等自然资源,有些地区则拥有技术、人才、资金等社会资源。产业转移工业园区应当利用有效的产业导向,充分发挥当地的资源优势。例如,拥有大量人力、物力资源以及雄厚资金的发达城市(如广州、深圳),适合第三产业、创新性产业、高新技术产业的发展。然而,东、西两翼欠发达地区多拥有天然资源,应当根据实际情况,侧重资源型产业的发展。

(2)根据区位优势定位

一个地区的发展,区位优势十分重要,主要表现在人力、工业、交通以及其他优势上。天然条件是资源型产业发展的必要条件,但是,不可能所有的区域都有充裕的自然资源,要根据该区域所拥有的区位优势来选择发展产业。

(3)根据产业基础和区域分工定位

在招商引资过程中,相关部门应该详细梳理当地资源情况,采用经济、法律、行政的手段,盘点本地的自然资源、特色资源、闲置资源和无形资源,对处于闲置、低效的资源进行整合,通过合理的资源配置,把招商引资与整合资源结合起来。①引进优秀投资商开发特色资源和优势资源,培育、做大、做强优势产业;②引进资金改造、嫁接、盘活闲置资源,使之成为有效资产,改善经济结构;③引导投资商参与信息化、工业化、城市化和农业现代化建设,从而实现资源与资本、产业、市场的整合,使资源优势成为招商引资的竞争优势。

确定当地招商引资的关键产业

区域经济的发展,要按照招商引资产业结构演化的规律,合理选择招商引资的主导产业,建立以主导产业为核心、各产业紧密结合、特色鲜明的政府招商引资产业体系。[6]面对经济形势复杂、优惠政策效应日益降低的情况,地方政府招商引资压力重重,如何依托本地的资源产业优势,突出发展特色产业、打造特色产业链,成为新一轮招商引资的重要问题。

一般来说,产业结构往往包含基础产业、主导产业、上游产业和支撑产业等环节。每个环节分别由各自的产业链构成,它们相互联系、相互制约,形成了纵向、横向等多种产业链关联。

作为当地招商引资人员,必须对当地的产业有明晰的战略发展思路,对主导产业的发展优势有足够的认识和了解。在此之前,就需要确定本地区的产业。如何确定哪些产业最有可能被本地区所吸引呢?可以通过以下4个步骤进行确定(见图7—13)。

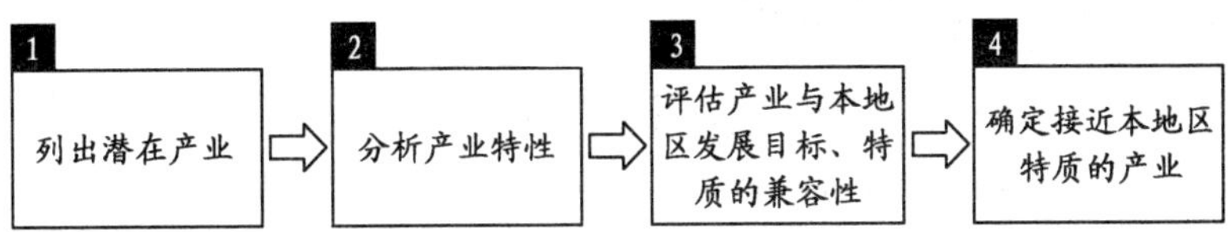

图 7—13　招商引资产业确认流程

(1)列出潜在产业

潜在产业如表 7—2 所示。

表 7—2　潜在产业

序号	潜在产业
1	目前已在本地区投资的产业及其上游或下游产业
2	已在竞争对手地区投资的产业及其上游或下游产业
3	在其他类似地方出现的产业
4	本地区正在进行的项目中将出现的产业

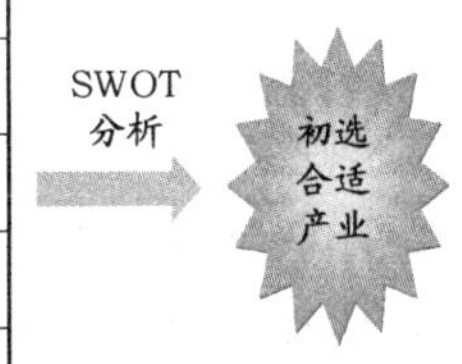

(2)分析产业特性

对潜在产业列表中的产业以及每一产业内的次一级部门进行分析,研究每一个产业的结构、主要参与者、产业趋势以及产业发展潜力(见表 7—3)。

表 7—3　产业特性分析因素

序号	分析因素	子因素
1	产业结构	· 该产业国际范围和规模 · 该产业主要市场 · 该产业生产特点 · 该产业投资地点的局限性
2	主要参与者	· 涉及该产业的主要国家和公司 · 主要生产厂商
3	产业趋势	· 改变市场导向 · 新市场的出现 · 产业投资的首选形式变化 · 产业投资的地区战略变化 · 产业投资的动机因素变化 · 产业的增长倾向 · 全球的生产能力趋势 · 产业集中度趋势 · 技术上的变革趋势 · 法律法规的变化 · 消费者的行为趋势 · 生产要素价格趋势

衡量产业发展潜力的指标如图 7－14 所示。

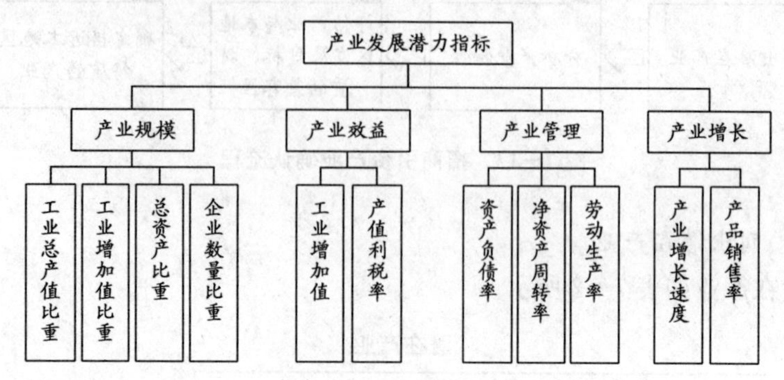

图 7－14　衡量产业发展潜力的指标

(3)评估产业与本地区发展目标、特质的兼容性

评估每个产业部门与本地区的发展目标或政策目标的兼容性，以此来确定那些将对本地区经济产生最有利影响的产业，剔除那些不能支持发展目标甚至可能与之背道而驰的产业。

评价一个产业与本地区发展目标的兼容性时，不是在评价本地区对该产业投资商的吸引力，而是在评估该产业的投资对本地区经济产生的潜在影响。

评价本地区在满足该产业投资商要求方面的竞争力，通过将本地区的特点(这些特点是通过 SWOT 分析最终确定的)与每个产业的要求进行比较，剔除本地区提供不了它们所需要的环境特质的产业(见图 7－15)。

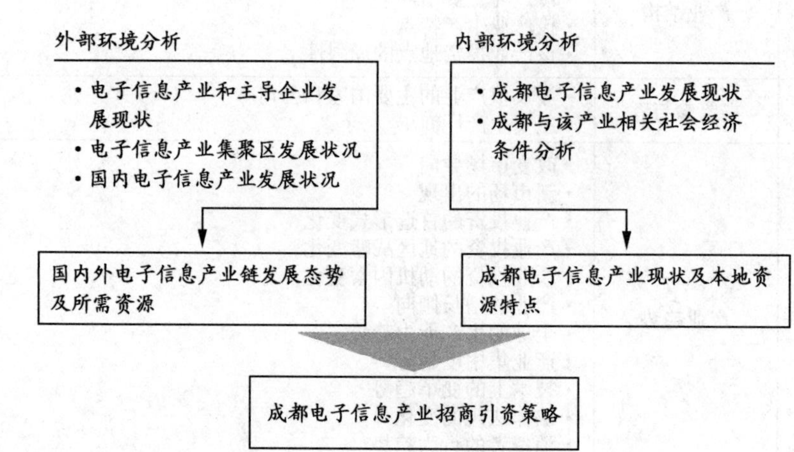

图 7－15　成都电子信息产业招商引资示意图

(4)确定接近本地区特质的产业

根据要素对每个相关产业分级,可以使用数字计分系统。通过对每个产业部门相容性的计分,筛选出未来3～5年内最适于在本地区投资发展的重点产业。

可以建立一个矩阵,对每个留下的产业与本地区发展目标之间的兼容性进行计分。该评估应该尽可能系统地进行,这样才能保证与本地区最为相容的产业被保留下来。例如,如果本地区发展战略/引资战略中的一个目标是技术转移,那么一个仅在本地区对加工好的零部件进行组装的产业将仅得到"C"评级,而一个进行研发的产业将得到"A"评级。类似地,如果本地区的产业状态表明在某个产业内的一个典型企业雇用了300人,你可能会给那个产业"B"评级。那些雇用员工人数超过350人的公司可能得到"A"评级,而那些雇用员工人数小于或等于100人的公司可能得到"C"评级。

另外,研究江苏昆山的招商引资实践,就会发现它把主要着力点放在抓住龙头企业,构筑产业高平台,让一些龙头企业在昆山落地生根,通过龙头企业的纵向延伸,形成系列配套的产业链横向拓展以及优势互补的企业集群,进而形成更加完善的产业配套环境,促进产业集群的形成。

资料链接7—4　杭州市构建十大产业招商组

杭州"十位一体"的产业招商新方式,成为打破"三大制约"的利器:构建了全市统筹、市区联动的协同招商、联合招商、全域招商,以产业管理部门牵头、以产业集聚平台为主体的产业招商新模式,统筹全市行政、信息、要素资源,树立全市"一盘棋"思想,确保"一个拳头、一体发力",取得了显著成效。

1. 总部经济招商组。在杭州市人民政府国内经济合作办公室的牵头下,以项目为抓手,先后两次对全市范围内目前在谈总部项目和有望升级为总部项目的情况进行调查摸底,并梳理出一批符合要求的项目作为重点目标企业,市区联动,挂图作战。引进了金田阳光投资有限公司、嘉凯城总部迁杭、中国电建集团环境工程有限公司、中通供应链管理有限公司4个总部项目;推进了浙商建业有限公司总体迁杭、珀莱雅总部大楼、圆通速递华东地区管理总部等项目;公布了第一批12个市级总部(浙商)基地。

2. 基础设施招商组。在杭州市发改委的牵头下,在2013年、2015年推出杭州市前两批PPP项目的基础上,于2016年11月份向社会公布了杭州市近期拟实施的七大领域PPP项目35个,总投资1 800亿元。据不完全统计,2016年杭州市已有铁路杭州南站综合交通枢纽东西广场、余杭区社会福利中心、上城区望江地区城市有机更新改造、建德市卫生医疗项目等10余个项目采用PPP项目建设实施,已引入社会资本近100亿元,大大减少了杭州市政府投资和财政补贴压力。

3. 先进装备制造及生物医药产业招商组。在杭州市经信委的牵头下,出台了《杭州市信息产业、先进装备制造业及生物医药产业招商工作方案》,建立了由信息、先进装备、生物医药、节能环保新材料4个小组组成的工作网络,一年内组织7场专场推介会,促成信息产业签约和推进项目9个、先进装备制造及生物医药产业项目13个。

4. 电子商务(跨境电子商务)招商组。在杭州市商务委的牵头下,依托中国(杭州)跨境电子商务综合试验区,制定了全国首个跨境电子商务B2B认定标准和申报流程等一揽子产业招引优惠政策,并先后在境内的上海、深圳、宁波等地,境外的迪拜、长崎、芝加哥等地举办推介会,实现新引进跨境电商产业链企业420家,新引进跨境电商企业注册资本达33亿元。其中引进产业链龙头企业79家,注册资本达21亿元。

5. 信息产业招商组。在杭州市经济和信息化委员会的牵头下,围绕战略合作抓招商。推进与阿里巴巴战略合作,在2016年战略合作项目中,与阿里云和阿里YunOS相关的7项合作都得到顺利推进;在与航天八院、紫光股份等单位的战略合作中,引入先进技术,建设产业化基地,加快杭州企业创新和产业升级。

6. 文化创意招商组。在杭州市文创办的牵头努力下,两岸文创产业合作试验区核心项目——杭州创意设计中心——改造整修工程已全部完成并通过初验。据统计,该中心入驻企业数已达127家,引进50多家品牌与机构,包括黄明亮电影工作室、陶作坊、艺拓国际在内的大批项目纷纷签约落地。

7. 金融服务招商组。在杭州市金融办的牵头下,努力推动各类金融机构集聚。2016年以来,杭州市共引进42家证券营业部、5家期货营业部、2家省级保险公司。目前,杭州备案私募基金管理人839家(新增263家)、备案基金2 401只(新增1 158只)、资产管理规模2 539.32亿元(新增589.32亿元),占全省比重分别为59.0%、58.5%和36.4%。

8. 旅游会展招商组。在杭州市旅委的牵头下,积极推动杭州市重大旅游项目规划建设。2016年通过现代服务业专项(市旅委)旅游产业规划资金,对全市正在实施的重要旅游休闲项目予以资金补助扶持,共补助3 245万元,充分发挥财政资金“四两拨千斤”的作用,促进旅游投资。萧山湘湖三期已经于国庆节成功开园,余杭大径山乡村国家公园、建德航空小镇等一批重大旅游项目实施进展情况良好。

9. 健康养老招商组。在杭州市民政局的牵头下,杭州健康养老招商工作取得了明显成效,共引进重点健康养老招商项目10个,其中较大的项目有澳大利亚(中国杭州)伯诚养老基地项目、长乐创龄健康小镇项目、中慈苑养老项目、杭州市滨江区阳光家园社会福利中心项目、余杭区社会福利中心迁建项目、闲林养老康复中心项目等。

10. 体育产业招商组。在杭州市体育局的牵头下,制作了杭州市体育产业招商引资宣传手册,明确了重点推动企业项目,全年完成招商引资落地签约项目5个,推进在谈项目5个,涉及体育新媒体、体育十互联网、体育活动和场馆经营、户外运动休闲四大类。

……

资料来源:赵路,徐兴科. 杭州“十位一体”创领产业招商[N]. 浙江日报,2017—01—24(008).

招商引资政策创新转型

招商引资政策体现了地方政府一段时期经济发展和产业发展的导向,会随着本地区经济发展的变化而调整、变化,对招商引资活动起着引导、规范、限制和促进的作用。选定优秀的目标投资商,为当地成功招商引资奠定基础。但是,招商引资必须培育或改进招商引资项目,选择合适的宣传渠道和宣传手段,制定合理的招商引资政策。

招商引资政策要依法制定,并及时、准确地对外公布,严禁政府部门或官员对投资者私下许诺优惠条件,损害政府公信力。

科学规范招商引资政策

地方政府出台招商引资优惠政策时,应当在符合国家宏观政策和法律法规的基础上,立足于本地区经济发展的远景目标,根据本地区经济发展的不同阶段来调整招商引资政策，既体现地方特色，又发挥地方优势。总体上来看，建立规范的地方招商引资政策，需要从以下 4 个方面来着手（见图 7—16）。

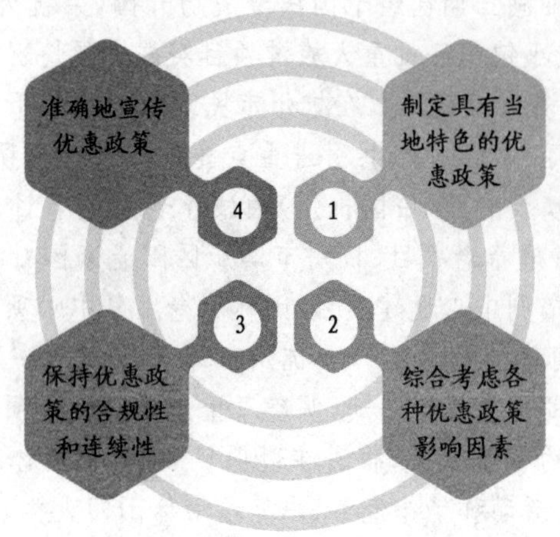

图 7—16　建立规范的招商引资政策的 4 个抓手

（1）制定具有当地特色的优惠政策

要实行地方优惠政策上的差别化竞争，逐步消除一些“普适性”的优惠政策，加强以技术引进和地区主导产业发展为导向的“差别性”优惠政策，降低对招商引资企业的绝对优惠，同时改善对本地企业的政策待遇，使本地企业在滚动发展中也可以得到地方政府招商引资政策的支持。

（2）综合考虑各种优惠政策影响因素

要认真研究和制定城市规划、建设用地、土地出让、税费减免、信贷融资、市场准入等方面的政策，要考虑未来收益和现在收益，保持经济效益、社会效益和生态效益的平衡。

（3）保持优惠政策的合规性和连续性

要注重保持政策的连续性和稳定性，对国家有明令禁止的规定，不得阳奉阴违、违规操作。

（4）准确地宣传优惠政策

应当如实、准确地宣传优惠政策，禁止任何个人或部门对外来投资商开空头支票，提供虚假政府担保。

2014 年 12 月 9 日，国务院下发了《关于清理规范税收等优惠政策的通知》（国发〔2014〕62 号），地方政府需要全面梳理当地招商引资政策，对于不合法、不合规政策进行集中清理，规范招商工作环境。[7]对广东深圳而言，为了保持政策的连续性，专门成立投资推广署，其主要包括3项职能：①统筹全市的招商工作；②开展重点项目和重点企业的引进；③开展城市投资优势的推广，在本地和海外举行各种推介活动，向海外企业介绍深圳的投资优势。另外，投资推广署是企业在深圳长期发展的好伙伴，其旨在为企业了解深圳优势、政策直到投资项目落地的整个过程，提供一系列的信息咨询和程序服务。

构建地方政府各部门间的信息联络渠道，定期沟通共享招商引资信息，协调和深化部门间招商引资交流与合作。

招商引资政策需要适应新形势

政府主导下的传统招商引资优惠政策（见表7—4）已成为地方经济生活的重要组成部分。制约投资选择的诸多要素中，区位优势是根本，产业配套是基础，要素供给是关键。

表7—4　　传统优惠政策的主要内容

序号	内　容	说　明
1	经营成本补贴	·返税。无论是从涉及企业数量还是从减免总金额来看，返税是最为常见的针对企业所得税的优惠，即在国家法定给予外资企业的"两免三减半"基础上，再由地方财政通过先征后返方式，在地方财力留成范围内给予追加优惠，较普遍的是"三免两减半"（合并后即所谓"五免五减半"）和"八免七减半"（合并后即所谓"十免十减半"）。另外，针对增值税、房产税、个人所得税等税种也有类似优惠，但均非主流。
2	要素价格补贴	·优价供地/土地出让金返还。 ·减租/免租。最为常见的是优惠地价，在国家出台保护地价后，则是返还差价。 ·另外，减免房租主要是针对小企业，特别是研发型科技企业，无论是从涉及企业数量还是从减免总金额来看，均非主流。

伴随环境压力、资源压力的积累释放，全面贯彻科学发展观、实施产业转型升级已经迫在眉睫，招商引资政策出现了新变化（见表7—5）。

表 7—5　　新形势下优惠政策的主要内容

序号	内　容	说　明
1	经营成本补贴	·在招商引资先发地区，传统减免返税在招商中的重要性日益弱化，呈逐步淡出态势，税收方面主要以争取国家法定优惠为主。以服务外包产业为例，《国务院办公厅关于促进服务外包产业发展问题的复函》(国办函〔2009〕9 号，以下简称《复函》)批复了商务部会同有关部委共同制定的促进服务外包发展的政策措施，批准北京等 20 个城市为中国服务外包示范城市，自 2009 年 1 月 1 日起至 2013 年 12 月 31 日止，对符合条件的技术先进型服务企业减按 15%的税率征收企业所得税，对技术先进型服务外包企业离岸服务外包收入免征营业税。《复函》还明确了培训支持、贴息等一系列扶持政策。 ·地方政府的个性化招商优惠政策有助于跻身示范城市之列。从本质来看，中央财政买的是未来，扶持政策主要与企业运营后的产出挂钩，对于新兴产业特别是新企业来说，属远期优惠，企业颇有“口惠而实不至”之感，真正令企业有“雪中送炭”之感的，还是地方政府的个性化扶持政策。
2	要素价格补贴	·优价供地/土地出让金返还和减租/免租仍在延续，因为这些优惠政策与企业的初始投资成本和初期运营密切相关，属于雪中送炭的即期优惠，因此这类优惠的重要性有所提升。
3	新形式优惠政策	·在东部发达地区，传统的招商引资先发地区，新时期招商引资的战略设想是通过引进、培育新兴产业来实现产业升级转型。而问题的关键是，一个新兴产业从萌芽到蓬勃发展，需要地方政府先期引导投入和长期呵护扶持。体现在招商引资上的新趋势就是竞争更加激烈，包括基础设施专项补贴(双回路供电)、代为装修、代购设备、直接参股、贷款贴息等新形式优惠政策不断涌现，且重要性日益突出。

各级地方政府在招商引资中扮演什么样的角色，在一定程度上将决定对外开放的程度和水平。因此，经济欠发达地区的政府在招商引资中应充分发挥这只“有形的手”的作用(见表 7—6)。

表 7—6　　地方政府在招商引资中的职能

序号	政府职能	描　述
1	宏观指导	·政府在招商引资中，应紧紧围绕市场这一主体进行宏观指导、宏观规划、宏观决策。确立本区域的主导产业、优势产业、新兴产业，确立招商引资的重点和方向，出台各种优惠政策、地方产业政策，整合并宣传好本区域的优势资源，抓好重大战略决策的贯彻和实施。对于其他业务性、技术性事务，不要事无巨细、眉毛胡子一把抓。

续表

序号	政府职能	描　述
2	要为外、不为内	·加大对外宣传力度，延伸信息触角范围，运用政府人才、信息、信誉等优势，及时准确地掌握投资商新的投资热点和方向，重大投资项目要实行项目跟踪，对各种优惠政策"一事一议"。同时，政府对区域内暂时的利益不能实行部门保护、地方保护，不能因为所谓的内部利益而损害投资商的利益。
3	要为实、不为虚	政府在招商引资中应根据实际需要，适时组织灵活多样的招商引资活动，但不能搞面子工程、花架子工程，更不能出现"假招商"或"招假商"。
4	要为事、不为权	政府在招商引资中扮演的角色就是协调、服务、解决相关的问题，要立足为事，不能立足为权，在更多的时候要放权于市场、放权于企业，不能通过行政命令、行政干预等手段干涉企业在招商引资中的企业行为。

政府构建的招商引资公共服务平台（见图7—17），能够有效地加强与内外投资中介机构的联系，在加大招商引资力度的同时，还有助于协调各种外部关系，利用优良环境、优惠政策和细致的服务吸引更多客商。

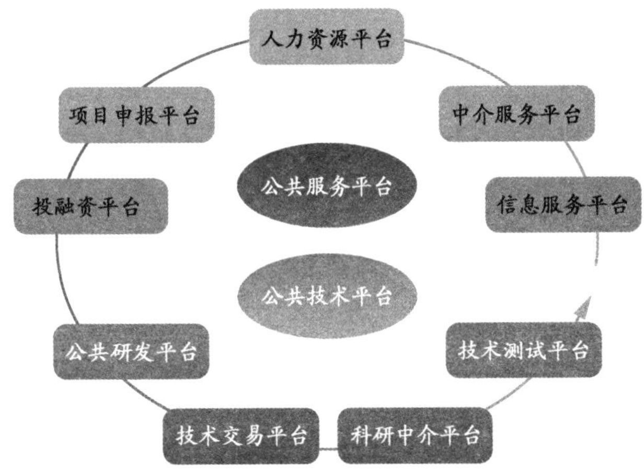

图7—17　构建招商引资公共服务平台

传统的招商引资优惠政策主要包括区域性政策、行业性政策、企业规模性政策和所有制政策四大类。名目繁多、形式多样的优惠政策，一方面促进了投资增长和产业集聚；另一方面也在一定程度上损害了社会公平，扰乱了统一开放的市场秩序，影响了国家宏观调控政策效果，甚至可能违反国际贸易规则，构成补贴。[8]

地方招商引资政策转型

由于优惠政策存在很多问题，为了进一步规范地方招商引资，2014 年，国务院出台《关于清理规范税收等优惠政策的通知》(国发〔2014〕62 号)，提出要全面清理已有的各类税收等优惠政策；2015 年，国务院出台《关于税收等优惠政策相关事项的通知》(国发〔2015〕25 号)，对 62 号文件进行了修订；2017 年，国务院发布《关于扩大对外开放积极利用外资若干措施的通知》(国发〔2017〕5 号)，授权地方政府出台自己的招商引资优惠政策。总体上来看，地方招商引资政策需要根据内外部环境的变化进行转型(见图 7—18)，以适应当前环境，促进地方经济发展。

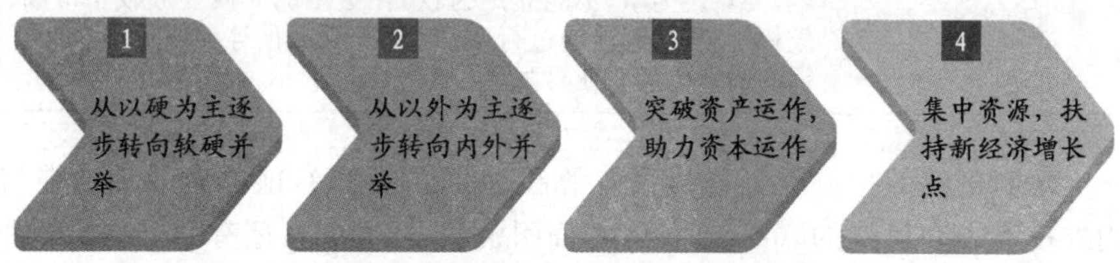

图 7—18　地方招商引资政策转型

(1)从以硬为主逐步转向软硬并举

许多跨国集团的投资是着眼于全球战略的长远利益，其投资目标是为了获得市场、资源和效率，其投资目标的多元化和长期性，决定了对特殊优惠政策的考虑并非首要因素，最重要的因素还是投资环境。开发区优惠政策必须与时俱进，必须由主要针对硬环境逐步转向软硬并举，最终转向以针对软环境为主。

具体而言，政府部门服务质量多年来已有较大改进，政府、企业和个人产权保护意识大大提升，为产权交易配套的中介服务机构已相对齐备，但这些离国际化、高水平要求还有较大差距，存在很大的改进和提升空间，特别是在工业和服务业的配套能力方面还相对薄弱。更重要的是，各方面对历史文化、人文环境、民风民俗等软环境的认识还不到位，软环境建设投入机制还有待建立健全。

(2)从以外为主逐步转向内外并举

以减免税、低地价等为特征的针对硬环境的特殊优惠政策本身就是短期行为，其背后的差别引资方式也不符合世贸组织的非歧视、统一、透明原则。

从长远看，资金流向必然是政策比较平稳、透明度较高、统一性较好的地区。因此,从趋势上看,今后的招商引资政策要提供内外一致的竞争环境。政府必须依托当地产业发展状况和产业优劣势,制定当地产业发展规划,选出一定阶段的重点支柱产业,给予支柱产业政策扶持,加快发展,延长产业链和培育服务体系。

(3)突破资产运作,助力资本运作

资本运作水平不仅体现在政府开发建设平台公司(土地一级开发商)上,也体现在园区企业上。从一定意义上讲,打通资本市场通道可视为更高层面的招商引资。因此,招商引资优惠政策应在助力打通资本市场通道方面有所作为,推动园区开发建设相关国控公司(尤其是政府开发建设平台公司)及园区进驻企业,用好IPO、发行债券(企业债、公司债)、信托计划、短期融资券、中期票据等直接融资方式。

(4)集中资源,扶持新经济增长点

在区位优势相似、基础设施水平相近、软环境配套相仿的区域之间,招商引资竞争会集中在优惠政策层面,这就要求政府资源配置必须着眼未来,集中有限资源用于引导、培育新兴产业,同时充分挖掘和利用现有产业基础,在加快引进和培育总部企业/发展总部经济方面深耕细作,为区域经济发展打造新增长点,实现公共政策效益最大化。

资料链接7—5　上海进一步扩大开放,吸引外商投资

上海市政府最新出台的《关于进一步扩大开放加快构建开放型经济新体制的若干意见》(以下简称《若干意见》)正式实施。《若干意见》分为进一步扩大开放、进一步创造公平竞争环境、进一步加强吸引外资工作三大部分,共33条。

改革开放近40年来,上海以开放实现了大发展。数据显示,外资企业已成为上海4个中心建设和科创中心建设的重要组成部分,以约占全市2%的企业数量,贡献了全市27%的GDP、规模以上企业60%的工业总产值、65%的进出口额和33%的税收总额,吸纳了20%的就业人数。上海在制定《若干意见》过程中,更加注重提高开放水平,在更大范围、更广领域、更高层次上进一步扩大开放,提出了一系列开放措施。在投资准入方面,提出在国发5号文的基础上,争取在金融、电信、互联网、文化、文物、维修、航运服务等专业服务业领域和先进制造业领域进一步扩大开放,先行先试。在总部经济发展方面,支持在沪地区总部和总部型机构集聚业务、拓展功能、提升能级;支持外商投资企业参与政府科技计划项目。在制造业利用外资方面,鼓励外商投资战略性新兴产业和生产性服务业重点领域，支持外资企业技术改造等。

良好的营商环境是上海吸引外商投资最重要的因素之一，也是上海开放型经济发展水平保持全国领先的关键。上海始终把营造法治化、国际化、便利化的营商环境作为进一步吸引外资的落脚点，依托自贸区制度创新优势，对接高标准的国际投资贸易规则，在外商投资负面清单管理、国际贸易“单一窗口”建设等方面提出了一系列符合国际惯例的先行先试制度，得到了全球投资者的好评。国务院刚刚批复的全面深化上海自贸试验区改革方案中，把构建开放型经济新体制作为中心目标，各项改革举措都要向这个中心目标靠拢。因此，《若干意见》作为全面深化自贸区改革开放方案的具体举措，着眼于率先建立同国际投资和贸易通行规则相衔接的制度体系，率先形成法治化、国际化、便利化的营商环境和公平、统一、高效的市场环境，坚持以制度创新为核心，紧紧围绕营造更加开放且符合国际通行规则的投资环境、更加便利化的贸易环境、更加完善的法治环境、更加良好的生产生活环境和更加宽松的人才发展环境的要求，为外商投资企业营造更加良好的投资环境。例如，在营造公平竞争环境方面，强调本市支持产业发展的政策，外资企业可以同等享受；强调对市场准入负面清单和外商投资准入特别管理措施以外的行业、领域、业务等，各类市场主体皆可依法平等进入；在政府采购中，对外资企业在我国境内生产的产品一视同仁、平等对待；等等。在营造贸易便利化环境方面，提出依托自贸区建设，进一步优化货物贸易监管方式，创新跨境服务贸易管理模式。在营造宽松的人才环境方面，支持海外高层次人才在华创业发展，鼓励海外高层次人才在上海创新创业和参与科创中心建设，便利外籍人士来沪工作、申办在华永久居留，便利外籍应届毕业生来沪工作等。在知识产权保护方面，继续加大知识产权的保护力度，健全知识产权信用管理，加强知识产权对外合作，完善知识产权侵权查处快速反应机制等。

《若干意见》的出台，既是国发 5 号文在上海的落地，更是新形势下上海推动新一轮高水平对外开放、加快打造利用外资“新高地”、构建开放型经济新体制的指导性文件，表明了上海将以更大的决心、更加开放的姿态对接国际最高标准，努力做到投资环境更优、市场准入更公、政府服务更好、开放型经济发展更快。

资料来源：陈惟．上海公布“33 条新政”进一步扩大开放[N]．文汇报，2017—04—28(001).

注释：

[1]邓珊珊．开发区招商引资竞争分析——基于博弈论视角[J]．华东经济管理，2008(6):25—28.

[2]薛斌．以新思维推进新常态下招商引资工作[J]．山东经济战略研究，2016(5):57—59.

[3]黄慧雅．地方政府招商引资过程中存在的主要问题和对策[J]．经济研究导刊，2015(12):48—50.

[4]刘臻绎．关于招商引资政策导向与项目实施的思考[J]．理论与当代，2015(1):30—31.

[5]刘久红．适应经济新常态 有效推进高新区招商引资工作[J]．福建质量管理，2016(3):90.

[6]钟炜，和瑞峰，周孜哲，高辉，武玉培．基于改进的主成分分析法的政府招商引资主导产业的确定机制[J]．价值工程，2016(7):11—15.

[7]薛斌，李文茂．税收等优惠政策清理对地方招商引资的影响及对策研究[J]．经济论坛，2015(5):137—139.

[8]张汉东．招商引资优惠政策的是与非[J]．浙江经济，2017(3):13.

第 8 章
设计特色招商引资项目方案

本章将阐述如下问题：

- 项目选择在招商引资中的重要意义是什么？
- 如何进行招商引资项目的前期准备工作？
- 如何包装与推介招商引资项目？
- 如何对招商引资项目进行评价？
- 项目商业计划书的主要格式是什么？

“没有梧桐树，难引凤凰来”，项目是招商引资之本。成功的招商引资，离不开优秀的招商引资项目。好项目需要借助于评价系统，筛选出对投资商有吸引力的项目，在此基础上进行深入包装和推介。

项目是招商引资的基础

招商引资项目的选择要基于当地经济发展水平、产业整体情况、项目投资规模、技术水平、产品的市场前景、国内外同行的发展状况等因素，确定投资商的兴趣点，依据国际惯例进行包装。

项目在招商引资中的地位

招商引资项目是资金、技术、市场等诸多要素的有机结合体，而资金是实施项目的前提。在某种程度上，招商引资就是推销当地的项目。

在招商引资这个“市场”上，既有政治稳定、社会进步的竞争，更有经济效益、技术进步和发展前景的竞争。项目作为这个特殊市场上的特殊“商品”，如果质量不高，就没有竞争力，也就很难“推销”出去。

以秦皇岛开发区为例，它认为“项目是开发区的生命线，招商引资是加快项目建设的主要手段和途径”，始终把招商引资和项目建设作为开发区工作的重中之重，组建招商局、大项目办等专业招商部门，大力推行专业招商，培养了一批高素质的专业招商队伍。经国务院批准，开发区设立了出口加工区，为进一步扩大开放打造了全新的发展平台；同时加大政策扶持力度，提高财政资金对项目的投入，对于一些重大产业龙头项目，以大力度的措施和政策争取落地。

项目要有超前性，但又要面对现实，因地制宜，选择的项目要切实可行。

然而，在具体招商引资实践中，有些地方政府或招商引资单位为完成某种不切实际的目标，会编造一些“假冒伪劣”项目，或者搞一些没有市场前景、重复建设的项目。这给当地的招商引资带来了巨大的伤害，可谓损人不利己，造成当地招商引资信誉恶化。

什么是招商引资好项目

好的招商引资项目应当是本地区具有优势和特色的项目，是社会经济发展急需的项目，具有良好的市场前景和巨大的开发潜力，同时具有可观的投资回报。

一个项目是不是好项目，不取决于某些人的主观愿望，而是要经过认真、深入、科学的可行性研究论证，最后确认。

实践证明，如果确实有好的投资项目，投资商、金融机构都会对此感兴趣，资金不会是太大的问题。因此，不愁没有资金，而是怕没有真正经过科学论证的好项目。

然而，很多地方政府没有充分认识到项目对招商引资的重要性。在收集和选择项目时，仓促上阵，应付了事，翻炒过时的项目，对项目的市场容量、发展前景、竞争预测和投资商的投资意向缺乏深入的调查研究，前期工作程度低或没有做，拿出的项目水平和质量均不高。

同时，有关项目的关联问题没有处理好。例如，项目的协作配套条件、配套资金、市场销路、双方权益分配等问题没有解决好，心中无数，仅凭卖方的一厢情愿去与投资商谈判。此外，更为严重的是，项目准备不充分会给投资商造成一个印象：企业自我认识不足，缺乏商业经营与投资开发意识，缺乏合作诚意。因此，要搞好招商引资工作，就必须经过充分准备，提供一些质量高、有发展前景的项目,才有可能提高项目招商引资成功率。

资料链接 8—1　河南延津小麦种出大产业

近些年,延津小麦成了众多食品加工企业投资追捧的"香饽饽",不仅达利园、盼盼、康师傅、克明面业、云鹤食品等 10 多家食品加工企业相继前来落户,连贵州茅台、四川五粮液、湖南酒鬼酒等酒业公司也前来投资。短短几年间,延津以小麦为基础资源的食品加工业已跻身全国产业集群竞争力 100 强。

投资商选择延津,就是看中了这里的资源优势,强筋小麦品质好,种植规模大,还通过了绿色食品认证。

延津小麦品质的提高,缘于改变了以往一家一户单打独斗的传统生产格局。当地通过"公司+协会+基地+农户"、"公司+合作社+农户"的运作模式,大力推行订单生产,在生产环节实行"统一供种,统一机播,统一管理,统一机收,统一收购"的"五统一",确保优质强筋小麦的品质稳定性和一致性,并实现了规模化、专业化、标准化生产。全县常年种植小麦 95 万亩,其中优质强筋小麦达 50 万亩,占新乡市优质小麦面积的 80%;优质麦种基地 25 万亩,产量达 2.5 亿斤,种子销售辐射大半个中国。该县还建成了 45 万亩绿色食品原料(小麦)标准化生产基地,与茅台集团合作建立了 2 万亩有机小麦生产基地,2013 年生产的小麦已通过有机认证,有机小麦的生产面积最终将达 20 万亩。

……

美名远扬的延津小麦不仅带动了小麦产业链条的延伸,还带来了小麦附加值的成倍攀升和小麦产业的日益兴盛。2013 年 5 月中旬,延津县举办了国内首个小麦产业博览会,5 家粮食购销企业签约 40 余万吨,24 个招商引资项目签约 49.1 亿元。每斤小麦卖 1 元多,加工成挂面每斤就能卖到 12 元,效益非常可观!全县已形成以小麦生产为"头雁"、以"面粉—面条—面点—速冻食品"和"白酒—包装—印刷—运输"两条产业链为"两翼"的"雁阵"发展格局。

资料来源:王伟,李建彬.河南延津——小麦种出大产业[N].经济日报,2013—08—10(1).

招商引资项目选择的依据

当前,很多地方招商改变了传统依赖地块项目吸引外资的局面,其产业项目成为利用外资的“新蓝海”。项目选择十分重要，进入项目储备库和对外招商项目计划的项目都要经过认真严格的挑选，认真研究。以互联网行业为例，国内引进的外资产业招商项目中，占比较大的项目大多属于互联网平台建设和软件开发项目。在东部的一些地区，外资中高达 90％以上是智慧产业类项目，内资产业项目中有六成是信息经济类项目。这些优秀的“互联网＋”项目使得地方招商引资规模及产业格局发生了较为明显的变化，这是促进地方产业转型升级、推动经济增量提速的重要力量。[1]

招商引资项目选择的依据如图 8－1 所示。

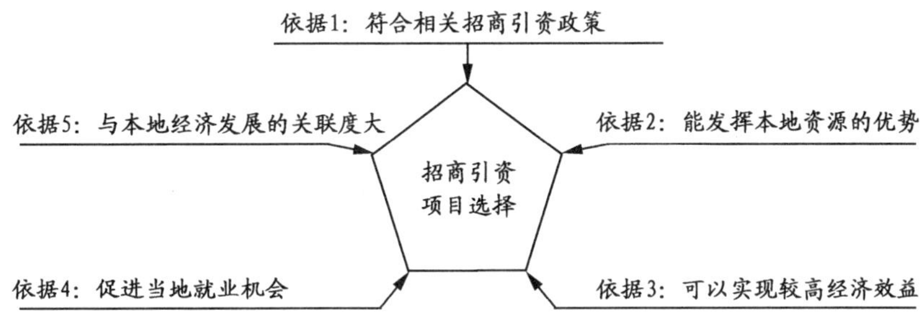

图 8－1　招商引资项目选择的依据

(1)符合相关招商引资政策

招商引资项目选择必须符合相关招商引资政策，其中包括产业政策、经济发展方向、中长期规划等。不仅要考虑当地经济发展，还要考虑整体行业竞争情况，避免造成重复建设和盲目竞争。

另外，经济要发展，环境也要保护。在选择项目时，一定要放弃高污染项目，有污染的项目要有环保措施相配套。

(2)能发挥本地资源的优势

如前所述，在市场经济条件下，广义的资源包括诸如投资软硬环境、地理区位、人力资源、社会开放程度等社会资源。要摆脱过去那种过分依赖本地自然资源的发展格局，全方位利用一切可以利用的资源。即使在开发利用本地优势自然资源过程中，也要消除急功近利的思想，尽量减少粗加工、高消耗、增值少的项目，而相应增加增值多、经济效益好的项目。

只有依据产业政策选择项目，才能少走弯路，免遭损失，在遵循产业政策的同时，要立足本地资源。产业政策中可以发展的产业和行业很多，一个地区要从本地的资源条件出发，因地制宜，使该产业或项目产生的效益最大化。

资料链接 8—2　贵州省科学发展招商引资

为了发展大局，贵州省加强与国家部委的对接沟通，就改革发展中的重大问题主动进行汇报衔接，争取各种支持。贵州省先后与水利部、卫生部、工信部、国家旅游局等部委及多家大型企业签署战略合作协议和备忘录 30 多份，《黔中经济区发展规划》即将获批，国家全面支持贵州发展的政策措施即将出台，这些都将为贵州的经济腾飞插上翅膀。

……

贵州省主要党政领导先后率队赴北京、上海、广州、深圳、中国香港等地，学经验、找差距，开展招商引资活动，并结合"十二五"发展目标，规划了一批产业链长、产业幅宽、带动性强的大项目，编制招商引资项目库，并将其与人才库、园区库、中介库、招商引资网等结合起来，实行动态管理。

在招商引资的方法上，贵州省也进行了新的探索。引导企业以存量引增量，产权招商；推行招商代理制，在重点地区开展跟踪式招商；鼓励商会、协会等民间组织抱团引商；通过合资、合作、独资、兼并重组、股份收购等多种融资方式，扩大招商引资规模。

为了让投资商放心，贵州省承诺：凡是国内其他省（区、市）能够提供的优惠条件，贵州都要提供；凡是国家法律、法规规定的外商投资权益，贵州都要依法保护；凡是按国际惯例需要由政府解决的问题，贵州都要全力解决。对重大、重点招商项目，贵州省则搭建绿色通道，采取"一事一策"、"一企一策"的办法，确保项目引得进、建设快、发展好。今年前 3 季度，贵州引进省外项目实际到位资金 1 961 亿元，同比增长 1.9 倍。

资料来源：王新伟，吴秉泽．开放奋进的新贵州正在快速崛起[N]. 经济日报，2011—12—17(6).

(3)可以实现较高经济效益

经济效益是招商引资项目选择的前提。当然，有些项目，诸如基础设施、公用事业等不能直接创造税利，但它有效改善了经济运行的环境，起到了促进创造效益的间接作用，同样也不容忽视，这些项目在选择时也要充分给予考虑。

(4)促进当地就业机会

在发展技术密集型和资本密集型企业的同时，要考虑我国就业压力大、劳动力素质相对不高的国情，可适当考虑发展一些劳动密集型企业。不可盲目追求技术密集型项目，而忽视解决就业问题的现实压力。

(5)与本地经济发展的关联度大

在战略层次上，不断提高项目对招商引资作用的认识，并把项目选择工作作为招商引资的关键环节来抓；在战术层次上，要重视项目选择的系统性和科学性，确保项目选择切实有效。

随着市场经济的深入，企业之间、产业之间和部门之间的分工协作关系越来越紧密，项目不仅要为企业带来经济效益，同时还要影响其他企业和产业，带动地方经济的发展，这样的项目最有价值。

招商引资项目准备

利用企业的服务为基础，能够更好地进行招商引资。要打造独特的、有吸引力的服务，才能够更好地找到投资的项目。[2]招商引资需要坚持“早安排，早落实”的原则，充分做好项目的前期准备，有助于招商引资活动有条不紊地开展。通常情况下，招商引资项目准备包括 3 项关键内容(见图 8－2)。

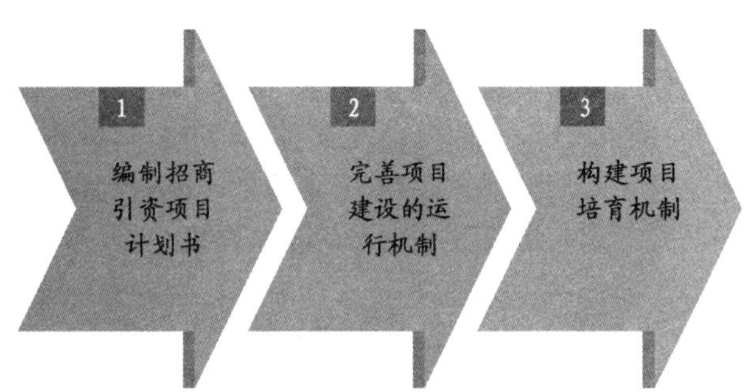

图 8－2　招商引资项目准备

编制招商引资项目计划书

招商引资也要“项目未动，文件先行”。一份详细的项目计划书可以高效地向投资商介绍项目的优势，吸引投资商到当地考察和谈判。招商引资首先要能拿出像样的材料，才能吸引投资商；如果自己对项目尚未了解清楚，材料不齐备，就想找外资，那是很难获得成功的。

完善项目建设的运行机制

利用项目招商引资，必须加强项目建设，完善项目生成、推进、培育等机制，更好地提高招商引资成功率。例如，为做好旅游招商引资工作，贵州铜仁市按照打造世界旅游目的地的目标，高起点编制了《铜仁地区乡村旅游规划》、《思南石林景区规划》、《印江县梵净山张家坝—团龙—护国寺区域旅游修建性详细规划》、《梵净山文化旅游经济圈的发展战略规划》和《铜仁地区旅游商品产业发展规划》等各项发展规划，建立了较为完整的旅游规划体系；对辖区内的旅游项目进行详细梳理，科学编制了包括 50 多个招商引资项目在内的《铜仁地区旅游招商引资项目库》。同时，按照“政府主导，企业参与，市场运作”的招商引资模式，铜仁地区强化主动招商意识，采取“走出去，请进来”等形式，通过在全国各地举办各类招商推介活动，加强宣传引资；主动加强与国内外著名旅游企业的对接，进一步提高招商引资成功率。

(1)拓展招商引资渠道

积极探索科学化、系统化的招商引资新模式。例如，2013 年上半年，天津整合资源异地招商，在北京共组织招商活动 301 场，走访首都单位 2 893 家，对接、洽谈项目 1 820 个，签约项目 574 个，协议投资额 3 321 亿元，引进首都企业在津投资项目 546 个，到位资金 524 亿元，同比增长 14%。

(2)通过不同途径和方法找项目

可以通过多种途径和方法来搜寻、分析、确认招商引资项目，可以利用当地的资源优势、调查研究、产业变动、结构调整、产业转移和技术创新来寻找项目。如果在最坏的情况下，项目的安全强度不能得到保证，投资商就会要求重新考虑项目策划的可靠性及项目的安全强度。

寻找招商引资项目的方法如表 8—1 所示。

表 8—1　　寻找招商引资项目的方法

序号	方　法	解释说明
1	从资源优势找项目	围绕国内外市场需求，根据资源情况上项目、搞开发，发展特色经济。
2	通过调查研究找项目	通过召开研讨会，邀请专家学者或咨询机构参与，转变观念，既要善于从本行业、本地区抓项目，还要善于跨行业、跨地区，尤其是从行业边缘、邻近行业、行业交叉点，以及产品的上下游与可嫁接之处寻找新项目。
3	从结构调整中找项目	从产品结构调整与产业升级的角度去寻找项目。

续表

序号	方　法	解释说明
4	从产业的梯次转移中找项目	抓住产业转移机遇，选择项目，采用技术投资、设备投资等形式与之建立合作或合资企业，或直接建立独资企业。
5	向技术创新要项目	加强技术开发项目、产学研工程、重大科技成果产业化项目与技术改造的衔接。

(3)充实项目库

项目库是若干个项目的集合，单个项目质量好坏直接决定了项目库的水平和质量，因此，进入项目库的项目必须涵盖投资前、投资中、投资后的各种详尽资料，既要有定性分析，更要有定量分析，既要有静态分析，更要有动态分析。项目库储备工作要既重数量又重质量，既重视行业覆盖面又突出重点行业，既重视一般项目又突出重点项目，切实把项目库储备工作做好。

构建项目培育机制

为了做好招商引资服务工作，加大对入区项目扶持力度，相关机构要努力为企业提供超预期的服务。

(1)明确工作流程和责任

招商引资必须把好项目“准入关”，对拟引入项目做好评估，抓住能解决当地经济发展问题的好项目。

根据招商引资和项目申报环节，明确工作流程和责任。①在项目洽谈过程中，以招商引资部门为主，土地、规划等部门配合；②项目签订购地协议后，从招商引资部门移交给项目推进部；③项目开工后，再移交给企业服务局，形成人人负责、部门联动、各负其责的工作机制。

(2)定期考核，严格奖惩制度

实行项目申报定期考核制，根据考核情况，按照绩效挂钩的原则进行奖罚。

(3)服务评选，予以奖励

开展“企业服务满意奖”评选活动，对为项目推进作出突出贡献的“服务之星”予以奖励。设立招商引资信息奖和引荐奖，充分利用招商引资的社会资源，调动中介组织和个人的招商引资积极性。

资料链接 8-3 广东四市紧抓招商引资项目

3 月 27 日，佛山市招商引资工作推进会公布了 2016 年的招商引资情况：签约投资额超亿元的内资项目 235 个，投资总额 1 387.34 亿元；签约投资额超千万美元的外资项目 54 个，投资总额 37.94 亿美元。就在佛山市招商引资推进会召开前后一周时间里，广州、东莞、中山的招商引资也动作频频。

1. 大项目、新产业、央企成焦点

大项目是城市招商引资的共同需求。佛山去年引进了一批质量、效益较好的重大项目，比如总投资将达 100 亿元的科力远 CHS 项目、南海区的一汽大众二期、顺德区的中铁华隧等。在此基础上，招商引资工作推进会将引进影响力大的龙头项目作为头号招商任务。

在中山的招商洽谈会上，大项目同样引人关注。达成的超 100 亿元人民币的内资项目有 6 个，投资金额超 3 000 万美元的外商投资项目有 4 个。其中，盈富环球投资的生态农业项目投资额达 3 亿美元，为本届洽谈会投资最大的外商投资签约项目；瑞科新能源项目投资额达 5.6 亿元人民币，是优质外资高新技术产业项目。

2. 高技术制造项目受追捧

在国民经济领域，“合同利用外资额”是外商投资合同中约定的外方出资部分，“实际使用外商直接投资金额”则是外商真正履行了的出资部分。两者皆是衡量一座城市招商成效和产业吸附力的重要指标。

数据显示，2016 年广州新批设立外商直接投资企业 1 757 个，合同利用外资金额 99.01 亿美元，实际使用外商直接投资金额 57.01 亿美元。3 项指标均高于 2015 年。在广州、佛山、东莞、中山这 4 座城市中，广州这 3 项指标是最高的。可见，作为广东政治经济枢纽和开放领先的老牌外贸城市，广州在招引外资上优势明显。

在装备制造业的项目引进上，佛山占有绝对优势。2016 年佛山新引进、新开工项目的数量和投资额均位居珠西七市第一。其中，新引进超亿元装备制造业项目 61 个，总投资额 711 亿元；新开工项目 56 个，累计完成投资 396.2 亿元。

3. 靶向招商、海外设点成招商“法宝”

2015 年起，中山将“靶向招商”作为一大突破口，向重点区域、重点产业、重点企业分类招商，尤其注重对欧美发达国家客商精准定位。同时，中山建立重点招引企业名录，量身定做“打靶”方案，主动登门招商。

同样将全球纳入视野范围，并进行精准定位招商的还有东莞。2016

年，东莞新设立了加拿大经贸代表处，日本、阿联酋经贸代表处延期。其中驻硅谷经贸代表处从硅谷引进光伏智能优化项目并成功落户松山湖，并推荐了智能变色玻璃薄膜、追日光伏技术、新型 OLED 材料等 10 多个美国项目，与易事特、迈科等企业和清大创投等单位进行对接。

资料来源：吴欣宁，段思午．四市招商引资“暗战”[N]．南方日报，2017－03－31(FC07).

招商引资项目的包装与推介

国内外招商引资的实践经验证明，成功的合作项目离不开成功的包装，科学合理的包装是招商引资过程中必不可少的环节。

科学的招商引资项目包装

项目包装是地区或企业为特定的经济目的所开展的项目发掘、论证、包装、推介、开发、运营全过程的一揽子计划，招商引资项目是否成功，首要一点就是在项目包装后是否具有足够的吸引力引入投资商。

招商引资项目包装并非“弄虚作假”，而是通过科学合理的方法和手段，更好地呈现招商引资项目的优势，做到一目了然，成功吸引投资商的眼球，进而促进与投资商的合作。从总体上来看，招商引资项目包装需要抓住以下 4 个要点(见图 8－3)。

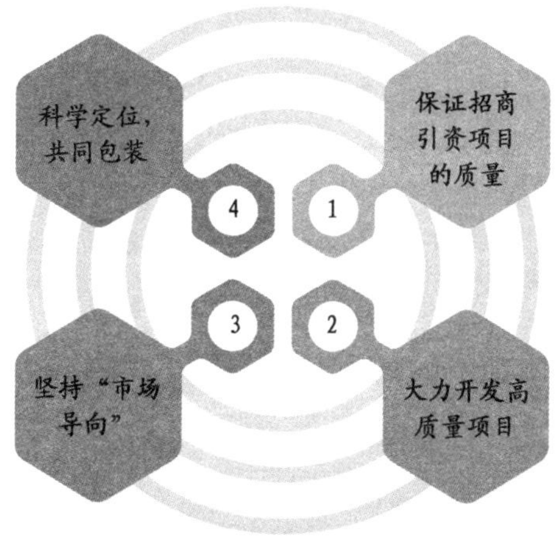

图 8－3　招商引资项目包装的要点

(1)保证招商引资项目的质量

如前所述,地方招商引资要坚持"以投资商利益为中心"的基本理念,这就需要招商引资项目既符合国家和地方的产业发展政策,又具备较高的投资回报率和成长性。另外,还需要强调项目的地方特色性,这里的"特"往往意味着具备较大的优势,通过引入投资商,共同做大蛋糕,实现"双赢"或"多赢"。

(2)大力开发高质量项目

好的招商引资往往是稀缺资源,在市场上具有较高吸引力,同时,也是培育地方招商引资品牌的独特资源。通常情况下,地方政府需要立足于当地特色资源,围绕自然、地缘、政策和能源等优势,重点包装设计招商项目,通过合资、合作、搞 BOT、独资、股份制等多种形式,提高招商引资成功率。

(3)坚持"市场导向"

招商引资项目包装需要坚持"市场导向",即从投资商角度来审视项目。一方面,招商引资项目要务实,不宜盲目上"大项目"和"龙头项目";另一方面,需要项目与投资商实力相匹配,最大限度地发挥招商引资项目的价值,保证一定的成功率。

(4)科学定位,共同包装

企业是市场经济的主体,需要积极主动进行项目包装,而地方政府部门则主要发挥服务和协调作用,二者形成合力,才能够更有效地吸引投资商,进而把项目做大做强。

招商引资项目推介

招商引资项目推介是指能够刺激投资商的投资反应、促进投资行为的各种招商手段与措施。招商引资项目推介要获得成功,经济区域或企业必须对项目推介的目标、规模、起始及持续时间、预算、媒介等制订周密的、切实可行的计划(见表 8—2)。

表 8—2　招商引资项目推介六大要素

序号	项目推介要素	解释说明
1	项目推介目标	根据招商引资目标的特点和整体策略,制定项目推介的总体目标,做到短期目标与长期目标相结合,对于投资商个体与中介机构,项目推介的目标自然应有区别。
2	项目推介对象	主要是投资商群体和对初始成本极敏感的投资商。对于某些投资目标相对稳定的投资商来说,项目推介的作用一般不大。因此,对不同的项目推介对象,应该采用不同的推介手段。

续表

序号	项目推介要素	解释说明
3	项目推介规模和水平	不同的项目推介规模和推介水平，直接影响或决定推介的效果。因此，项目推介者必须了解各种推介规模、水平带来的不同刺激强度和招商量之间的比例关系，从而决定采用不同规模和水平的项目推介方式。
4	项目推介渠道	项目包装、广告宣传、新闻广播、立标牌、设灯箱等，都是项目推介行之有效的媒介与途径。
5	项目推介时间安排	项目推介如何选择时间、如何安排合适的持续时间，这些都要服从于招商引资的整体策略。项目推介的时间安排问题，实际上是一个如何抓住最佳的招商机会赢得投资的问题。
6	项目推介费用预算	常用的预算方式有3种：一是比例法，根据总招商费用来确定项目推广的费用比例；二是合计法，先安排项目推介的费用，再合计其他费用为招商费用；三是参照法，按照同期相应费用预算。

任何经济区域或企业的招商引资项目，只有通过广泛、有效的推广与介绍，才能达到招商引资的预期目的。

充分发挥投资咨询公司、律师事务所、会计师事务所、商会、行业协会、银行等中介机构的作用，探索现代招商引资的有效路径。

招商引资项目的推介，必须选择合适的方式。而在考虑选择哪一种推介方式时，必须根据经济区域或企业的招商投资环境、投资商的群体情况、国家有关的政策法规、招商情况等多种因素来决定(见表8—3)。

表8—3　　项目推介的三种方式

序号	项目推介方式	解释说明
1	项目发布会	通过会议形式发布招商项目，让投资商群体、中介机构、项目推介人员了解项目的基本情况。这种推介方式使投资商群体对项目的了解比较全面，有利于会上、会后深入洽谈。
2	项目展示会	以会议形式现场展示上游项目、替补项目、下游项目、同类项目。这种推介方式的好处是，直观地反映项目的特征。
3	中介推介	通过中介机构推介招商引资项目。这种推介方式给中介机构提供招商优惠政策、奖励政策，有利于刺激中介机构的积极性，以达到扩大招商引资的目的。

资料链接 8-4　政府深度介入招商引资已然越位

当走出国门的招商引资越来越难的时候，港澳地区成为内地地方政府进行招商引资的目的地。

一场接一场，省级、市级、县级政府的“招商团”纷至沓来，热热闹闹的现场上，官员们慷慨激昂地介绍着他们的优势和优惠政策；宴会上应者云集，美酒交杯间，签约项目的重头戏上演。成功招商的现场进入新闻镜头，上了地方报纸的头版。不过，仔细留意那些已经公布的招商引资项目的数额，就会发现“招商会”实质上就是一次华丽的演出。

一些项目可能会开花，一些项目可能会结果，但多数招商引资活动顶多就是一次地方的形象宣传与推广。

……

如果说转变发展方式需要制度变革，那么地方政府强势主导的招商引资就需要限制。这是因为，严格来说，地方政府深度介入招商并操作项目本身已属“越位”在先。

在此，完全可以引用经济学家吴敬琏的观点，尽管他并不是针对政府招商引资所言，但是，笔者认同这样的提醒：政府有责任提供由透明规则和公正执法构成的市场秩序，但是，在市场经济中，政府应该提供的是公共产品，而不是其他。如果政府介入微观经济活动，那么，事情就完全颠倒了。这是我们现在遇到的最大的危险。

资料来源：赵民望．政府深度介入招商引资已然越位[N]．中华工商时报，2010－12－23(5)．

招商引资项目评价

实践中，部分地区在招商引资过程中，存在“重引资，轻融合”的问题，在具体项目的选择中未充分考虑引进项目与当地经济环境的相容性，在招商引资过程中未做好引进项目与本地企业的产业规划对接，致使引进项目缺乏与当地经济的融合性，使得不适合当地发展的项目未能发挥其自身优势。[3]

招商引资并非“来者不拒”，而是要有针对性地对招商引资项目进行综合评价，与地方产业结构调整结合起来，不断拓宽招商引资领域，提高招商引资项目的质量和水平。通常情况下，招商引资项目评价主要从以下 4 个维度开展(见图8—4)。科学的招商引资项目评价能够促进地方产业科学布局,促进经济增长。

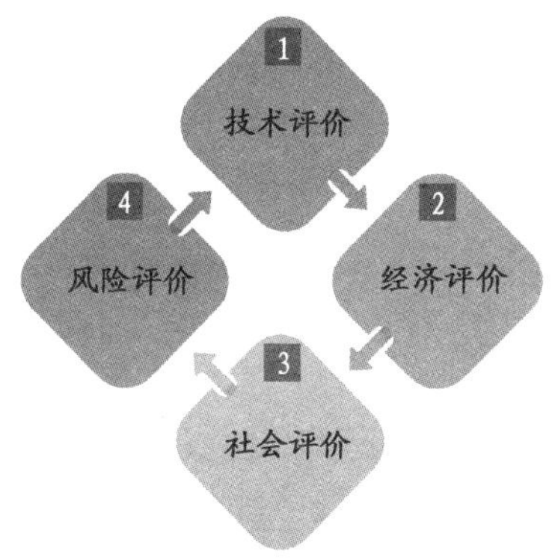

图8—4 招商引资项目评价的4个维度

招商引资项目的技术评价

从招商引资方的角度来看,项目技术评价的含义主要是从宏观上了解、评估该项引进技术在国内外产业结构和行业竞争中所处的位置,以预测该项技术的发展趋势以及产品结构和水准在市场竞争中所产生的作用。

进行项目技术评价的主要目的在于:①为招商引资方(引进方)提供项目市场调查的核心依据,以确定该项目是否有竞争力,是否有必要引进本地区;②为投资方提供从政府部门方面的补充调查信息,可为投资方投资决策提供进一步的有益依据,这实际上也是招商引资部门的一种特色服务。

若经政府权威部门和专家认定该项技术属于相对落后,上马一两年后有可能被淘汰,而投资方尚未充分意识到这一点,那么招商引资方就应积极告知评价结果,并善意劝阻投资方放弃该项投资计划,以避免双方的经济损失。

在招商引资项目技术评价中,需要把握技术的以下3个范畴:

一是技术的等级范畴。应该知道该项目的生产工艺设备和技术是属于专利技术(国内外发明专利、实用新型或外观设计),还是属于专有技术。

二是技术的领先程度和保护地区与年限。最新获得国内外权威认证的发明专利和专有技术(生产工艺、设备、设计方案等)总是要领先和覆盖原有的同类东西;而含金量高的技术(如发明技术)比普通专有技术受保护的期限要长,未经技术所有方许可,擅自在保护地区仿制使用该项技术,就会构成严重的侵权行为。

三是该项技术已应用的领域和市场覆盖面。技术市场的买卖交易中，决定技术真正价格的就在于市场的覆盖领域。受保护的新技术，已有市场应用领域的售价要比尚无应用领域的售价高；市场应用面越广，其含金量也越大。故市场是技术含金量的筹码，从某种意义上说，市场决定技术的命运。

总之，对项目技术的评价有助于优化招商引资项目，排除落后淘汰项目，更好地开展招商引资工作。

招商引资项目的经济评价

根据国家发改委、建设部颁布的《建设项目经济评价方法与参数》（第三版）[4]的规定，建设项目需要进行经济评价，提供可行性研究报告。项目经济评价内容的选择，根据项目性质、项目目标、项目投资者、项目财务主体以及项目对经济与社会的影响程度等具体情况确定。

招商引资项目经济评价方法包括静态评价法和动态评价法。静态评价法不考虑货币的时间价值，也不对项目的投入物、产出物进行影子价格调整，只是计算项目投资在正常情况下能带来什么样的净收益。对项目进行经济评价时，有时可以用静态评价法作为初期评价方法，有时也可以用于项目投资较小、投资商不要求作进一步分析的情况。动态评价法则考虑了项目的寿命期（包括建设期和生产经营期），也考虑了资金的时间价值，通常情况下，动态评价的结果更为可靠和全面。

招商引资项目经济评价一般需要经过 5 个步骤（见图 8—5），其结果更为科学合理。

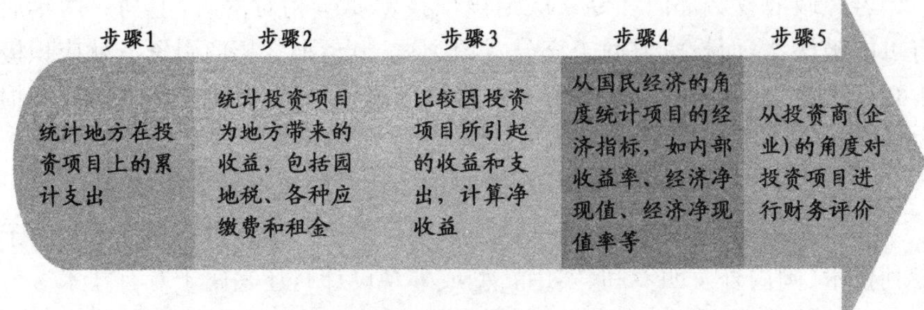

图 8—5　招商引资项目经济评价步骤

（1）统计地方在投资项目上的累计支出

支出包括现金投入、厂房场地的折旧费、维修改造费、土地费用、自然资源费用、利息支出、水电道路等基础设施支出等。厂房场地的折旧费可按残值逐年摊销，也可按厂房场地的机会成本的收益来计算。土地是一种特殊投入物，也是一种稀缺资源，项目使用的土地费用由其机会成本和因土地转变用途而发生的新增资源消耗两部分构成，并考虑不同地理位置、使用途径所产生的影响。各种有限的、不可再生的自然资源如矿石、木材等也属于特殊投入物，这些资源也具有影子价格。

(2)统计投资项目为地方带来的收益，包括园地税、各种应缴费和租金

国税地方上一般只能按照规定的比例享受分成，计算时也可把地方不能享受的那部分金额剔除，这样就更能准确地反映地方所得的收益。

(3)比较因投资项目所引起的收益和支出，计算净收益

项目支出的费用不能在一年内通过收益来弥补，而要通过若干年才能达到收支平衡，这时就需要计算投资回收期。这里的投资回收期和企业财务分析的投资回收期不同，因为两者所计算的角度不同，因而收益、支出的计算口径也大相径庭，用投资回收期可以评价招商项目的投资成果。

(4)从国民经济的角度统计项目的经济指标，如内部收益率、经济净现值、经济净现值率等

进行国民经济评价时，首先要划分项目的直接功用和效益以及间接费用和效益的范围，明确什么应计入国民经济评价、什么不应计入国民经济评价。国民经济评价时的费用包括直接费用和间接费用两种。凡属国民经济内部转移支付的专项支出(如税金、工资、利息、土地补贴等)均不列为费用，而只有国民经济为项目付出的代价(如投资、经营费用、自然资源、外汇等)才列为项目的费用。其次，根据确定的经济参数对项目的投入物和产出物的财务价格进行调整，即用影子价格重新计算投入物和产出物的直接费用和效益。在上述步骤条件下，编制国民经济评价的基本计算表，如经济现金流量表、经济外汇流量表、经营成本表等，最后计算国民经济的主要评价指标，对于涉及产品出口创汇替代进口节汇的项目，需要进行外汇效果分析，主要计算经济外汇净现值、经济换汇成本或经济节汇成本。

(5)从投资商(企业)的角度对投资项目进行财务评价

投资商是项目实施的主体，必须对项目的成败承担经济责任。政府对项目的经济可行性和盈利能力的分析，只是对项目的经济运行情况有所了解，不能代替投资商决策。因此，对投资项目财务分析并非一定要做，只是令自己心中有数，并提供给投资商参考。

招商引资项目财务分析的主要指标包括投资利润率、投资收益率、投资净产值率、投资纯收入率、投资净收益率、投资创汇率、投资回收期、追加投资回收期、借款偿还期等。

在对招商引资项目进行评价时，必须坚持的一个首要原则是：凡能促进地方经济发展的，就应该予以支持。当然，有些项目可能会使地方得到的经济利益较小，或没能得到应得的经济利益。在这种情况下，也应该肯定，不让利就不会招来项目，没有项目就一点利益都不会得到。有时候对有些项目，地方投入可能一两年之内拿不回来，这也很正常，应该把为招商引资项目支出理解成一种投资，投资就要有一定的回收期限，不能指望当年收回。

招商引资项目的社会评价

社会评价主要是分析、评价招商引资项目对社会发展目标所做的贡献和所产生的影响。社会评价的有关指标尽管有些不能用货币价值衡量，甚至不能用实物衡量，但其在项目评价中起着不可替代的作用，甚至是决定性作用。进行招商引资项目的社会评价，需要关注以下 4 个方面(见图 8-6)。

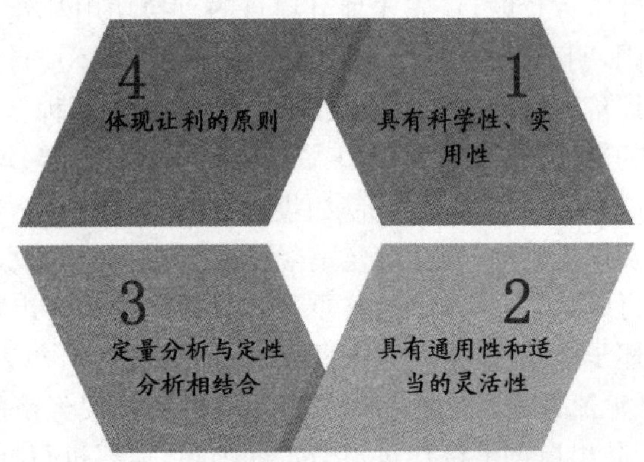

图 8-6　招商引资项目社会评价的关注点

(1)具有科学性、实用性

社会评价在招商引资项目评价中起着无可替代的作用，因此评价结果要力求准确，方法要力求科学、合理。同时社会评价涉及的都是间接效益和费用，因而在指标把握上难度较大，不可强求面面俱到，更不能以偏概全。

(2)具有通用性和适当的灵活性

招商引资项目都具有以投资商投资为主体并承担投资风险的共同特征，因而在对招商项目进行评价时，也可以总结出一套相对固定的评价指标和方法，这样不同项目之间就有可比性。评价时也不可拘泥于形式，要根据不同情况区别对待，灵活掌握，只要能反映出项目的本质和影响就行。

(3)定量分析与定性分析相结合

在国家没有制定统一的社会评价方法之前，定量分析的内容原则上宜采用多个单项指数分别计算、分别评价；定性分析的内容要突出重点，力求具体明确。

(4)体现让利的原则

招商引资的一条重要原则就是让利。不让利，项目就可能谈不成。在对招商项目评价时，要妥善处理好眼前利益与长远利益、局部利益与全局利益、直接利益与间接利益的关系。不能因为让出一部分利益而否定项目的贡献，从而对项目作出不公正的评价。

以天津市招商引资实践为例，伴随着京津冀协同发展、自贸区等战略机遇，这不仅加快了要素在区域间流转的速度，而且提升了招商引资的质量，来自北京的优质要素和新兴产业在引资项目中的比重不断提高。在这个过程中，对于很多优质项目，要更多地考虑其社会评价，注重通过外部优势要素和高端项目来激活本地内部要素，促进经济结构的调整，用增量来带动存量的优化和升级，让自身区位、资源特色的潜在优势转化为现实优势。[5]

招商引资项目的风险评价

后危机时代，经济增长压力加大，很多地方政府进一步加大招商引资的力度。但是，由于缺乏项目风险评价，招商引资暴露出很多的问题，比如为了实现短期 GDP 增长而忽视项目质量、资源过度浪费、环境污染等。招商引资项目的风险评估有着重要的实践意义，需要从项目前期、中期和后期三个阶段进行综合性风险评价(见图 8—7)。

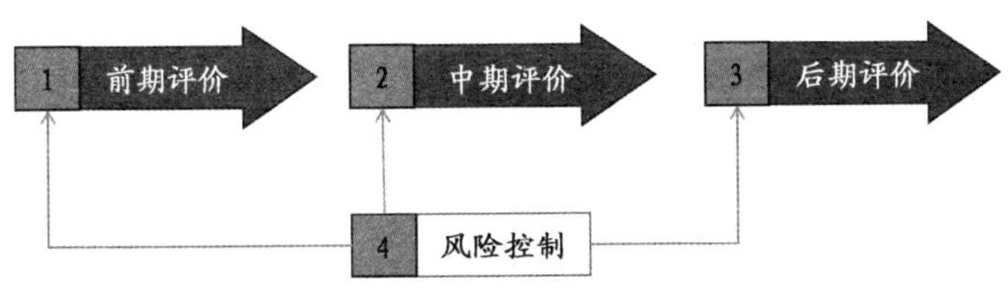

图 8—7　招商引资项目风险评价

(1)项目前期评价

项目建议书和可行性研究报告，通过集体论证：①项目成长性。产业、行业发展的前景是否符合大的发展规划和区域性规划？是否适合环境的承载力和社会的接纳性？②项目本身的团队能否把项目组织好？要考虑到团队的综合实力、领导和技术水平。③拥有技术的核心竞争力和市场竞争力。④融资能力。⑤产品的市场竞争力和替代性、产品的需求及性价比情况。还有通常的参数，如投资强度、建设周期、用工情况、就业岗位、税收情况、盈利能力等。⑥需要到项目单位实地考察情况，百闻不如一见。

(2)项目中期评价

招商引资项目风险评价的重点是建设过程，其关注点在于：①能否按照建设周期计划实施？能否按照序时进度开展？一般相对好的项目建设周期为1～1.5年，之后正式投产。②管理进程中，能否按照目标进行高效、有序的管理？③新产品的市场开拓、宣传、占有率等情况。

(3)项目后期评价

项目后期评价的主要内容是，项目投产后，能否实现当初承诺的就业、产值、税收等目标？通常情况下，如果项目效益比较好，投资商会加大投资，可能会进行二期甚至三期工程，能够最大限度地实现项目的经济效益。

(4)项目风险控制

在主客观条件许可的情况下，重点引进对本地区社会经济发展具有较大带动和辐射作用的核心项目，以核心项目为龙头，加速推动地区产业集群的形成。

实践中，对招商引资项目风险评价的主要目的在于风险控制，无论是前期，还是中期和后期，都需要通过评价，发现风险因素，及时进行处理，有效地管控风险。项目风险控制的重点是：①前期，对不符合产业、行业地位的项目要拒之门外。②中期建设时，地方政府应该适当帮助项目解决一些力所能及的问题，提升服务的针对性和有效性。可以根据项目进展情况，采取分期分批供应土地等措施控制风险。③建成投产后，若项目出现问题，可以采取引进、与别人合作的方式来解决问题。如果项目确实很好，可以通过政府提供有效担保的方式来帮助企业渡过难关。④各项细节应以协议文本的形式予以确认。

撰写项目商业计划书

项目商业计划书是引资方在招商活动中经过包装后的项目宣传资料，是对项目开发前景与蓝图的描述，是投资商对投资项目评估、筛选的主要媒介，也是投资风险的决策依据。因此，要想使招商引资取得理想的效果，关键是要按照投资商的投资决策心理，做好对当地投资环境与投资项目的包装。

项目商业计划书存在的3个问题

多数招商引资管理者也知道，要做好招商引资工作，必须对当地的投资环境与投资项目进行形象包装，甚至需要适当进行一些夸张宣传，各地也因此做了一些地方形象宣传画册或形象专题片、招商项目文书等招商资料。通过对所搜集的数十份有关招商引资宣传资料进行分析，发现普遍存在以下3个方面的问题(见图8—8)。

图8—8　招商引资项目商业计划书中常见问题

(1)招商引资环境宣传与投资商需求产生偏差

关于投资环境的宣传，无法根据目标投资商所关注的投资环境因子来组织编配信息内容，对多数投资商关心的信息点，比如当地经济的外向型程度、所在区域市场的规模和潜力、相关产业链的发展现状与趋势等内容鲜有涉及，或者介绍和分析得很不充分，需要突出的重点没有详细论述。另外，对当地的产业发展状况、优劣势与市场成熟度，当地在招商、安商、亲商、富商方面所采取的具体举措，政府机关的办事效率等，或者没有介绍分析，或者定性描述多、定量分析少。

(2)招商引资项目信息表达不充分

对招商项目的介绍仅停留在项目基本情况的简单描述上，具体包括项目名称、项目类别、所处区位、主要内容、投资金额、联系部门、联系人、联系电话，没有从投资决策角度对招商项目进行全面、深入的介绍及可行性分析论证，对投资商最关心的项目投资的必要条件、可能的投资收益与投资风险，以及目前存在的障碍、问题与解决措施等论述极少，或者根本就没有涉及。如果目标投资商需要招商人员口头提供更详细的信息资料，招商人员往往说不清楚，分析不到位。

(3)项目商业计划书制作不精细

项目商业计划书选用的照片不够清晰，编排设计不够精美，文字介绍过于简单，流于对图片的注释，印刷工艺较为简单，不能起到提升当地形象的作用。此外，形象专题片定位不够清晰，缺乏创意，画面拍摄与编辑制作质量不高，不能很好地反映当地投资环境特色与优势。

出现上述问题的主要原因是，招商管理者在编写相关材料时往往以自我为中心，没有从营销传播的视角深刻洞察投资商投资决策心理，没有深度思考他们在投资决策时通常关注哪些方面的信息、希望招商者提供哪些方面的详细资讯，不知道如何介绍分析才更能迎合他们的信息需求、更能激发他们的投资兴趣。作为当地投资环境的形象商业计划书，既要全面生动地展示当地特色、优势、亮点，又要增强传播内容的传达力、说服力。

项目商业计划书编制的关键点

招商引资项目商业计划书的目的是向投资商展现项目投资的潜力和价值，通过向投资商介绍项目的市场环境、开发方案，给投资商提供定性信息，通过项目综合评价，为投资商提供定量信息，通过定性和定量信息，方便投资商对招商引资项目进行科学的评判，为项目的合作奠定坚实的前期基础。

招商引资项目商业计划书是一份全方位的项目计划阐述，其地位非常重要，其编制的基本要求是条理清晰、内容完整、语言通畅、意思精确。通常情况下，需要把握以下 3 个关键点(见图 8—9)。

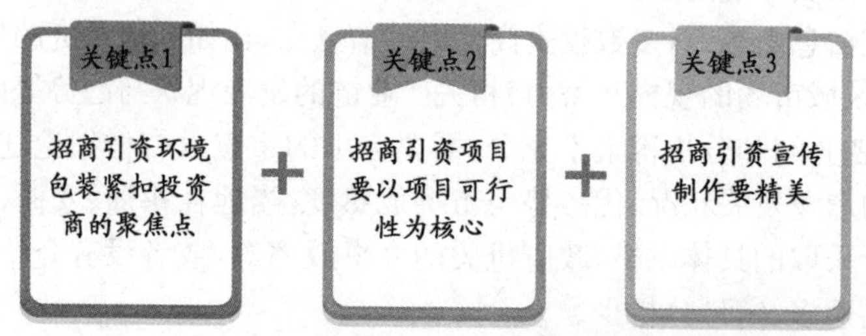

图 8—9 招商引资项目商业计划书编制关键点

(1)招商引资环境包装紧扣投资商的聚焦点

招商引资环境包装应该根据投资商投资决策时关心的主要信息点来组织宣传材料框架体系。通常情况下，涉及的内容包括当地基本情况、总体经济发展状况、基础设施状况、资源状况、社会发展状况等(见表 8—4)。

表 8—4　　招商引资环境介绍的具体内容

序号	内　容	解释说明
1	当地基本情况	区位特点、人口总量与结构等。
2	总体经济发展状况	经济总量、产业结构状况、各产业发展情况、比较优势产业与相关产业链发展情况、经济增长速度、进出口总额、外向型经济发展情况、利用外资情况、社会消费品零售总额、城镇居民家庭人均可支配收入等。
3	基础设施状况	铁路、公路、水路、航空等交通情况，能源、通信设施状况。
4	资源状况	矿产资源、农副产品资源、土地资源、教育科技文化资源、旅游资源等。
5	社会发展状况	当地出台的一些招商引资方面的相关法规与鼓励政策、政府服务效能、当地资本市场状况与融资能力、与投资项目关联度较高的产业发展状况与规划、当地与周边地区市场规模及潜力等。其中，本地的产业环境和相关生产要素能否满足投资商的需要，是要着重分析和传达的信息。

(2)招商引资项目要以项目可行性为核心

招商项目不能仅对项目进行简单介绍，必须从该项目投资可行性的角度进行全面介绍分析；即首先介绍投资环境与招商项目的基本情况，然后按照国际上通用的 SWOT 分析法，客观分析现有产业发展优势和发展机遇，如实指出当地产业发展的劣势、项目目前面临的威胁与潜在困难及障碍，最后再从投资角度分析投资成本、投资收益、投资风险，以及采取哪些措施可以较好地规避或降低投资风险。只有这样一份招商报告，才会比较全面、客观、准确地反映招商项目的投资价值与投资可行性，才是投资商需要的招商报告，才会促使投资商更加理性、快捷地进行投资决策。

(3)招商引资宣传制作要精美

招商项目反映在宣传材料上，不仅是制作一本当地的形象宣传画册、一部形象专题片与一份招商计划书，而是在此基础上，专门配套编制一本大型招商手册与一部招商专题片。其内容可分为两大部分：一是对当地投资环境的系统介绍分析；二是围绕一些招商项目进行投资可行性介绍分析，力求信息全面、真实、准确，定性与定量相结合，图文并茂，重点突出，简洁明快。

项目商业计划书的编写格式

招商引资项目商业计划书的对象是投资商，因此，在编制时，一定要以投资商为导向，不能简单地照抄模板，或是应付投资商。实际上，专业投资商每天都要翻阅很多项目商业计划书，一份不专业的计划书根本不会发挥任何作用。

为了提高项目商业计划书的效率，首先要在摘要部分吸引住投资者，让投资者有兴趣看具体内容。摘要部分应该做到“字字值千金”，回答好“有没有实施项目的能力?”和“赚不赚钱，怎么赚钱?”等关键问题。另外，商业计划书中要把项目的核心技术介绍清楚，在广泛调研的基础上阐明产品或服务的独特性、竞争性、独享性。

总体来讲，项目商业计划书编制得越好、材料越全，谈判成功的可能性就越大。许多投资商还要求有的项目已得到授权政府机关的审批证明。也就是说，所上项目应符合国家的产业政策，负责人和地方政府必须与负责审批的主管部门密切联系、汇报请示，最好先被批准立项后再招商引资，这样成功的可能性就会更大一些。

尽管招商引资项目计划书要突出项目的独特性和竞争性，但是，一份完整的商业计划书需要包括若干项关键内容(见表8—5)。

表8—5　　招商引资项目计划书的关键内容

内容
一、项目介绍
二、企业基本情况简介
三、项目市场分析
四、研究与开发队伍
五、项目产品方案
六、合作项目资金需求情况及融资方案
七、项目实施进度
八、风险因素
九、项目组织架构

在编写项目商业计划书时，需要注意：①要有产品和服务的详细介绍；②要有充分体现项目的竞争优势与投资利益的依据；③要有说服力强的市场调查与分析材料；④要有明确的实施计划；⑤要反映项目管理队伍的实际状况；⑥要特别注意写好摘要；⑦要在编写的组织与方法上狠下功夫。

注释：

[1]林柏成．发挥“互联网+”优势 加快做好地方招商引资工作——以广西钦州市为例[J]．中国经贸导刊，2017(2)：13—14.

[2]谷烨．基于企业服务视角的企业招商引资方法探讨[J]．现代经济信息，2016(3)：26—27.

[3]刘臻绎．关于招商引资政策导向与项目实施的思考[J]．理论与当代，2015(1)：

30—31.

[4]国家发展和改革委员会,国家建设部．建设项目经济评价方法与参数[M]. 第三版．北京:中国计划出版社,2006.

[5]周晓波,周立群．近两年天津利用内资的新特点与招商引资对策[J]. 城市,2016(3):35—37.

第 9 章
高效招商引资谈判

本章将阐述如下问题：

- 什么是招商引资谈判？
- 如何组织与管理招商引资谈判？
- 如何进行招商引资谈判准备？
- 招商引资谈判技巧有哪些？
- 招商引资合同的签约有哪些关键环节？

通常，投资商在做投资决策时，需要综合分析当地的资源、政策、环境等一系列因素，并且需要与当地政府或合作单位就利益分配、政策优惠、证照办理、经济纠纷处理等问题进行沟通、协商，这个过程就是招商引资谈判。

全面理解招商引资谈判

谈判是招商引资人员的日常工作，但是，很多人对招商引资谈判有片面的理解，认为这就是一种说服投资商的过程，指望利用各种各样的谈判技巧，“诱使”投资商进行合作。实际上，从中长期来看，这种谈判理念和方法均不可取，招商引资谈判仍然要有“双赢”或“多赢”思维，眼光不能局限于当前，更要放眼未来，从战略角度来塑造良好的招商引资形象。

什么是招商引资谈判

招商引资谈判，是指引资方与投资商为了实现一定的经济目标，就双方的权利和义务进行协商的过程。通过招商引资谈判,可最大限度地实现本地资源的有效配置,获取一些宝贵的社会效益,达到双赢效果。

之所以进行招商引资谈判,是因为谈判双方或多方在这个过程中存在着利益冲突。投资商来当地进行投资或者提供新技术或管理的目的,是要利用当地的优势生产要素,如丰富且廉价的劳动力、低价土地资源,以及其他各种优惠政策,最终获得丰厚的投资回报;而招商引资的目的是为了引进资金、技术和管理,改变当地经济相对落后的现状,实现经济起飞,提升地方整体经济实力。因此,要想实现成功招商引资,就需要高效的招商引资谈判。

招商引资谈判是在国际经济活动中普遍存在的、解决谈判双方或多方冲突、实现共同利益的一种高效手段。

招商引资谈判关键点

在进行招商引资谈判时,双方应该根据各自的价值来寻求共同利益,而不是通过单纯的双方讨价还价行为来作出最好的决定。如果谈判双方利益出现冲突,则要坚持使用客观标准进行评价,而不是双方意志力的较量。因此,招商引资谈判要关注以下4个关键点(见图9—1)。

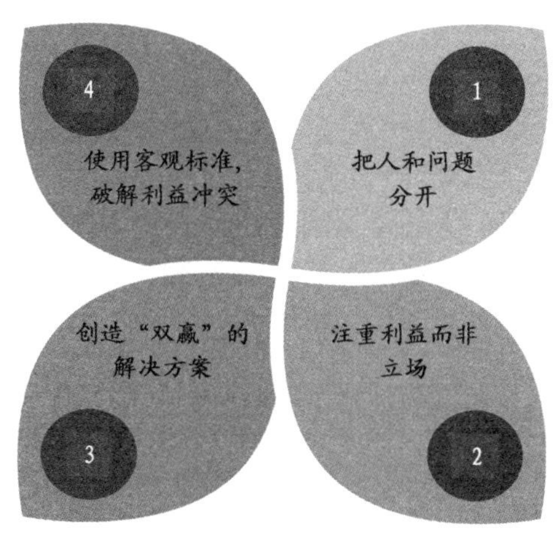

图9—1 招商引资谈判的关键点

(1)把人和问题分开

招商引资谈判在本质上是人与人之间的沟通。因此,基本的事实是:与你沟通的对象并不是“抽象的”,而是具有情感色彩的人。各方有自己的价值观、需求和观点,为了避免双方的情感对峙,围绕问题进行谈判,就需要我们把人和问题分开。在招商引资谈判中，要了解谈判对手的想法、感觉和需求，给予足够的尊重，同时根据价值评判对问题进行处理。

首先要明确自己的目标，然后找出对方的目标，向对方传达你已了解的信息，最后以对方能够接受的方式提出解决问题的方案。

(2)注重利益而非立场

招商引资谈判中的基本问题不是双方立场上的冲突，而是双方利益、需求、欲望上的冲突。谈判的目的就是协调双方的利益，从而达成某种协议。实际上，在对立立场背后，谈判双方往往存在共同利益和冲突性利益，只有当共同利益大于冲突性利益时，双方的谈判才有可能达成一致，才能够实现谈判价值。

(3)创造“双赢”的解决方案

将“双赢”理念引入并贯穿于招商引资，就是要找准政府与市场的整合点，摆正政府在市场中的准确位置，以投资商“赢利”为出发点，营造平等有序的市场环境、稳定宽松的政治环境、公平公开的法制环境、高效务实的服务环境，促进投资商步入“赢”的良好循环轨道，带动经济跨越式发展，最终实现政府和投资商的“双赢”。

俗话说：“水往低处流。”如果一个地方政策优惠、交通便利、环境优良，投资商在这里能赚到钱，就自然会吸引投资商来这里投资。只有通过更加优惠的政策、更加完善的服务，能使投资商在这里赚到比其他地方更多的钱，投资商才会来这里投资。

(4)使用客观标准，破解利益冲突

在招商引资谈判中，要坚持使用客观标准。这种客观标准独立于谈判双方主观意志之外，不受情绪的影响。在这种情况下，使用客观标准不会损害双方的实质性利益，并且可以为招商引资谈判营造出公平的环境。

谈判人员的组织与管理

优秀的招商引资谈判团队可以通过分工协作来共同完成谈判任务，同时使谈判人员在体力、精力和技能上相互补充，从而利用谈判班子的整体优势来争取有利的谈判结果。

谈判人员的个体素质

招商引资谈判不但要求谈判者能够应付各种压力与挑战，还要求谈判者能分辨出机会与可能，所以，谈判者要具有较高的个体品德、知识能力和禀赋。一个合格的谈判者所应具备的基本素质包括道德品质、业务能力和心理素质(见表 9—1)。

表 9—1　　合格招商引资谈判人员的基本素质

道德品质	思想	真诚与尊重
	道德	团队精神
业务能力	知识水平	谈判人员要有广博的知识,对管理学、预测与决策科学、法律、国际金融与贸易、财会、心理学、社会学、历史学以及社交礼仪等有比较全面的了解。特别是要掌握所从事行业和相关行业的特点、技术要点、市场动向、发展规律及发展趋势等。
	观察判断能力	招商谈判人员要有敏锐的洞察力,要善于捕捉投资商的投资意向和投资能力,要通过对方的细微活动来获取自己所需要的信息,进而判断出对方的真实意图。
	表达能力	谈判者的语言或非语言的信息表达,要具有表现力、吸引力、说服力和感染力。
	控制能力	要善于在被动中寻求主动,善于运用各种手段和方法把握谈判局面的发展变化方向,善于捕捉稍纵即逝的机会,使谈判沿预定的轨道发展。
	应变能力	谈判者要根据形势变化,审时度势,采取相应对策,调整目标与策略,推动谈判进展。
心理素质	责任心	具有较强的事业心和高度的责任感,在任何情况下都能坚持己方的立场,积极发挥自己的聪明才智。
	自制力	在环境发生巨大变化时,能克服心理障碍。
	协调力	作为主谈人,要有调动其他人员积极性和调动对方情绪的能力;作为一般谈判人员,则要有大局意识,统一步调,听从指挥,不能我行我素、独来独往。
	意志力	有坚强的意志品质,不为困难所屈服,不为诱惑所动摇。

招商引资人员既需要扎实的经济、法律、外语等专业知识,也需要高强的公关、谈判等技能。

作为一名招商引资谈判人员,从项目联络开始,到项目合同签订,甚至是在项目实施进程中,都要尊重国际投资的惯例性做法,而不是凭空想象:“投资商不是注重效率吗? 怎么谈判时间拖这么长?”“我们的条件这么优惠,投资商还在试图压价?”“我都答应他们了,为什么还要亲自调查,是不是对我不信任?”……

招商引资谈判团队构成原则

在大多数招商引资谈判中，需要组建谈判团队来进行谈判。实践中，单单依靠个人的力量很难达成满意的谈判结果，招商引资团队谈判比个人谈判更有优势，团队在谈判中发挥着巨大的作用。通常情况下，组建招商引资谈判团队需要把握以下 3 个关键原则(见图 9—2)。

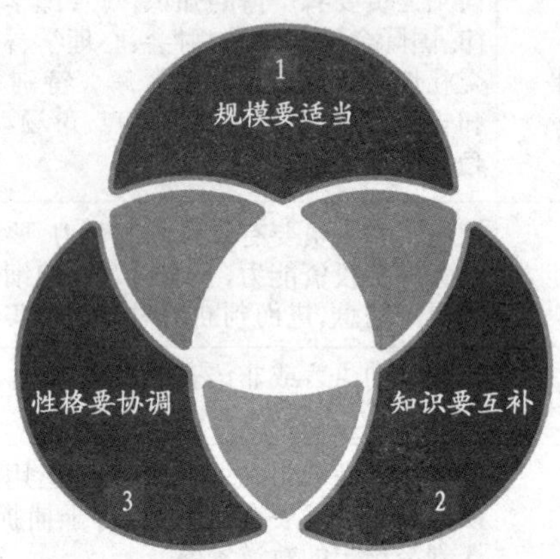

图 9—2　招商引资谈判团队组建原则

(1)规模要适当

招商引资谈判需配备多少人员，取决于谈判的规模和复杂程度以及谈判的要求等。英国谈判专家比尔·斯科特提出，谈判团队以 4 人为佳，最多不能超过 12 个人，这是由谈判效率、对谈判组织的管理、谈判所需专业知识的范围和对谈判组织成员调换的要求决定的。

根据上述要求，谈判组织的规模不能太大，也不能太小，规模要适度。一般的招商谈判，其规模都不算大，要求也不算高，一名主谈人，配一名副手，加上 1～2 名专业人员即可。人员太多，费时费财，其行为也不容易协调一致。

(2)知识要互补

招商谈判是涉及法律、礼仪、金融、土地、财税等专业领域多种知识的经济活动，而任何一个招商人员所掌握的知识是有限的，且存在个体差异。因此在组织谈判人员时，要注意知识互补，使谈判组织能处理不同的问题，形成整体优势。

(3)性格要协调

在一个较为合理而完整的谈判组织里，谈判人员的性格必须互补协调，通过性格的“补偿作用”，使每个人的才能得到充分发挥。

谈判人员的个体性格，按行为类型基本上可以分为外向型与内向型两种。外向型人的特点是性格外露，善于交际，思维敏捷，处事果断，但情绪易波动。这类人善于在谈判中“攻城拔寨”，宜唱“红脸”。内向型人的特点是性格内向，不善交际，但思维缜密，沉着冷静，这类人适合唱“白脸”。在谈判组织构成中，只有将这两种性格的人结合起来，才能形成一个性格协调的健全群体。

谈判团队构成

在招商谈判中，依据谈判工作的作用区分，谈判团队由主谈人、谈判负责人和辅谈人构成（见图 9—3）。

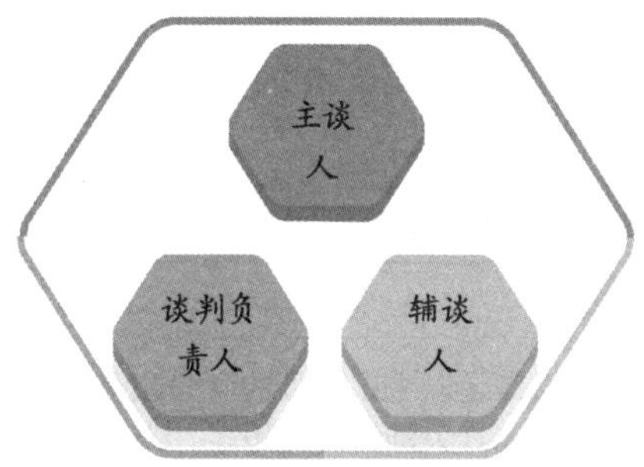

图 9—3　招商引资谈判团队构成

(1)主谈人

主谈人即谈判的首席代表，是谈判桌上的主要发言人，也是谈判的组织者。主谈人的主要职责是，将已确定的谈判时间和谈判策略在谈判桌上予以实现。因为主谈人在谈判中的地位和作用，对其提出了较高的要求：①思维敏捷、口齿伶俐、知识渊博、经验丰富，能从复杂的谈判内容中把握目标，抓住重点，掌握谈判的主动权；②能用科学的逻辑推理与对方辩论，并说服对方接受自己的方案；③能运用各种策略技巧与对方周旋；④能统帅谈判的全体人员，共同完成谈判任务。

(2)谈判负责人

谈判负责人是谈判组织的领导者，其职责是全面实现谈判目标。当主谈人与谈判负责人不是同一人时，谈判负责人在谈判桌上不是主要负责人，但有决策权。特别是主谈人在谈判内容上有遗漏或差错时，谈判负责人应予以补充或纠正。

谈判负责人在谈判中承担重要职责，要求其必须具备领导能力，要能深刻理解己方的谈判目标，熟悉谈判标的基本情况，有较强的组织能力和灵活的工作方法，观察问题深刻而全面，善于抓住机遇，在复杂的谈判中作出正确的决策。在现实中，许多情况下主谈人和谈判负责人是同一个人。

(3)辅谈人

辅谈人包括技术、法律、会计、金融等职能专家和记录人员。辅谈人的主要职责仅仅是在谈判中回答主谈人的咨询，提供信息和参考资料；详细记录双方谈判的主要情节，协助主谈人完成谈判任务。辅谈人在谈判过程中处于“配角”位置，不得越位。但随着谈判过程的变化，有时职能专家也会成为谈判某一方面问题时的主谈人。

在招商引资谈判开始之前，双方必须明确谈判人员的组成、职务及分工，明确谁是谈判负责人、谁是主谈人、谁具体负责哪一项工作(见表9－2)。在谈判过程中，各有关人员要按事先划定的分工范围，该做什么就做什么，以免造成谈判工作的混乱。

表9－2　　招商引资谈判团队成员职责

序号	构成人员	主要职责
1	工商经营管理人员	·通常是以主谈人员的身份出现在谈判桌上，在招商引资谈判中起着关键性的作用； ·其职责是调查收集各种信息，进行招商项目的可行性研究，确定招商引资谈判的目标； ·对项目的市场行情进行研究，对洽谈项目进行经济技术论证； ·做好招商引资谈判的组织协调、配合工作，保证招商项目的洽谈成功。
2	工程技术人员	·主要负责生产工艺、技术设备性能、设备安装、产品质量的管理、技术资料的管理、技术设备和资料的验收办法等有关技术性条款的谈判。
3	法律人员	·主要负责合同中有关条款的法律界定，根据招商引资谈判情况草拟合同文本、解释合同条款，并就合同的正式文本把好文字关。
4	语言翻译人员	·主要负责语言的翻译工作。在对外招商引资谈判中，语言翻译人员的作用是很重要的。 ·其通常可以消除洽谈双方由于语言所造成的障碍，传递洽谈各方的信息，融合并沟通洽谈各方的感情，最终促成招商谈判成功。

招商引资谈判准备

招商引资谈判准备，就是在招商谈判正式开始之前进行分析研究，了解谈判信息，选定谈判目标，拟订谈判计划，确定适当的谈判组织形式，为正式的谈判做好充分准备，从而做到知己知彼、有备无患(见图 9—4)。

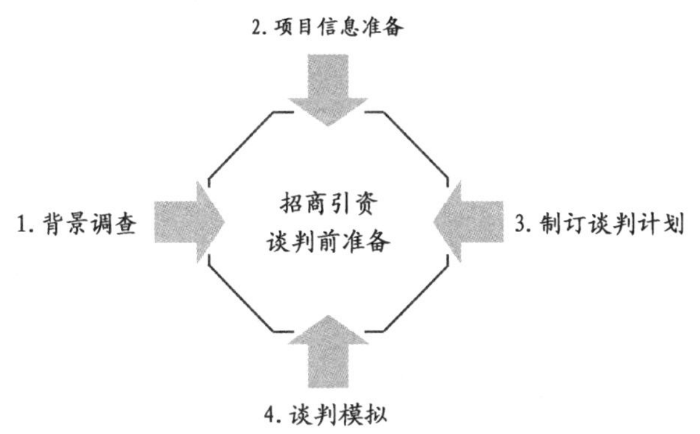

图 9—4　招商引资谈判前准备

招商引资谈判背景调查

招商引资谈判信息是谈判成功的基本条件之一。谈判者掌握的信息越多，其谈判实力就越强，谈判的主动性就越高，谈判成功的可能性也就越大。

(1)背景调查的内容

招商引资谈判背景调查内容包括两个方面：己方背景调查和对方背景调查。

对己方的背景调查就是调查清楚己方的优势在哪里，为什么对方会选择在这里投资，有哪些资料可以说服对方在这里投资。当投资商对当地的某种资源或项目感兴趣时，他可能不需要你说服，只要利益上到位就能投资，这时就要摸清楚他感兴趣的资源或项目的详细情况；当投资商对当地还很陌生、不知道怎样投资时，就要注意收集一些信息，说服他在当地投资。

搜集、了解谈判对手的信息，对谈判对手进行背景调查，有利于在招商谈判中处于主动地位。在对谈判对手的背景调查中，要对那些影响谈判的客观外部条件进行分析，其中包括必要的身份鉴别。

招商引资谈判背景调查的内容如表 9—3 所示。

表 9—3　　招商引资谈判背景调查内容

1	己方背景调查	·交通区位环境，邮电、通信、电力等基础设施情况； ·鼓励投资商投资的一些优惠政策； ·合作企业的资信情况、生产经营情况； ·拟与对方合作项目的基本情况、可行性分析，以及有关的规划、设计方案； ·相关领域的国家法规和政策； ·有利因素、不利因素及相邻地区可能提供的各种条件。
2	对方背景调查	·谈判对手的声誉及信用度； ·谈判对手当前的经营状况与财务状况； ·谈判对手惯用的谈判方法； ·谈判对手参与本次谈判的人员情况，包括谈判班子的组成情况、谈判班子内部的相互关系，以及谈判班子成员的个人情况，如知识、能力、兴趣、爱好、动机、信仰、个人品质、心理类型等； ·谈判对手对这项业务的重视程度，其所追求的主要利益和特殊利益； ·谈判对手的最后谈判期限； ·谈判对手对己方的信任程度，包括对己方优惠政策、区位环境、信誉、谈判能力等多种因素的评价和信任； ·谈判对手对项目的经济效益评价； ·谈判对手与其他单位的谈判情况。

(2)招商引资背景信息收集渠道

招商引资谈判正式开始前的背景调查，获取信息的手段应该是隐蔽的，不要过于引起谈判对手的注意，尤其不要引起谈判对手的反感。因此，各种间接途径是信息搜集的主要手段(见表 9—4)。

表 9—4　　招商引资背景信息收集渠道

序号	信息渠道	解释说明
1	银行	通过企业的往来银行，获得谈判对手财务状况、经营状况的信息。
2	工商部门	通过工商部门，可以了解谈判对手企业的注册登记情况，包括注册资金、经营范围、是否具有法人资格以及法人代表等。
3	外经部门	通过外经部门，可以了解外资企业在国外、国内的注册登记情况及其他有关情况。
4	互联网	通过互联网查询外资企业或一些国内企业的资产运营情况、资金信用情况等。
5	信息咨询公司	国外有专门的信息咨询公司，提供各类企业的基本信息。要查询国外企业的基本情况，可通过信息咨询公司有偿查询。

续表

序号	信息渠道	解释说明
6	与谈判对手有业务往来的企业	通过与谈判对手有业务往来的企业，了解谈判对手的经营特点、谈判的各种习惯，以及有关人员等方面的情况。
7	其他个人信息渠道	

招商引资谈判项目信息准备

招商引资谈判前，谈判者应该做好充分准备，“知己知彼，百战不殆”。一般情况下，要做好招商引资项目资料的准备、法律文件的准备、谈判团队的组成以及谈判心理准备等工作。

(1)项目信息收集与整理

在招商引资谈判中，招商方要使自身做到有的放矢，掌握招商引资谈判的主动权，既能招到商又能使自身处于较好的地位，就必须首先做好招商项目资料的准备。招商项目资料一般包括环境资料、招商主体资料、招商项目资料、招商技术资料、商标与专利资料等(见表 9—5)。

表 9—5　　招商引资谈判项目信息

序号	名称	核心内容
1	环境资料	环境资料可以分为硬环境资料和软环境资料。硬环境资料一般包括：所处的地理位置；生产配套设施，如水、电；生活所需的配套设施，如市场、商店、各种娱乐场所、绿化情况等；交通状况；通信情况；劳动力情况，如高、中、低各级人才和一般工人等。软环境资料一般包括：法律政策环境资料；管理水平；海关、工商、银行、税务、公安等的配套及运作情况；市场发育、人们的意识观念情况等。
2	招商主体资料	招商主体资料也就是有关介绍招商者的资料，内容一般包括资本情况、所涉及的生产经营行业的经营管理水平、市场发育情况、以往所取得的业绩、人才状况、技术水平、服务优势等。
3	招商项目资料	招商项目是指招商主体准备与投资商合作或合营的项目。所确定的招商项目要整理成文字材料，并译成相应的文字以便对口招商。
4	招商技术资料	在确定招商引资项目时，要力争掌握该项目在国际上所达到的技术水平，获取有关技术资料的方法有：查阅国内外有关的专业技术杂志；收集国内外相关项目的技术资料或介绍；检索有关的专利资料，掌握该项技术的发展现状及趋势；参观国内外博览会或各项专业技术展览会；与国际上的有关情报机构联系，以获取有关资料；向国内外有关咨询机构咨询等。通过这些工作，在实际的招商引资谈判中，就能做到有的放矢，将先进的技术及技术资料引进来。

续表

序号	名称	核心内容
5	商标与专利资料	在对外招商工作中,尤其是在与投资商合资或合作办项目过程中,中方要注重自己的商标,注重自己商标在国内外的注册,这是一笔无形资产,不应在招商引资谈判中忽视。同时,还应注重专利,中方自有的技术专利应先期在国内外有关的国家或地区进行申请并获取相应的专利权;对外方的专利,应查询外方有没有在国内外申请、申请期有没有到期、申请的技术在国际上是否处于先进水平。在合资或合作项目中,中方应具有与外方共同的技术专利享有权。
6	法律文件准备	在对外招商中,主要涉及两方面的法律文件:一方面是中国有关方面的法律文件;另一方面是中外双方必须遵守的法律文件。

资料链接 9－1　关注招商引资中的知识产权

我们已进入专利丛林时代,不了解项目或产业的专利信息,只埋头苦干,就很容易吃亏。能否用好、用活知识产权,直接关系到招商引资项目的盈利能力以及对产业的带动力度。

……

与重庆直投一样尝到甜头的,还有几年前引进日本垃圾环保装运车技术的耐德公司。

当时,日方在谈判中提出 2 500 万元的专利转让费。然而在对日方技术进行详细分析后发现,其所拥有的专利权只是一项 1985 年申请的专利,并且已经失效,而这项技术也未在我国申请专利;也就是说,在我国不能作为专利技术受到保护。

据此,耐德公司与日方谈判,最后节约了 2 000 万元的技术引进费。

知识产权不仅能为招商引资"加分",而且能成为招商引资的一张"王牌"。如今,核心专利技术正被越来越多的投资商看重。没有核心技术,光有政策、土地并不一定能引来投资,或者说引来好的投资;但如果有核心技术,就算没有政策、土地的吸引,"有眼光"的投资商一样会来。

资料来源:张亦筑．让知识产权为招商引资"加分"[N]. 重庆日报,2013－05－29(10).

(2)招商引资谈判心理准备

在某种程度上,招商引资谈判是双方心理上的较量,因此,在谈判之前,必须有充分的心理准备(见表 9—6)。

表 9—6　　招商引资谈判心理准备

序号	谈判心理	解释说明
1	高度的责任感	谈判者为了对公司或单位的利益负责、对个人的名誉负责,要尽最大的努力追求谈判的成功。在面临失败时,谈判各方要敢于承担应负的责任,善于从失败中吸取教训,为今后取得谈判的成功打下基础。
2	积极的创造精神	谈判者为追求最佳的谈判利益,要敢于面对任何困难,全力以赴寻找新的办法、途径将问题解决。在谈判过程中,能不断地检验自己的创新,发现不足,立即纠正。
3	高度的敏感性	谈判者对谈判过程中的各种变化和信息要及时、准确地认识和掌握,对一切有利于目标实现的机遇都能把握住,表现出高度的敏感性。
4	较强的公关能力	谈判者在谈判中要友善、温和,善于倾听谈判对手的谈话,并对谈判对手的话题和内容以及谈话的姿态、表情、语气等都表现出浓厚的兴趣,理解并把握谈判对手的能力及其谈话的实质内容,从而建立良好的人际关系。
5	自我尊重的心理	谈判者必须具备自我尊重的心理素质:当自己获得成功时,不会居功自傲;当自己不幸失败时,不会气馁。

(3)招商引资谈判礼仪准备

如果违背了谈判礼仪,就会造成许多不必要的麻烦,甚至导致谈判破裂。因此,在招商引资谈判中,必须严格遵守谈判礼仪。

通常情况下,招商引资谈判礼仪要注意如下几点:①注意仪表,行为端庄、谦逊;②持诚恳的态度,用随和亲切的语言;③要替对方着想;④用严密的逻辑推理进行论证和说服。

制订招商引资谈判计划

经过招商引资背景调查以及项目资料准备,谈判团队充分掌握了谈判信息,在此基础上制订招商引资谈判计划,包括如下内容:明确谈判目标、制定谈判策略、确定谈判时间和地点、拟定谈判议程和谈判现场布置(见图 9—5)。

(1)明确谈判目标

招商引资谈判必然要明确自己的目标,即谈判预期性目标。实际上,这个目标并非某个确定的数字,而是一个谈判目标范围,正常情况下分为 3 个层次(见表 9—7)。

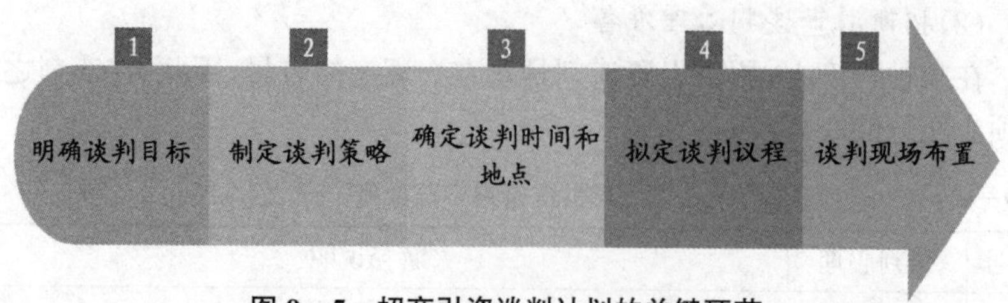

图 9—5　招商引资谈判计划的关键环节

表 9—7　　招商引资谈判目标

序号	目标层次	解释说明
1	最低目标	最低目标是谈判者在作出最大让步后必须保证达到的目标，是谈判成功的最低限度；即只有达到或超过这个目标，谈判才有可能成功。
2	中间目标	谈判者最有可能实现的目标，在这一目标幅度内成交，对双方都有利。
3	最高目标	最高目标是通过谈判达到的对谈判者最为有利的目标，即在满足其实际需求利益之外，还有一个增加值。由于这一目标已使对方得不到什么利益，因而它一般是可望而不可即的理想目标，很少有实现的可能。

招商引资谈判的首要目标应定位在使谈判成功，然后才能考虑获得尽可能多的利益。

就当前整体招商引资环境来看，如果把招商引资看成一种“市场”，这是一个买方市场，即投资商占据优势地位。因此，当前招商引资谈判追求的是一种长期性的、战略性的、宏观上的利益，可能无法用一时的经济效果来衡量。

(2)制定谈判策略

制定招商引资谈判的策略，其意义是选择能够达到或实现谈判目标的基本途径及方法。制定谈判策略的基础是，要对谈判双方实力、影响其实力的各种因素进行细致认真的研究分析。

招商引资谈判策略的 4 个步骤如图 9—6 所示。

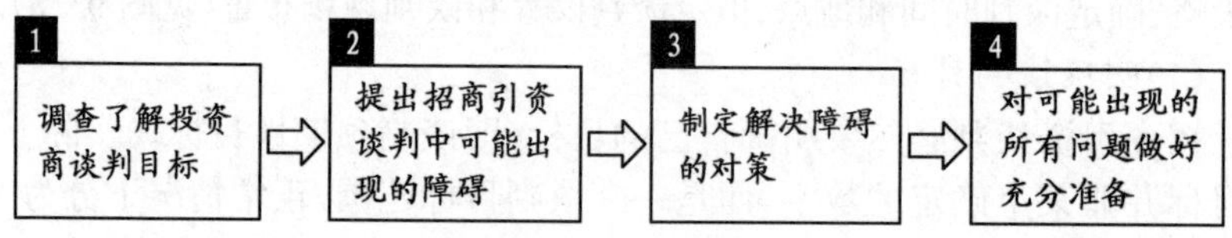

图 9—6　招商引资谈判策略的 4 个步骤

①调查了解投资商谈判目标

制定招商引资谈判策略，首要是调查和了解投资商，包括如下问题：

- 投资商在招商引资谈判中的目的是什么？
- 投资商的各级目标是什么？
- 投资商最终要达到什么目标？
- 投资商可以作出哪些让步？
- 投资商为实现其目标，最有利的条件是什么？最不利的因素是什么？

如果能够正确地了解并掌握这些信息，那么在整个招商引资谈判中就能掌握谈判的主动权，就能有针对性地确定我方各级招商引资谈判的目标，从而更好地把握招商引资谈判中的利益界限，扬长避短，达到招商引资谈判的最高目标。

②提出招商引资谈判中可能出现的障碍

在制定招商引资谈判策略时，也要明确引资方，即我方需要达到的目标，如生产工艺流程、关键设备技术、产品配方、技术资料等。同时，还要提出在我方追求这些目标时，可能会遇到投资商的哪些障碍，对方可能会提出哪些交换条件。

③制定解决障碍的对策

针对步骤②中可能遇到的障碍，研究如何加以解决。也就是说，能否接受投资商所提出的交换条件？如果不接受这些交换条件，那么如何摆脱对方在这方面的纠缠？如果接受这些条件，是全部接受还是部分接受？如果是部分接受，又如何满足对方的条件？

④对可能出现的所有问题做好充分准备

对投资商可能提出的各种要求和问题应有所准备，这样就可以避免出现仓促应战局面。

(3)确定谈判时间和地点

①确定谈判时间：把握对我方有利的谈判时间

当投资商具有强烈的合作需求，或者面临的外界压力（时间压力、经济压力、政治压力等）大于己方，需要更为迫切时，我方则容易获取谈判的主动权和控制权，这时我方就要抓住机遇，乘势而上，把谈判推向高潮。

然而，在通常情况下，这样的机遇不容易出现。我们在谈判之前就要不断地向对方传送一些信息，人为地制造这样的机会，如把和其他投资商正在洽谈的情况告诉对方；有时也需要制造一些假象，如以故意不主动来增加对方的迫切感，从而形成对己方较为有利的谈判局势。

谈判的期限则要酌情而定。如果投资商合作的心情比较迫切，则期限不能太短，以免影响谈判人员发挥水平，但也不能太长，以免造成人力、物力、财力的损失；如果投资商的投资欲望不强烈，思想处于动摇不定状态，则宜快刀斩乱麻，以免夜长梦多。

②确定谈判地点：谈判地点最好选择在己方

这样做，第一，在自己熟悉的环境中没有丝毫的心理障碍，容易在心理上形成一种安全感和优越感；第二，己方在资料搜集、通信等方面占有优势；第三，投资商只有对投资当地各方面条件有直观印象时，才可能下定投资决心。一般情况下，投资商不在投资地签合同的可能性较小，所以要使谈判成功，最好请投资商到当地来谈判。

(4)拟定谈判议程

谈判议程即谈判的议事日程，通常是指所谈事项的先后次序及主要方法。谈判议程一般涉及两个方面：一是谈判议题，即准备谈哪些事项；二是时间安排，即谈判议题讨论先后顺序及具体时间。

谈判议程确定得好，招商引资谈判的效率就高；谈判议程确定得不够科学，就会影响招商引资谈判的效率。

①确定招商引资谈判议题

把与本次招商引资谈判有关的所有问题全部罗列出来。在这些议题中，有些是对本方有利的，有些是不利的；有些主要说明本方的权利，有些则主要说明本方的义务。在招商引资谈判中，由于双方的权利和义务是基本对等的，因此，在确定谈判议题时，不可能把那些对自己不利的议题排除，而应要把所有的议题列在其中。

②确定招商引资议题的时间安排

时间的先后对谈判各方的利益影响较大，因而具体的谈判议程应根据招商引资谈判的不同情况来确定。一般来说，有以下几种情况：

第一种是先易后难。这种程序的确定主要考虑到为整个招商引资谈判创造良好的气氛，先将容易谈妥的事项确定下来，可为谈判较困难的问题打下基础。

第二种是先难后易。这种程序的确定主要是为了突出招商引资谈判的重点和难点，先集中各方的精力和时间，将重点和难点谈清，对剩余的问题也就容易取得共识，易于得到解决。

第三种是混合型，即不分主次，把所有的问题都排列出来以供讨论，经过一段时间后，把各种要讨论的意见归纳起来，将已经明确统一的意见放开，再就尚未解决的问题加以讨论，以求最终得到解决。

③确定招商引资谈判议程的关键点

在确定谈判议程时，还应注意以下两个方面：一是议程的相互性。也就是说，在确定程序时既要符合我方的需要，也要兼顾招商引资谈判对方的需要。二是议程的简洁性。如果在一次谈判中，安排过多的谈判事项，将会造成谈判人员的思想负担。

通常情况下，谈判议程应包括以下 3 个方面的内容：

- 谈判何时举行？时间要多久？如果是一系列的谈判，应分几次举行？各次谈判所花时间要多久？休会时间有多长？
- 谈判在什么地点举行？
- 谈判应讨论哪些事项？谈判不应讨论哪些事项？已列入的讨论事项应怎样确定先后顺序？对每个事项的讨论应各占用多少时间？

(5)谈判现场布置

谈判现场的布置与安排主要有两方面的工作要做：一是谈判场所的选择与布置；二是谈判座位的安排。

①谈判场所的选择与布置

商务会谈室通常要安排一间主谈判室和一间预备谈判室，如条件允许，还可以准备一间休息室。

重要谈判的布置一般要典雅、舒适，具有一定的民族特色，采光充足，并配备相应的视听设备。主谈判室的桌子用长方形的较佳，也可以用圆形或椭圆形的桌子。主谈判室通常不安放录音设备，如要安放录音设备，需经谈判各方同意。

预备谈判室是招商谈判各方都可以使用的隔音较好的房间，该房间可以供招商谈判某一方内部协商之用，也可以供招商谈判各方就某个专项问题谈判之用。预备谈判室通常不要离主谈判室太远，最好是紧靠着主谈判室。预备谈判室同样要布置得典雅、舒适，采光要好，准备相应的桌椅、纸笔等。

谈判场景布置的目的是为了创造一种有利于达成协议和取得谈判成功的环境和气氛，但是，要综合各方面因素周密考虑，不可脱离实际妄加渲染，否则容易矫枉过正，过犹不及，反而会起到不好的效果。

休息室的布置应本着舒适、轻松、明快的原则，可配备一定的茶水、酒类、水果等食品饮料，还可以配备一套音响设备。

②谈判座位的安排

在招商引资谈判中，座位的安排是很有讲究的。如果座位安排得不妥当，将会对整个招商谈判造成不良影响。

招商引资谈判模拟

招商引资谈判模拟是在谈判正式开始之前提出各种设想和臆测，进行谈判的想象练习和实际演习。谈判模拟的必要性体现在两个方面：一是谈判模拟能使谈判者获得实际经验，提高谈判能力；二是谈判模拟中可以随时纠正谈判中的错误，从而使谈判者获得较完善的经验。

招商引资谈判模拟主要解决以下几个问题：

(1)确定暗号

招商谈判如同群体作战，要求参与谈判的成员之间配合默契，这就不可避免地需要在谈判成员之间进行交流。但是在谈判中，有些话很难当着谈判对手的面直接讲出来，因此，谈判成员之间一定要事先商定一些暗号，以此来进行相互交流。

(2)发现己方的优势和劣势

谈判模拟也是一种对抗，一种模拟对抗。通过这种对抗，谈判者比较容易发现自己的优势与劣势，分析各种可能出现的情况，从而总结经验、扬长避短。

(3)检查各项组织工作是否到位

通过谈判模拟，谈判者可以检查一下议程安排是否合适、谈判计划是否合理。

总之，招商引资谈判前的准备非常重要，如果对谈判前的准备工作马马虎虎、草率从事，必然导致在谈判中处于被动地位。例如，某市拟准备从境外引进某个投资项目，投资商经实地考察，与该市草拟了投资意向书。后来该市连发5次电报邀请投资商前来谈判，对方便带着自己的方案来到该市。在谈判桌上，该市却连一个方案也没有准备，而投资商却做了大量精心的准备工作，所以该市在谈判桌上节节败退，最后不得已撕毁意向书，成为很大的笑柄。

资料链接 9—2　园丁一句话毁掉大投资

巴拉尔是美国一家花卉公司的经理，他想扩展自己的事业，却苦于缺少资金。一次偶然的机会，巴拉尔认识了一位名叫华特的富翁，他对花卉有着浓厚的兴趣。

巴拉尔约华特来自己的公司考察。他们谈了很久，华特终于表示愿意为巴拉尔的公司投资，但前提是要参观一下花圃。巴拉尔高兴地说："好呀，我们一起去看看。"他们一起来到花圃，只见各种花儿姹紫嫣红，花香四溢。华特十分高兴，连连说好。这时，他忽然指着一朵花，问正在旁边浇灌的园丁："你能告诉我它的名字吗？"园丁扫了一眼那朵花，回答说："先生，它就是一株普通的玫瑰。"不知怎的，华特的脸忽然由晴转阴。接下来，他又向园丁提了几个问题，更是紧紧地皱起了眉头。正当巴拉尔担心不已的时候，华特借口说自己累了，要回去休息，对投资的事只字不提，便匆匆离开了。

巴拉尔很郁闷。这时，华特的秘书送来了一封信，上面只有短短的几句话："刚才，我在花圃看到的那株玫瑰非常珍贵稀有，而你的园丁居然不认识它。看来，你的员工缺乏工作热情和责任心，我怎么能把自己的钱交给这样的公司呢？"生活往往就是这样，不经意间的一件小事，可能就会毁掉你苦心争取来的机会。

资料来源：张军霞．园丁一句话毁掉大投资[J]．环球人物，2013(23)：35.

招商引资谈判策略与技巧

招商谈判的过程是招商人员与投资商智慧较量的过程，谈判中如不掌握一些策略和技巧，很可能会在无形中为自己制造障碍，甚至造成投资商的误解，使谈判工作陷入被动。

招商引资谈判开局策略

谈判开局对整个谈判过程起着相当重要的影响和制约作用，可以说，控制谈判开局，在某种程度上等于控制住了谈判对手。制定谈判开局策略，要着重围绕 3 个方面展开(见图 9—7)。

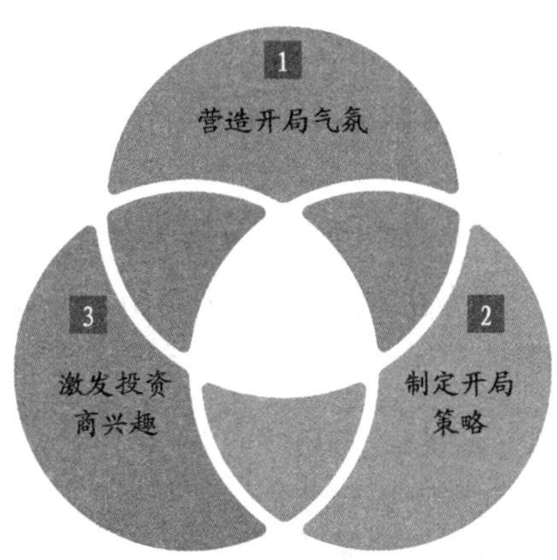

图 9—7　招商引资谈判开局常用策略

(1)营造开局气氛

谈判开局气氛是出现于谈判开局阶段的气象或情势。谈判开局气氛是由参与谈判的所有谈判者的情绪、态度和行为共同构成的,任何谈判个体的情绪、思维都要受到谈判开局气氛的影响。因此,营造一种有利的谈判开局气氛,从而控制谈判开局、控制谈判对手,就成为谈判开局阶段实施的一种有效策略。

营造有利于自己的谈判开局气氛,对在谈判中步步为营是十分重要的。营造的开局气氛又分为高调气氛、低调气氛和自然气氛三种情形。

①高调气氛

高调气氛是指谈判情势比较热烈,谈判双方情绪积极、态度主动,愉快的氛围构成谈判情势的主导因素。当己方希望尽早达成协议与对方签订合同时,应努力营造高调气氛。

营造高调气氛的 4 种方法如表 9－8 所示。

表 9－8　　营造高调气氛的 4 种方法

序号	方　法	解释说明
1	感情攻击法	通过某一特殊事件来引发普遍存在于人们心中的感情因素,使这种感情迸发出来,从而达到营造气氛的目的。
2	称赞法	通过称赞对方来削弱对方的心理防线,从而迸发出对方的谈判热情,调动对方的情绪,营造高调气氛。喜欢别人称赞自己,喜欢听顺耳的话,这是人之共性。当我们在谈判陷入僵局时,不妨多称赞对方几句,也许会出现“柳暗花明又一村”的佳境。
3	幽默法	用幽默的方式来消除谈判对方的戒备心理,使其积极参与到谈判中来,从而营造高调谈判开局。幽默法的运用要注意选择恰当的时机,采取适当的方式,并且收发有度,以免弄巧成拙。
4	问题挑逗法	提出一些尖锐问题使对方与自己争论,通过争论使双方逐渐进入谈判角色。这种方法通常在对方热情不高时采用,有些类似于“激将法”。

②低调气氛

低调气氛是指谈判气氛十分严肃、低落,谈判的一方情绪消沉、态度冷淡,不快因素构成谈判情势的主导因素。通常在以下情形中,谈判一方应该着力营造低调气氛的谈判开局:本方有讨价还价的砝码,但并不占有绝对优势,如果本方继续向对方施加压力,对方会在某些问题上作出让步。低调气氛会给谈判双方都造成较大的心理压力,在这种情况下,哪一方心理承受力弱,哪一方往往就会妥协让

营造低调气氛的 4 种方法,对招商人员来说不一定适用,但可以借鉴这些思路,当谈判对手运用这些策略时,能心知肚明,及早做好应对准备。

步。因此，在营造低调气氛时，本方一定要做好充分的心理准备，并要有较强的心理承受能力。

营造低调气氛的4种方法如表9—9所示。

表9—9　　营造低调气氛的4种方法

序号	方　法	解释说明
1	感情攻击法	这里的感情攻击法与营造高调气氛的感情攻击法性质相同，但作用相反。在营造低调气氛时，是要诱发对方产生消极情感，致使一种低沉、严肃的气氛笼罩在谈判开局阶段。
2	沉默法	用这种方式使谈判降温，从而达到向对方施加心理压力的目的。
3	疲劳战术	使对方对某一个问题或某几个问题反复进行陈述，从生理、心理上令对手疲劳，降低对手的热情，从而达到控制对手并迫使其让步的目的。
4	指责法	对对手的某项错误或礼仪失误严加指责，使其感到内疚，从而达到营造低调气氛、迫使对手让步的目的。

③自然气氛

自然气氛是指谈判双方情绪平稳，谈判气氛既不热烈，也不消沉。自然气氛无须去营造，许多谈判都是在这种气氛中开始的。这种开局气氛便于向对手进行摸底，因为谈判双方在自然气氛中传递的信息比高调和低调气氛中传递的信息准确、真实。当谈判一方对谈判对手的了解甚少，以及对手的谈判态度不甚明朗时，谋求在平缓的气氛中开始或许是比较有利的。

需要注意的是，谈判气氛也不是一成不变的。在谈判中，谈判人员可以根据需要来营造适合自己的谈判气氛。但是，谈判气氛的形成并非完全是人为因素的结果，客观条件也会对谈判气氛有重要影响，如节假日、天气情况、突发事件等。因此，营造气氛时，还要注意客观因素的影响。

(2)制定开局策略

谈判开局策略是谈判者谋求谈判开局中的有利地位，以便实现对谈判开局的控制而采取的行动方式或手段。谈判开局策略的实施是在特定的谈判开局气氛中进行的，谈判开局的气氛会影响到谈判开局策略，与此同时，谈判开局策略也会反作用于谈判开局气氛，成为影响或改变谈判气氛的手段。所以在对方营造了不利于己方的谈判开局气氛时，谈判者可采用适当的开局策略来改变这种气氛。

①协商式开局策略

协商式开局策略是指在谈判开始时，以“协商”、“肯定”的方式，使对方对自己产生好感，创造或建立起对谈判的“一致”感觉，从而使谈判在愉快友好的气氛中进行，并逐步引向深入。

现代心理学研究表明，人通常会对那些与自己想法一致的人产生好感，并愿意将自己的想法按照那些人的观念进行调整。

协商式开局策略的具体方式有很多。例如，在谈判开始时，以一种协商的口吻来征求投资商的意见，然后对此意见表示同感或认可，并按照其意见进行工作。运用这种策略应该注意的是，拿来征求投资商意见的问题应是无关紧要的问题，即投资商对该问题的意见不会影响到本方的具体利益。另外，在赞成对方意见时，态度不要过于谄媚，要让对方感到自己是出于尊重，而不是奉承。

协商式开局策略的运用还有一个重要途径，就是在谈判开始时，以问询或补充方式诱使谈判对手走入你的既定安排，从而在双方之间达成共识。所谓问询方式，是指将答案设计成问题来询问对方，例如，“你看我们把退税问题放在后面讨论怎么样?”所谓补充方式，是指提供对对方意见的补充，使自己的意见变成对方的意见。采用问询方式或补充方式使谈判步入开局，由于是在尊重对方要求的前提下形成一种建立在本方意愿基础上的谈判双方间的共识，所以容易为投资商所接受和认可。

协商式开局策略可以在高调气氛和自然气氛中运用，但尽量不要在低调气氛中使用，因为在低调气氛中使用这种策略，易使自己陷入被动。协商式开局策略如果运用得好，可以将自然气氛转变为高调气氛。

②保留式开局策略

保留式开局策略是指在谈判开局时，对谈判对手提出的关键性问题不作彻底、确切的回答，而是有所保留，从而给对手一种神秘感，以吸引对手步入谈判。

保留式开局策略适用于低调气氛和自然气氛，而不适用于高调气氛。保留式开局策略还可以将其他的谈判转为低调气氛。

当我们外出招商引资时，有些投资商很可能第一句话就是：“你们那里有哪些优惠政策?”如果我们不假思索地一五一十全告诉对方，对方可能会对我们的政策不感兴趣，或认为我们的政策还没有其他地方优惠。这时可采取保留式开局策略，例如，可以回答：“我们这里什么都可以谈，令你们满意就是我们的宗旨。”这句话模棱两可、含义深刻，投资商会自然而然地和你继续谈下去。

采用保留式开局策略时，注意不要违反商务谈判的道德原则，即以诚信为本，向对方传递的可以是模糊信息，但不能是虚假信息，否则会使自己陷入非常难堪的局面。

③坦诚式开局策略

坦诚式开局策略是指以开诚布公的方式向谈判对手陈述自己的观点或想法，从而为谈判打开局面。采用这种开局策略时，要综合考虑多种因素，比如自己的身份、与对方的关系、当时的谈判形势等。

在招商引资过程中，常常会碰到有些投资商对招商人员的身份持有一定的戒备心理，这种状态妨碍了谈判的进行。当遇到这种情况时，不妨采取坦诚式开局策略，开诚布公地向对方解释。也许寥寥数语就能打消对方的疑虑，使谈判顺利地向纵深发展。

坦诚式开局策略可以在各种谈判气氛中应用，这种开局策略可以把低调气氛和自然气氛引向高调气氛。

④进攻式开局策略

进攻式开局策略是指通过语言或行动来表达己方强硬的姿态，从而获得谈判对手必要的尊重，并借以制造心理优势，使得谈判顺利进行下去。采用进攻式策略一定要谨慎，因为在谈判开始阶段就设法显示自己的实力，把自己凌驾于投资商之上，这对谈判是极为不利的。

进攻式开局策略通常只在这种情况下使用：投资商对我方提供的条件比较满意，但口头上仍反复表示还要进一步优惠，否则无法进行下去。这时，我们可以理直气壮地告诉对方："我们已经尽了最大努力，这样的条件，贵方应该能够满意；否则，我们就要怀疑贵方投资的诚意了。"也可以采用以退为攻的办法："我只能做到这一点，如果进一步降低条件，我就做不了主了，还要向上级领导汇报、研究。"投资商听了这样的话也会知难而退，不再强求。采取这种进攻式的开局策略，可以阻止对方谋求营造低调气氛的企图。

进攻式开局策略可以扭转不利于己方的低调气氛，使之走向自然气氛或高调气氛。但是，进攻式开局策略可能使谈判陷入僵局，所以一定要慎用。

一般来说，招商引资谈判要尽量采用协商式、保留式、坦诚式开局策略，少用进攻式开局策略。

(3)激发投资商兴趣

激发投资商兴趣，是在谈判开局阶段使谈判顺利深入下去的"润滑剂"。如果招商人员的宣传介绍能引起投资商的注意与兴趣，那么，投资商会很愿意与招商人员继续深入地聊下去，也就有机会引起投资商的共鸣与投资；相反，如果投资商对招商人员的话不感兴趣，谈判就不可能再继续下去。

要引起投资商的兴趣，首先应该了解投资商的"兴趣点"，即对方最为关心的问题。例如，搞房地产开发的投资商首先对当地的地价感兴趣，搞加油站的投资商首先对当地的交通区位环境感兴趣，搞木业加工的投资商首先对当地的木材资源感兴趣等。了解投资商"兴趣点"的工作通常在谈判的准备阶段进行。不过在谈判开始后,谈判双方通过接触还可以继续摸底。其次,还要了解投资商的性格,这样才能做到"对症下药",针对不同的对手采取不同的方法。

激发投资商兴趣的 4 种方法如图 9—8 所示。

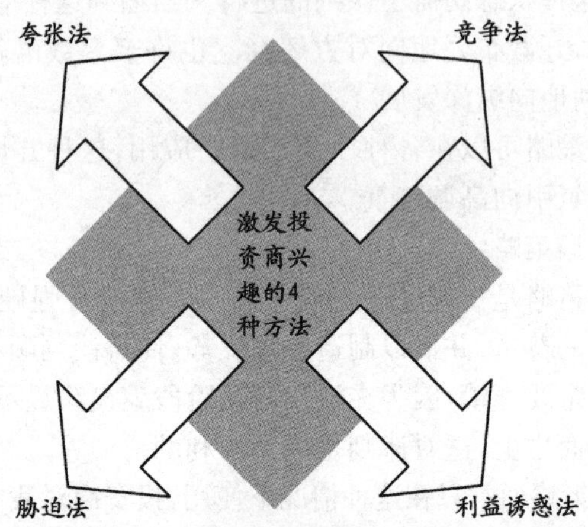

图 9—8　激发投资商兴趣的 4 种方法

①夸张法

夸张法是指对投资商的兴趣点以夸张的方法进行渲染,从而引起谈判对手的注意。夸张要有现实做基础,即夸张不能偏离实际情况太远,而且要多使用模糊语言;否则,投资商会认为我们不诚实,影响投资积极性。例如,某乡镇离城区有 20 公里路程,但在向投资商介绍时可以采用"十几分钟车程"这个概念,因为十几分钟车程在城市是十分短的距离,这样既直观,对方也容易接受。相比之下,"20 公里"这个概念比"十几分钟车程"听上去要遥远得多,但实际上在郊区 20 公里的车程确实只需要十几分钟,这两个概念基本没有什么差别。

②竞争法

竞争法是建立在广泛收集信息基础上的,只有广泛地收集信息,透彻地了解谈判对手的种种资料,才可能有效地使用竞争法来引起谈判对手的兴趣。

竞争法是指利用投资商的竞争心理,故意提及其竞争对手,以此来使其对自己的话题感兴趣。这种方法通常在投资商犹豫不决,而自己又希望其快下决心的情况下使用。例如,某房地产开发商于某地洽谈一宗地的房地产开发投资项目。在双方基本达成一致的情况下，投资商仍然犹豫不决。这时地主又拉来另一位房地产开发商，就同一宗地郑重其事地谈了起来，先前的那位开发商见此情况，马上就把合同签了。

③胁迫法

胁迫法是指通过压迫或威胁投资商，从而引起对方注意或兴趣的方法。这种方法通常在本方处于战略优势时采用，一般情况下，尽量不要采用。

④利益诱惑法

利益诱惑法是指在不影响本方根本利益的前提下，对投资商所关心的“兴趣点”进行较大幅度的利益让步，以此来引起对方的兴趣或注意。例如，某投资商与某乡镇洽谈投资兴办钼铁合金厂。因为钼铁合金材料在国际、国内市场行情不稳，所以，该投资商一直信心不足。于是，该乡镇即以利益让步为诱饵，提出为对方办福利企业，将来可以享受退还增值税和所得税待遇等。这样，投资商再也没有理由推脱，如约在该乡镇办了一家合金材料厂。

在招商引资谈判中，要针对投资商不同的关注点和兴趣点，投其所好，有针对性地与之对接、洽谈，这样才能取得合作的成功。

招商引资谈判中期策略

合理的开局策略，可以为招商引资谈判奠定良好的基础，进入招商谈判中期，谈判双方更多地表现出对抗和竞争，会在一些关键议题上出现激烈交锋，在这个阶段，所采取的策略和技巧主要有以下4种(见图9—9)。

图9—9　招商引资谈判中期常用策略和技巧

(1)在谈判中体现出“真诚”

在招商引资谈判中,能够学会站在投资商的角度进行换位思考,通过真诚地关心投资商来取得对方好感;不仅在谈判中要真诚待人,在工作和生活中也要真诚待人。例如,逢投资商过生日或者元旦或春节等重大节假日,可以打个电话或寄张明信片,表示自己的祝贺。如投资商遇到困难,要真心相助,应尽最大努力帮助对方解决问题。长此以往,你的为人被对方所熟悉和敬佩,事业上合作的可能性也就更大了。

资料链接 9—3　招商引资“真诚”关怀

有位浙江投资商在苏北某地投资,不巧在出差途中遭遇车祸,生命垂危。投资商投资所在县的有关领导得知这一消息后,立即率县交警大队、乡镇局等有关单位负责同志,在第一时间赶到事故现场,并立即与事故发生地交警、医院等有关部门联系,通过各种关系,全力组织对伤者的抢救。因为事故发生地的医院条件简陋,治疗力不从心,而转院又可能耽误宝贵的救治时间,该领导又紧急召集医院、交警等有关部门参加现场决策会,并冒着很大的风险果断拍板:转到条件较好的市一院救治。医生当时断言,伤者已无生还的可能,不死在医院,就要死在转院途中。时间意味着生命!为了投资商的生命,这位领导组织警车开道,邀请医院派出最强的医护人员陪护,并和市一院提前联系,做好抢救准备工作。由于处事果断,衔接到位,赢得了宝贵的时间,这位投资商居然奇迹般地死而复生。经过一段时间的精心养护,很快康复出院。

事后这位投资商十分感激该县有关领导的救命之恩,于是又在该厂追加投资,并在浙江老家广泛宣传投资地的政策环境,介绍了多位投资商到当地考察投资。该地用真诚赢得了金钱买不到的积极的投资效应。

(2)积极“倾听”

倾听是招商谈判中获取重要信息、取得对方好感和信任的重要手段。有位心理学家说过:“不被任何赞美所迷惑的人,也会被专心听他说话的人所迷惑。”

在现实社会中,任何人都喜欢别人听自己说话。当人们心情烦闷时,任何人都需要倾吐的对象。在招商谈判中,谈判对手都希望对方认真地听他说每一句话,否则,他会认为你对他不礼貌。

在谈判桌上，以下5种行为要绝对禁止：不听对方说话；始终自己说个不休；对方说话时，如有反对意见，就立即插嘴反驳；认为对方比你笨，不听他无意义的废话；别人说话时，毫不客气地批驳。

无论是想和投资商进行良好的沟通，还是想有力地说服他人，首先要学会积极地倾听别人的话语。积极有效的倾听是促进理解的桥梁，能够体现一个人的品德和修养。那么，在招商谈判中如何做一个积极的听众呢？首先就是通过语言技巧，鼓励投资商说话，以表达他们真实的想法。高效倾听的语言技巧有很多，但是，常用的技巧主要有以下8种(见表9—10)。

表9—10　　高效倾听的语言技巧

技　巧	解释说明
技巧1：要求补充说明	建议对方更详细地论述或补充说明一些情况："请再说下去"，"还有其他的吗？""这件事你觉得怎么样？"等等。这样会令对方的谈兴更浓，把更多的想法和消息告诉你。
技巧2：提问	直接提问是鼓励对方把话继续说下去的方法之一，它要求对方进行更详尽、明确、清楚的阐述，指出共同的意见和经历，简述你过去的类似经验，或简要解释你类似的观点。共同的价值观和信仰是交流的基础。此外，这样还能表示你对对方的理解。
技巧3：变换答语	在谈判中，需要使用不同的答语，如"是的"、"明白了"、"继续说吧"、"对"，别总是"是"、"是"、"是"地毫无变化。
技巧4：回答明确	听人说话时，要回答具体、明确；如果回答令人费解，就可能产生误解。
技巧5：避免沉默不语	听人说话时一声不吭，会被看作没有认真地听。打瞌睡或漠不关心而造成的"沉默应付"感觉，会使说话的人反感或生气。必要的语言反馈能表明你一直在积极地听。
技巧6：让对方把话说完	要让对方谈得更深、更细，允许对方选择新的话题，让对方说下去而不要予以打断。
技巧7：复述对方的内容	复述对方关键的问题和观点，以表示自己的理解；但复述时要注意简明扼要。
技巧8：解释对方的意图	通常，人们说出来某些事情或披露某个消息，总有对方的意图。用自己的语言把对方的意图讲出来，以验证你的理解是否正确。

此外，我们还可以通过非语言技巧(见表9—11)来加强同投资商的谈话合作。动作和姿势既能表示你在认真听讲，也能表明你对对方所传达信息的反应。

表 9—11　　高效倾听的非语言技巧

技　巧	解释说明
技巧 1：身子向前倾斜	如果身子微微向说话人倾斜，说明你对对方的谈话感兴趣，这样还可以更好地观察对方提供的语言和非语言暗示。
技巧 2：使用面对面的位置	身子向后倾斜，直接和对方面对面，能使你敏锐地观察对方，也能表明你的注意力都集中在对方身上，没有走神。
技巧 3：采取开放性的姿势	坐的时候双手抱胸前或双脚交叉放置，不看对方，这说明你的精神状态和身体的姿势一样，也对对方关闭着。一个人的精神状态和身体姿势要一致，要更加富有同感和开放性。
技巧 4：微笑和点头	微笑表示热情和接受，点头表示注意和赞成。
技巧 5：靠近说话人	当进一步靠近对方时，你所表示的热情和理解便更强了。站或坐要便于充分地听或观察对方。
技巧 6：直接眼光接触	直接的眼光接触，像其他的一些非语言信息一样，有助于更准确地利用对方所提供的信息。要善于观察对方，不要转移视线看别处，也不要盯视周围的人或环顾房间或看表等。
技巧 7：适当的沉默	有时候，用短短的几个字来评论或回答，也会显得是在打断对方，这样还会使对方说话不连贯。此时就应该保持沉默。但是，过于沉默则表示缺乏关注。

(3)善于表达自己的观点

招商引资谈判的观点表述要尊重事实。也就是说，在阐述自己观点的时候，要符合实际，不能信口开河，无论最终谈判结果如何，双方都要让对方感受到诚意。在具体表述中，需要掌握以下 4 种技巧(见图 9—10)，使谈判双方把注意力集中到谈判议题，使问题更加明晰，便于确定双方差距，进而找出解决问题的方法。

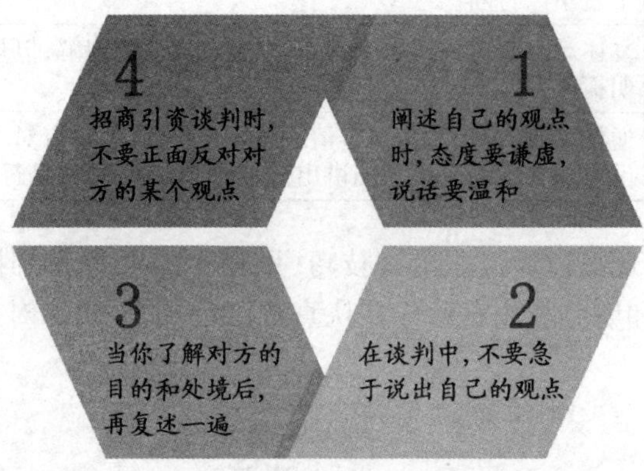

图 9—10　招商引资谈判表达技巧

①阐述自己的观点时，态度要谦虚，说话要温和

人们往往尊敬说话温和的人，如果你以严厉、嘲笑的态度说话，只会使对方变得更加固执己见；相反，若你以温和而有节制的态度待人，则对方将会比较愿意和你商谈。说话态度温和的人，可以使得别人以相同的态度回报。

②在谈判中，不要急于说出自己的观点

一般来说，最好能够让对方先说出其观点，然后再发表你的意见。如对方非要逼你说出你的观点，不妨说得含糊一点，留有一定的余地。

③当你了解对方的目的和处境后，再复述一遍

通常，人们都喜欢自己为人所了解，这不过是一个不费成本的让步而已。复述对方的观点还有一个好处，它会使你更专心地倾听别人的谈话，并且能够帮助你使用对方的话说出你自己的观点。同时，对对方的话要抓住重点并牢记在心，以免讨论时遗忘。

④招商引资谈判时，不要正面反对对方的某个观点

人们都喜欢保持合作的态度，而不愿意彼此冲突。谈判中双方偏离主题太远时，可以先就某个不太重要的问题达成一致，然后暂时休会，提醒对方不要离题。

(4)保持情绪稳定

招商引资谈判的目标应当是促成合作。然而，在合作过程中，一方为了己方利益，往往企图刁难、要挟甚至控制对方，因此双方常出现矛盾和冲突。

聪明而有智谋的招商谈判人员在这种情况下绝不能感情用事，而应该保持冷静，为自己留条后路，说不定就有重新达成合作协议的可能。例如，某外地投资商到当地洽谈工厂租赁事宜，由于在税收上提出了许多过分要求，双方未能达成协议。但是，招商引资人员耐心、详细地向投资商解释了国家有关政策，并没有针对投资商的不满和牢骚表达出不耐烦的情绪，这为双方之后的谈判留出了余地。该投资商在其他地方洽谈过之后，重新回到当地，最终顺利地签订了协议。

招商引资谈判让步策略

如果谈判双方都坚持自己的意见，协议可能永远也不会达成，因此，让步本身也是一种策略，它体现了谈判双方需求的互补性，即以满足对方的需要来换取自己的需要。

由于每个让步都要让出自己的利益，而给对方带来满足，因此，以最小让步换取谈判的成功、以局部利益换取整体利益是招商谈判让步的出发点。

招商引资谈判让步的基本原则是:整体利益不会因为局部利益的损失而造成损害。切实把握谈判让步的基本原则,分清整体利益和局部利益是取得让步成功的基础。通常情况下,招商引资谈判主要可以采取6种让步策略(见图9—11)。

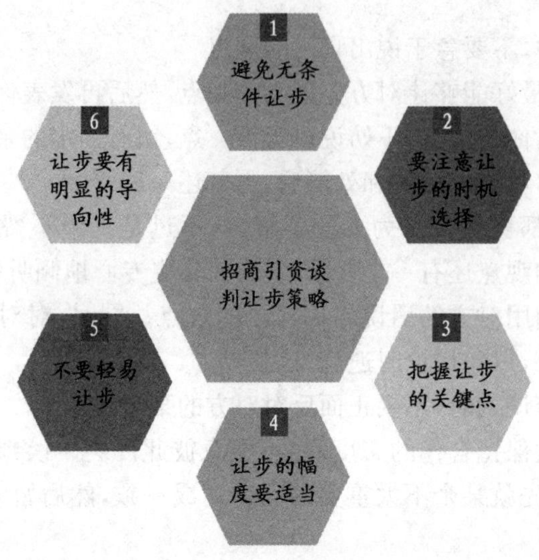

图9—11　招商引资谈判让步策略

(1)避免无条件让步

尽量避免无谓的让步,用我方让步的许诺来谋求对方也同样作出让步。如果对方声称由于某个原因、某个问题不能妥协,不要轻易相信他的话。接受对方的让步时,不要感到不好意思或者有歉意,要了解他让步的用意。不要忘记自己让步的次数,因为每一次让步都可以作为下一步谈判的筹码,从而增强与对方讨价还价的力量。

(2)要注意让步的时机选择

让步的时机选择要恰当,要让得恰到好处。不要假定你已经了解对方的要求,不要一开始就接近最后的目标;应当懂得,对方无论如何也不会透露最低要求。永远不要接受最初的价格,这是因为对方可能会再作出一些让步。在了解对方所有的要求以前,不要作出任何让步,否则对方可能会得寸进尺。

(3)把握让步的关键点

在关键问题上,要力争使对方先作出让步;而在一些不重要的问题上,己方可以考虑主动作出让步姿态。谈判经验告诉我们,在重要问题上先作出让步的结果常常是失败。

(4)让步的幅度要适当

每次让步都要让出自己的利益,因而让步的幅度要适当。适当的让步不但使对方无法团结,而且可进一步分化他们。一次让步的幅度不应过大,让步的节奏也不应过快,要把一系列的让步组成巧妙的链条。如果一次让步过大,会把对方的期望值迅速提高,从而容易使己方在谈判中陷入被动境地,在这种情况下再想让对方作出大的让步就困难了。

(5)不要轻易让步

招商谈判中,虽然双方作出让步从某种意义上说,已成为谈判双方为达成协议而必须承担的义务,但是,不要让对方轻易从你手中获得让步的许诺。

即使己方作出让步的决定,也要让对方付出重大努力后才能得到,这样才能提高让步的价值,为获得对方相应或更大的让步打下基础。没有得到某个交换条件,永远不要轻易让步。不要花光你的“弹性”。“弹性”就像存在银行的金钱一样,每次让步虽然可能引导你更接近目标,但同时也使双方的变化减少了“弹性”。如果作出了所有的让步,也就是说,当你无法再用“弹性”调整双方的关系时,而协议仍然无法达成,僵局就难以避免了。

(6)让步要有明显的导向性

应该通过让步有意识地表达己方的态度和决心,避免作出含糊不清的让步。

处理招商谈判僵局的策略

在招商谈判中,由于双方在利益分割上存在矛盾,从而在某些谈判条款上产生分歧。当双方均不对分歧作出妥协、不向对方让步时,谈判进程就会出现停顿,进入僵持状态。

一旦谈判进入僵持状态,对谈判双方都有两种相反的作用:一方面,谈判者可以利用谈判僵局为实现自己的目标服务;另一方面,谈判者可以通过有效地打破谈判僵局来促使对方接受自己的条件。利用并打破谈判僵局以取得有利的结果,是谈判者必须掌握的基本技能。通过几个常见的处理招商引资谈判僵局的技巧(见图9—12),能够有效地利用并打破僵局,使谈判进一步向前发展。

(1)低潮回避法

当谈判陷入僵局,经过协商却毫无进展,双方的情绪处于低潮时,可以采用避开该议题的办法,换一个新的议题与对方谈判,以等待高潮的到来。

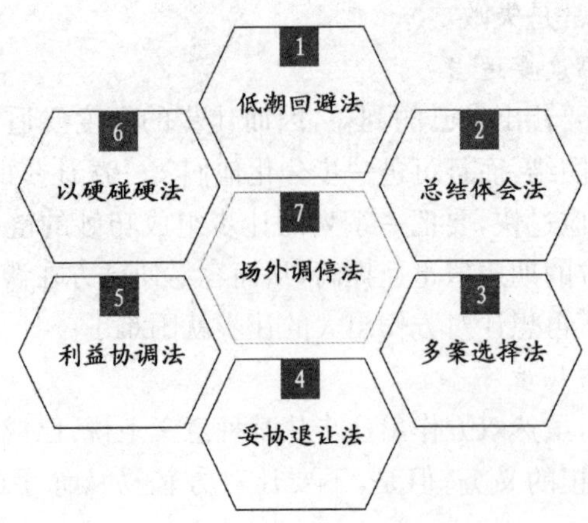

图 9—12　处理招商引资谈判僵局的技巧

由于议题与利益间的关联性，当其他议题取得成功时，再回来谈陷入僵局的议题，便会比以前容易得多。

(2)总结体会法

当谈判出现僵局而一时无法用双方都能接受的其他方法打破僵局时，可以采用冷处理的办法，即总结已取得的成果，然后决定休会，使双方冷静下来认真考虑对方的要求。同时，各方可进一步对市场形势进行研究，以证实自己原观点的正确性。当双方再按约定的时间、地点坐在一起时，会对原来的观点提出修正意见。这时，僵局就较容易被打破。

(3)多案选择法

当对方坚持条件而使谈判陷入僵局时，己方可以通过把是否接受对方的条件改为让对方选择自己的条件来打破僵局，即提出多种谈判条件的组合，让对方选择所能接受的条件。当对方认为其中的某一条件可以接受时，已形成的僵局就自行消失。该方法实施的基础是对方对其他项目也有较高要求，因而当其他条件优越时，便会放弃原来的要求。

(4)妥协退让法

当谈判由于各持己见、互不相让而陷入僵局时，可以采用妥协退让的办法打破僵局；即首先在某些条件上作出让步，然后要求对方让步。当然，自己让步的条件是针对那些非原则性问题或对自己不很重要的问题。由于妥协是谈判具有诚意的表示，因而在自己作出妥协后，对方也必然要作出让步；否则，可把造成僵局的罪名加在对方头上。这样，谈判就会继续下去。

(5)利益协调法

当双方在同一问题上利益发生尖锐对立，既无法说服对方，又不能接受对方的条件，从而使谈判陷入僵局时，可采用利益协调法，即让双方从各自的目前利益和长远利益的结合上看问题，使双方都认识到，如果都只追求目前利益，可能都会失去长远利益，这对双方都是不利的，只有双方都作出让步，以协调双方的关系，才能保证双方利益都得到实现。利益协调法可以使双方采取合作的态度，共同打破僵局。

(6)以硬碰硬法

当对方通过制造僵局给己方施加压力时，妥协退让已无法满足对方的欲望，应采用以硬碰硬的方法向对方反击，让对方放弃过高的要求。具体做法有两种：一是揭露对方制造僵局的用心，让对方放弃所要求的条件；二是离开谈判桌，以显示自己强硬的立场。如果对方想与你合作，他们就会降低要求，再来找你。此时，谈判的主动权就掌握在了你的手里。当然，招商谈判中，引资方多处于劣势，因而这种方法最好不用。

(7)场外调停法

当谈判双方话不投机、出现横眉冷对的场面时，僵局已无法在场内打破，只能到场外寻求办法。场外调停的具体办法是在场外与对方进行非正式谈判，多方面寻找解决问题的途径，例如，请对方人员参加己方组织的参观游览、运动娱乐、宴会舞会等。在这些活动中，双方可进行不拘形式的畅谈，对某些僵持的问题可进一步交换意见，在轻松愉快的气氛中谈一些观点对立的话题，双方都从良好的愿望出发，因而较易取得成功。

资料链接9—4 招商引资谈判中的语言技巧

"成功的人都是出色的语言表达者。"商务谈判的过程实质上是谈判者运用语言传递观点、交流沟通的过程。语言在商务谈判中如桥梁，有关键性的作用，语言运用成功与否，在很大程度上决定着谈判的成败。

1. 善于倾听。在商务谈判中，谈判者首先要学会倾听，要运用身体各种器官去获取、感受对方的态度和观点，营造出浓郁的谈判气氛。有效的倾听必须要做到"四到"：耳到、眼到、脑到、心到；即要善于运用耳朵去获取对方话语中的关键信息，运用眼睛去观察对方的动作和神情，运用大脑去思考对方话语背后隐含的动机，运用心灵去感受对方的处境。通过这"四到"，获取对方谈判的意图、态度和目的，谈判者才能及时调整谈判策略。

2. 巧妙提问。常言道："话不投机半句多。"在商务谈判中，提问也是影响谈判效果的重要因素。如何巧妙地提问是谈判者要学习和关注的一个重要内容。在谈判过程中,往往一个或若干个恰到好处的提问会成为谈判的胶着点,也是谈判取胜的关键点。

3. 灵活应答。问与答是商务谈判中语言运用的基本环节,有问必有答,有答必有问,问与答是相辅相成的。在谈判中,谈判者除了要巧妙提问,还必须灵活应答,根据谈判意图、目标和进展随时调整应答策略,要做到该答时恰当应答,不该答时不乱答。

4. 观点明确,逻辑严密。谈判论辩过程要摆事实、讲道理,充分表明己方观点和立场,要运用客观材料、客观事实以及所有能支撑己方观点的证据,以保证己方观点明确、立场公正客观。一个经验丰富的谈判者通常也是优秀的辩手,他能及时审时度势,头脑冷静,思维敏锐,逻辑严密,善于捕捉辩论点。在谈判过程中,特别是在谈判不利时,谈判者不乱阵脚、沉着应战,才能获取谈判的胜利。

资料来源:陈莹镔. 现代商务谈判中的语言运用技巧[J]. 经营管理者,2017(10):340.

招商引资项目签约

招商谈判经过双方多个回合的磋商,就投资过程中的各项重要内容完全达成一致以后,为了确认各方的权利和义务,一般都要签订契约。招商签约是招商谈判全过程的重要组成部分,是谈判活动最终的落脚点。

招商引资签约阶段是整个招商谈判过程的冲刺阶段,是招商引资洽谈双方经过艰苦努力即将获得劳动成果的阶段。如果把握得好,合作双方的美好愿望很快就能变成现实;如果把握不好,也可能功亏一篑,丧失引资良机。

把握签约意向

有经验的招商引资人员总是善于在关键时刻,巧妙地表明自己的签约意向,或抓住对方隐含的签约意向,趁热打铁促成签约。如何把握签约意向促成引资成功以及如何抓住最佳时机促成签约,这是招商引资人员经常遇到的一个问题。通常情况下,在这个环节可以采用以下 5 种技巧(见图 9—13),促进签约阶段的顺利进行。

(1)向对方阐明立场

谈判收尾,在很大程度上是掌握火候的艺术。招商引资方要善于抓住

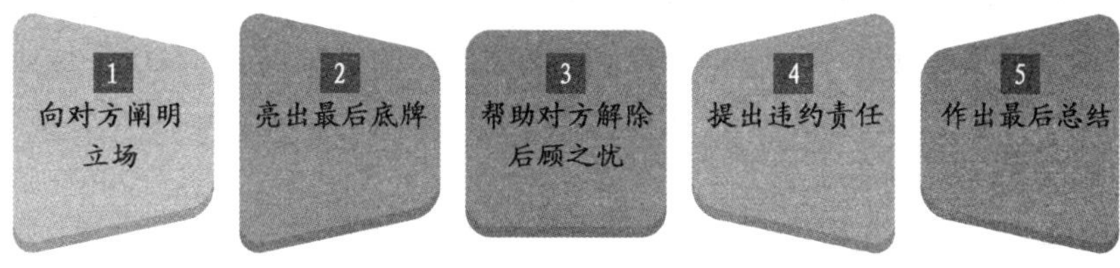

图9—13 促成招商引资签约的技巧

机遇，在适当的时候阐明己方立场，提出一个完整的建议，绝对没有不明确之处，并且要适当地留有余地。如果所提的建议不留余地，又不被对方接受，就只能中止谈判了。在回答对方的问题时，要尽可能简单，常常只回答"是"或"否"，使用短词，并一再提示对方，现在结束谈判对他是有利的，然后告诉他理由。特别要注意的是，不要过分用高压政策，这样会使谈判对手就势退出；也不要过分表示出你希望成交的热情，这样对方就有可能再一次向你进攻。

(2)亮出最后底牌

在向对方表明己方立场后，对方若有同感，己方还要做最后一次报价。正因为是最后一次报价，所以要特别注意，不要匆忙亮出最后底牌，否则会被对方认为是另一种让步，令对方觉得还可以再努力争取到更多的让步。最后的底牌要选准时机推出，最好把最后的让步分成两步：主要部分在最后期限之前提出，刚好给对方留一定时间回顾和考虑；次要部分，如果有必要的话，应作为最后的"甜头"，安排在最后时刻提出。还应该注意的是，最后让步应与最后要求同时提出，除非己方的让步是全面接受对方现时的要求；否则，必须让对方知道，不管是在己方作出最后让步之前还是在己方作出让步的过程中，都希望对方予以响应，作出相应的让步。例如，在己方让步时，应示意对方，这是谈判者自己的主张，很可能会受到上级的批评或否定，所以要求对方予以同样的回报；或借口对方要求超出自己职权范围，还要请示领导后再作答复等，使谈判留有一定的弹性，迫使对方让步。

(3)帮助对方解除后顾之忧

当最后的底牌都摊开以后，双方已就合作事项作了深入交流。此时，大部分投资商会坚定信心、义无反顾地着手签约工作。但也有些投资商，由于对当地政策、环境、市场等因素把握不准，心里没底，还可能改变想法。对这类投资商，要"因材施教"、"对症下药"，消除其思想上的顾虑。

(4)提出违约责任

有些投资商当面答应爽快，内心却在犹豫，或事后又会产生新变化。为了尽快签订合作协议,就要趁热打铁,一鼓作气,让其缴纳一定的违约保证金,防止其举棋不定,或出尔反尔。真正想投资的投资商,当一切条件成熟时,就会很爽快地答应缴纳一定数量的违约保证金。保证金数额不在多少,多则上百万元,少则上千元。只要投资商缴纳了保证金,一般情况下,就不会轻易反悔。但也有的投资商表面上谈得很好,可只要一提到保证金,便百般推托,玩起了捉迷藏。这类投资商,十有八九是没有投资诚意的。因此,缴纳违约保证金,便成了投资商是真投资还是假投资的"试金石"。

如要确保投资商投资成功,我们就应适时讲明违约责任,千方百计地说服对方缴纳一定数额的违约保证金。这个工作做得如何,在很大程度上决定着招商引资的成功与否。

(5)作出最后总结

当上述事项都办妥之后,还要对整个谈判过程做一番回顾和总结,这是十分有必要的,因为只有这样,才能保证万无一失,真正达到双赢。通过最后总结,可以清晰地了解到:①是否所有的内容都已谈妥、是否还有一些未解决的问题,以及对这些问题的最后处理办法;②谈判结果是否已达到已方期望的目标;③对最后让步的项目和幅度再做一番思考,看是否真正体现了己方意图。这些拾遗补阙工作,会更加坚定己方下一步签约的信心,防止出现不应有的失误。

拟订合同文本

招商引资谈判所有内容都结束后,需要着手拟订合同文本。合同文本的起草要根据双方谈判的结果而定,既要忠实于双方意向,又要符合法律法规的要求。与其他各类经济合同一样,招商引资签订的合同内容也必须详尽具体、责任明确,文字叙述肯定、清楚,不能模棱两可。

招商引资的经济关系复杂,合同的经济目的与具体要求也不一样,不同的项目,合同内容是有差异的。

总体来讲,招商引资协议的内容必须包括主要条款,即合同的基本内容,它确定了当事人之间具体的权利和义务,是当事人履行义务和承担法律责任的依据。根据《中华人民共和国合同法》,招商引资的合同主要包含以下几个方面的内容:

(1)标的

经济合同的标的是订立合同双方当事人权利和义务共同指向的客观事物,是权利和义务的基础。在招商引资合同中,投资商投资兴办的项目内容就是合同的标的。在这里,标的物即投资商投资的项目内容,必须符合国家的法律、法规和政策，不能投资兴办国家明令禁止的项目，如色情、赌博、制毒以及严重污染环境的项目等。有些项目，国家要求必须经过有关部门审批才能兴办，因此，一定要先取得有关批文，才能签订正式合同，否则标的物不合法即为无效合同。

(2)数量和质量

经济合同的标的，都要通过一定的数量和质量表现出来，标的的数量与质量决定着当事人权利和义务的大小及程度。在招商引资合同中，由于双方一般不存在货物买卖关系，所以对标的物的数量和质量规定得不是很严格，有的就成为标的的一部分。

例如，某地与投资商达成了标的为"投资 5 000 万元兴办年产 10 万吨元明粉"的协议，这里，"投资 5 000 万元兴办年产 10 万吨元明粉"也同时构成了标的的数量和质量概念。有些标的的数量和质量又会成为双方权利和义务的一部分，如一些房地产开发协议，规定甲方必须提供位于某地段的多少亩土地供乙方开发使用，甲方提供土地的面积和位置，既是协议共同指向的标的物的数量和质量指标的一部分，也是双方权利和义务的组成。

(3)价款或酬金

价款或酬金是取得标的一方向对方所支付的代价。在招商引资协议中，价款或酬金一般是由投资商向投资地支付，包括土地使用、水电增容等有关规费，以及租金、上缴税金、管理费等。支付价款或酬金的原则是等价交换和按劳分配。

价款或酬金是经济合同的主要内容，其中包括单价和总价以及计算方法。签约双方对价款或酬金必须协商一致、公平合理，同时又要充分体现投资当地的优惠政策，最大限度地让利于投资商。

(4)履行的期限、地点和方式

经济合同的履行期限、地点和方式是享有权利的一方要求对方履行义务的时间、地点和方式的法律依据。履行期限是权利主体行使请求权的时间界限，是确认经济合同是否按期履行或延期履行的客观标准，同时也是确定双方当事人承担法律责任的条件。

经济合同的履行期限不同于合同的有效期限，但与合同的有效期限又有密切联系。合同的有效期限是合同履行期限的前提条件，合同必须在有效期内履行。由于招商引资合同的性质不同，合同的有效期限与履行期限也不完全一样。有些招商引资合同的有效期限也就是合同的履行期限，如开发性投资合同，有效期限若规定为 10 年，则履行期限也为 10 年。但是，有些招商引资合同的有效期限和履行期限并不一致，如租赁合同，承租期限即合同的有效期限是5年,但租金如果是按半年一结,则履行期限是半年。

合同的履行地点与方式要在经济合同中明确规定。在招商引资合同中,履行地点往往比较简单,关键是履行方式。履行方式要尽可能具体、明确,以免发生错误。合同的履行方式包括标的的交付方式和结算方式。

(5)违约责任

经济合同的违约责任是指当事人任何一方不履行合同,或者不适当履行合同规定的义务而应当承担的法律责任。违约责任是经济合同的一项重要内容,在合同中必须分别规定支付违约金或赔偿金的数额或计算比例。

招商引资合同除了上述基本条款外,合同争议的解决办法,合同的变更与解除,合同的公证、鉴证与见证等条款也要作为合同的主要内容在合同中写清,这往往是招商引资合同的关键之笔。

经济合同必须依法订立,即只有符合以下条件,才具有法律效力:

第一,订立合同必须遵守国家有关法律和行政法规。任何单位和个人不得利用合同进行违法犯罪,扰乱社会经济秩序,损害国家和社会利益,牟取非法收入。也就是说,合同的订立必须合法和不得损害社会公共利益与社会公德,此为合同谈判与签约的两大原则,任何违背这两项原则的合同均为无效合同。招商引资合作特别要分清国家法律和行政法规的界限,既不能违法违规,又要最大限度地让投资商满意。

第二,订立合同应遵循平等互利、协商一致、等价有偿的原则。任何一方都不得把自己的意志强加给对方,任何单位和个人也不得非法干预。没有遵循这三项原则的合同为无效合同。

第三,合同签约当事人要有合法资格。社会组织作为谈判当事人要有法人资格。法人内部的单位没有法人资格,无权与企业以外的单位订立谈判合同。

谈判合同要由法人的法定代表人或其授权的承办人签订。企业负责人是法人的法定代表,他们有权以法人名义订立谈判合同。各级国家机关任命以政府首长为单位的法定代表。如果法定代表因故不能参加签约,通常指派另一人为谈判代理人,以法人的名义订立谈判合同,但必须签署委托代理证书。代理人只能在授权范围内行事,对于越权行为的后果,单位概不承担责任。

合同的签订与担保

签约前的准备工作完成以后,就可以正式签订书面协议(合同)。协议一经双方签字认可,就成为对双方有约束力的法律文件。协议规定的各项条款，双方都必须遵守和执行，任何一方违反协议的规定，都必须承担法律责任。

(1)合同的签订

招商引资合同涉及的法律问题较多，相关人员需要清晰地了解相关法律规定，仔细审核合同文本，避免出现歧义。通常情况下，在合同签订阶段，要注意以下 4 个关键点(见图 9—14)。

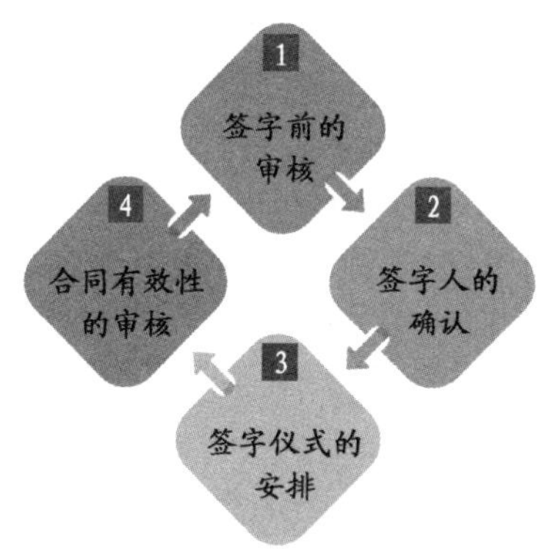

图 9—14　招商引资合同签订的 4 个关键点

①签字前的审核

招商引资项目谈成，合同文本拟订好之后，在正式签字前，应做好两件事：一是要核对合同文本的一致性或文本与谈判协议条件的一致性。合同文本一式几份，其内容和形式要相同；文本内容要简明扼要、措辞严谨，要能准确地表达出谈判的所有协议条件。二是要核对各种批件，如项目批文、许可证等是否完备，以及合同内容与批件内容是否一致。这一核对过程对投资方来说尤其需要，因为有些项目如没有批文或许可证，就不能生产经营。这种签约前的审核工作相当重要，因为合同文本与所谈条件不一致的情况时有发生，有的是无意的，有的甚至是故意的，如不认真核对，必然造成经济纠纷。审查文本务必对照原稿，不要只凭记忆阅读审核。

审核中发现问题，一般应及时互相通告，并立即纠正，作正规化处理。不要在打印好的原稿上随手改动后便将其当作正式文件，最好在改正的基础上再重新打印几份。有些问题可能比较复杂，还需经过双方进一步谈判，这时双方要互相谅解，根据需要可再调整签约时间，不要因此造成误会。对审核中可能发现的问题，思想上要早做准备，态度上要积极诚恳，行动上要干脆利落，以免重新陷入对垒的泥潭。

②签字人的确认

在招商谈判签约之前，还要认真确认签字人。一般来说，签字人应是谈判双方的法人代表或受其委托的代理人，否则该合同即为无效合同。如签字双方彼此不熟，还要提供能证明其法人代表身份的有关资料。若由委托代理人签字，除了出示由法人代表签发的授权委托书外，还要提供证明法人代表身份的有关资料。

在招商引资工作中，引资一方多为党政机关，那么签字人则应为政府或政府部门的法定代表人，不能以党代政，那将是极不严肃的。

国际商务谈判中，合同一般应由企业法人签字，政府代表一般不签。若合同一定需要由企业所在地政府承诺时，可在签订外贸合同的同时拟订“协议”或“协定书”、“备忘录”，由双方政府代表签字，该文件为合同不可分割的一部分。国内招商谈判中，如实施一些特殊的优惠政策需要政府部门的担保或其他关系时，也可参照上法。

③签字仪式的安排

为了表示合同的不同分量和影响，合同的签字仪式也不同。招商合同的签订一般只需谈判双方的法人代表签字即可，在谈判地点、宾馆饭店等处都行，仪式可从简。重大合同的签订，由领导出面或需领导签字时，仪式比较隆重，要安排好签字仪式。仪式繁简取决于双方的态度，有时需专设签字桌，安排高级领导会见对方代表团成员，请新闻界人士参加等。国际商务谈判的签字活动，若有使领馆的代表参加，联系工作最好由外事部门经办；如果自己直接联系，也应同时向外事部门汇报，请求指导，这样做既不失礼，又便于工作。

④合同有效性的审核

正式合同签订以后，双方还要再一次仔细核对一遍。一是再次审核合同条款是否完备，是否准确地表达了双方的意愿，是否可能存在歧义。二是审核签字人员是否按规定签字盖章。如果签字人签的不是自己的真名实姓，或签字人单位没有按要求加盖公章，这样的签字是无效的。如果投资方是个体老板，以个人名义签订合同，则应清楚写明住址、身份证号码等有关情况，防止出现经济纠纷时找不到当事人。

(2)合同的担保

合同的担保是指合同当事人双方为了保证合同条款的切实履行，共同采取的保证合同履行的一种法律手段。在实践中，招商签约的合同担保一般采取以下 4 种形式(见图 9－15)。

①合同保证

合同保证是保证人与合同当事人一方达成协议，由保证人担保当事人

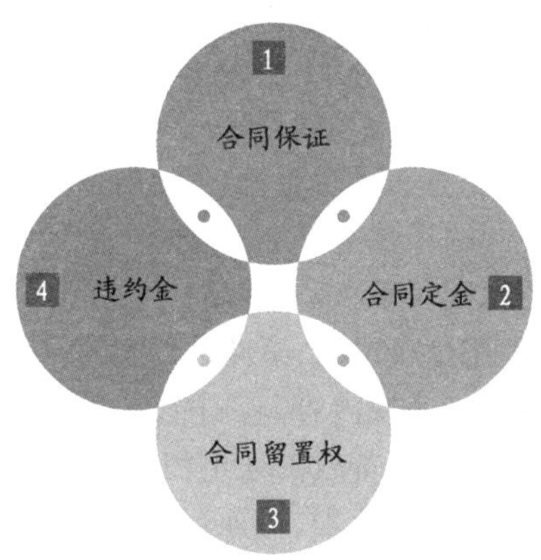

图 9－15　招商引资合同担保形式

一方履行合同义务的全部或一部分。被保证当事人方不履行保证义务时，另一方有权向保证人请求履行或赔偿损失。

有些投资商为了减少在当地投资的麻烦，或谋求与当地企业、大户优势互补，往往采取与当地企业、大户合股经营的办法，但又担心当地企业、大户不能认真履行义务，这时这些投资商便希望当地政府出面担保，如当地企业、大户不履行义务，则要求当地政府承诺承担一切责任。

②合同定金

合同定金是指签约一方为了保证合同的履行，在未履行合同之前，预付给对方一定数额的货币或有价物作保证。如果双方履行了合同，定金可以收回或抵充价款；若对方不履行合同，则应双倍返还定金。定金的数额，应确定在合同规定的应支付价款或报酬数额之内。

③合同留置权

合同留置权是指合同当事人一方因合同关系，以留置对方当事人财物作为担保合同履行的一种方式。如投资方因故不能履行合同时，投资地政府或企业可以留置投资方的一部分财物，用于对己方所受损失的一种赔偿。

④违约金

违约金是指合同当事人一方不履行或不适当履行合同时，必须付给对方一定数量的货币资金。违约金又分为赔偿金和罚金两种。违约金必须明确规定，有法律规定的按法律规定执行，否则由双方当事人参照有关规定商定。

(3)合同的鉴证

合同的鉴证是指有关合同管理机关根据双方当事人的申请以及国家法

律、法规和政策，对招商谈判合同的合法性、可行性和真实性等进行审查、鉴定和证明的一种制度。

经济合同签订后，由工商行政管理部门进行鉴证。鉴证要严格审查当事人双方是否具有权利能力和行为能力，合同内容是否符合国家法律、法规和政策的规定，反映合同的条款是否完备，责任是否明确，是否违背平等互利、自愿和等价有偿的原则等事项。查明符合规定后，予以盖章，即证明该项经济合同的内容和程序是合法的、事件是真实的，从而具有了法律效力。

如发现合同存在违法、违规内容，合同管理机关有权宣布该合同无效，或部分无效。如属于手续不完备或责任不明确的合同，可责成当事人双方予以补充或改正。由于鉴证是管理、保证合同履行的一种重要手段和有效方法，因此，一旦签订了招商引资合同，必须进行鉴证。通常情况下，办理合同鉴证的程序包括以下3个步骤(见图9－16)。

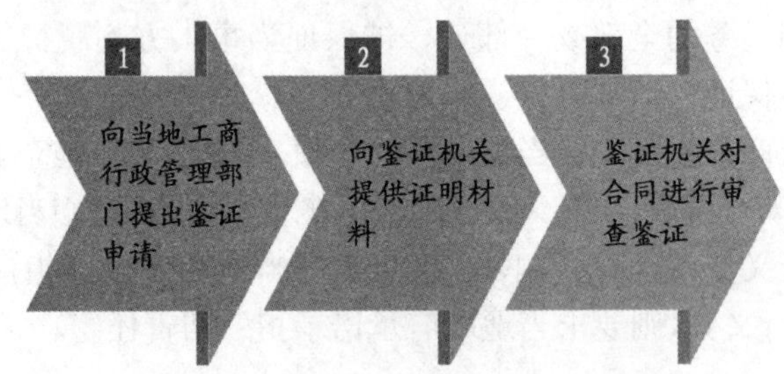

图9－16　招商引资合同鉴证的关键步骤

①向当地工商行政管理部门提出鉴证申请

合同双方当事人在签订合同后，根据自愿原则，如果有鉴证要求，可以向当地工商行政管理部门提出鉴证申请。若仅有一方当事人要求鉴证，程序亦相同。申请鉴证也可以委托他人办理。

②向鉴证机关提供证明材料

当事人双方或一方在向鉴证机关申请鉴证的同时，要提供一系列证明材料，以便鉴证人审查。这些材料包括谈判合同的正副本、营业执照或副本、签约企业法定代表人或委托人的资格证明及其他有关证明材料。与此同时，还应向鉴证机关按规定标准缴纳鉴证费。

③鉴证机关对合同进行审查鉴证

在办完以上手续后，工商行政部门即着手对合同进行鉴证，经过审查符合鉴证条件的，即予以鉴证，由鉴证人员在合同文本上签名，并加盖工商行政管理部门的鉴证章。

(4)合同的公证

合同的公证是指国家公证机关根据当事人的申请,依法对谈判合同进行审查,证明其真实性、合法性,并予以法律上的证据效力的一种司法监督制度。通过合同的公证,对于保护当事人的合法权益、预防纠纷、防止无效合同、促进合同的履行有重要作用。

办理合同的公证也有一定的程序。当事人申请公证,应向单位所在地或合同签订地的公证处提出口头或书面申请。申请时提供营业执照、谈判合同文本等有关资料和文件。如果委托别人代理,代理人则必须有申请人委托代理的证件,并表明委托的事项和权限。公证机关接受公证后,要对当事人的身份、行使权利和履行义务的能力以及合同内容进行审查。经过审查,如果该合同符合公证条件要求,即出具公证书给当事人;否则拒绝公证,并向有关当事人说明拒绝的理由。如果当事人对拒绝公证不服,可向上级行政司法机关提出申诉,由受理机关处理决定。申请公证也要按规定缴纳一定的费用。

合同的履行与纠纷处理

招商引资合同一经签订,当事人双方必须保证严格履行,以便实现双方的经济目的。在合同的履行期间,由于种种原因,双方难免会产生矛盾甚至纠纷,需要通过一定的方式加以解决,否则将会损害签约双方的经济利益。合同的履行与纠纷处理在经济合同法律关系中具有重要意义。

(1)合同的履行

合同的履行,是指合同当事人双方对于合同中所规定的事项全部或适当地完成。也就是说,合同当事人按照合同所规定的适当的人、地点、方式和时间等完成自己的行为。

招商谈判合同是义务合同,当事人双方均有履行合同的义务,只有当事人各方都全面完成了各自的合同义务,才能相互满足对方的合同权利,达到各自在订立合同时所追求的经济利益,使彼此间因订立谈判合同而缔结的经济法律关系得以按时圆满终止。

(2)合同纠纷的处理

在招商引资工作中,顺利履行签订的合同是合作双方的共同愿望,但是由于经济活动的复杂性,在履行合同的过程中,各种因素会导致双方发生争议和纠纷,引发由纠纷产生的索赔,这就需要通过一定的方式加以解决(见图9—17)。

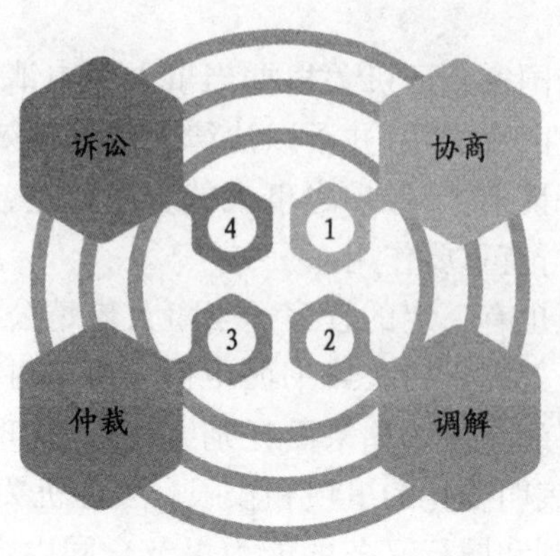

图 9－17 招商引资合同纠纷处理方式

①协商

协商是解决合作双方争议、纠纷的一种有效形式。协商是在争议发生后，由双方当事人自行磋商，各方都作出一定的让步，在各方都认为可以接受的基础上，达成谅解，以求得问题的解决。协商的优点是简便易行，能及时、迅速地解决问题，而且由于双方在磋商过程中不用第三者介入，因而有利于发展双方的良好关系。

招商引资双方签订的合同，与一般的经济合同有很大的不同，即投资方承担较大的风险，当然也会获取较大的收益。而作为引资方，则承担相对较小的风险。这种承担风险的不平等性决定了投资方要付出相对多的艰苦劳动。因此，如果引资、投资双方发生争议或纠纷，作为引资方，应当以大局为重，尽量不与投资方发生较大冲突；当然，也不是无原则地迁就，更不能拿当地经济发展作为筹码。

②调解

调解是指由第三者从中调停，促使双方当事人和解，求得合同纠纷的解决。调解是由第三者做双方的说服工作，目的是希望双方互谅互让，平息事端，自愿让步，从而达成协议。调解过程中，引资方仍然要坚持在协商过程中把握的原则，不要与投资方发生无原则的纠纷。

③仲裁

仲裁是仲裁机构就纠纷、索赔问题，依照合同或双方达成的仲裁协议，居中作出的判断和裁决。在发生合同争议时，如果当事人不愿协商解决，或者协商、调解不成，则可以向仲裁机构申请仲裁。我国的仲裁机构是国家工商行政管理总局和地方各级工商行政管理局设立的仲裁委员会。

④诉讼

招商引资双方的合同纠纷问题若经协商和解、调解与仲裁仍不能解决，任何一方当事人都可以向人民法院提出诉讼。法院在受理过程中，首先本着调解的原则进行司法调解，尽可能使合作双方再次考虑团结协作，互谅互让。在调解无效的情况下，再进行判决。若当事人对判决依然不服，可在一定期限内向上一级法院上诉。上诉后作出的二审判决为终审判决，当事人必须执行。

(3)违约责任

当事人一方如果违反谈判合同，就要负法律责任，要赔偿另一方当事人因此受到的损失，情节严重的还要受到行政或刑事制裁。

①支付违约金

违约金是预先规定的，其偿付不以违约是否造成损失而定。按合同法的规定，不论是否给对方造成损失，只要当事人一方有过错而不履行合同，都要按规定向对方偿付违约金。

②偿付赔偿金

赔偿金是一方违约造成另一方损失而偿付给损失一方的费用。其偿付，除去要有违约事实和过错外，还要有两个条件：一是违约已造成实际损失；二是损失超过了违约金，或是合同中没有违约金。赔偿金的数量按直接经济损失扣除违约金来计算。

赔偿金和违约金一般在明确责任后10天内偿付，否则，要按逾期付款处理。当事人一方在索赔时必须严格按合同规定，具备足以证明责任在对方而确实应赔偿的证明文件，并在索赔期限内办理；否则，对方有权拒赔。

③继续履行合同义务

违约方支付违约金和赔偿损失，不能用来代替实际履行合同。因此，当对方要求继续履行合同时，违约方应按对方指定或双方约定的期限，继续履行没有尽到的义务。

④其他经济责任的承担

除了上述三种方式外，其他违约的经济责任，要根据违约产生的具体情况而定。例如，占用耕地而不实施项目的，还要付复垦费；租赁费不能按时偿付的，还要收滞纳金等。

资料链接9—5　招商引资协议书(示例)

甲方：(当地政府或企业)

乙方：(外来投资企业或个人)

为促进________地区经济发展，实现科学发展观和建设________

产业,重点保护乙方在某经济开发区投资的利益,受________政府和招商引资局诚挚邀请,经过乙方对甲方投资环境实地考察,双方本着互惠互利、双方共赢的原则,现就乙方在________投资建设年产________项目的有关事宜达成一致,特签订以下协议:

一、项目简介

(一)项目名称:________有限公司(企业名称以工商部门登记为准)。

(二)投资人:________。

(三)项目规模:总投资________万元人民币(项目共分________期,一期投资________万元人民币)。注册资金________万元(注:投资可分期,但所供土地原则上应在两年内使用完毕,特殊情况下经批准后可展期一年)。

(四)生产能力:设计年产________,一期年产________。

(五)税金和就业:全部达产后,预计年实现销售收入________亿元,年利润________万元,年缴税金________万元。项目投产后,可提供________个就业岗位。

(六)项目建设期:项目预计从________年________月开工建设,于________年________月竣工,________年________月投产。

(七)建设内容:____________________________。

(八)经营期限:________年。

二、企业地址及土地使用

(一)项目建设用地面积:乙方通过招拍挂方式取得国有土地约________亩(具体面积以供地红线图为准)作为建设和生产的场地,土地底价为________万元/亩,土地性质为(工业或第三产业)用地。

(二)项目建设用地位置:位于________(填位置),东临________、南临________、西临________、北临________(四抵范围以红线图为准)。

(三)项目建设用地期限:自________年________月________日起至________年________月________日止。

三、甲方的责任与义务

(一) 乙方在________投资除享受国家西部大开发和省相关的优惠政策外,还可以享受________人民政府及________招商引资若干规定政策。

(二)甲方负责提供当地的投资环境、基本情况、优惠政策等有关资料给乙方,并保证所提供资料的有效性。

（三）为推进项目建设进度，甲方指派专人负责项目前期立项、申报、选址、土地使用许可证的手续，积极配合乙方办理公司注册登记等手续，协助办理消防、环保等基建前期手续，建设协调与地方政府各有关单位对接工作，在乙方施工手续不健全的情况下，可以开工建设，边建设边申报，确保工程早日建成投产。

（四）负责办理征地补偿、民居搬迁、安置等工作。

（五）负责将水、电（动力电）路端口接抵乙方项目建设场地红线，保证项目建设施工和完工后的正常用水、用电。

（六）乙方在项目建设和生产经营期间，甲方将对乙方实施重点招商引资保护计划，政府下属各有关职能单位进入工厂检查工作时，必须有主管部门同意，方可前往，否则可以不予接待。

（七）在乙方建设及投产经营期间，派专人实行限时跟踪服务。

（八）为了支持企业，使企业良性发展，保护地方企业利益，甲方免除乙方第一年至第________年所有行政事业性收费。

四、乙方的责任与义务

（一）项目建设规划设计须服从________建设规划，建设方案需报建设局批准。

（二）乙方需保证在________年________月完成资本注册，并在________年________月投入________万元到公司账户，剩余款项按约定日期一次或是分期投入，确保资金投入渠道畅通，项目生产按期投入运行。

（三）必须严格按照环保“三同时”原则建设，确保企业“三废”达标排放，做好防治水土流失工作。

（四）乙方保证资金按时到位，在取得建设用地批准书之日起30日内开工建设，并在约定时间内完成工程建设并投产。

（五）乙方承诺在生产经营期间，守法经营，安全生产，照章纳税，接受政府检查，服从政府管理。

（六）服从甲方管理，注重安全生产工作，并按甲方要求按时报送各类报表，支持甲方统计工作。

（七）乙方生产的产品须以当地注册公司的名义出口或销售。

（八）本协议适用中华人民共和国法律，乙方须遵守中华人民共和国法律、法规，不得损害社会公共利益，应承担中华人民共和国法律、法规规定的其他义务。

（九）如乙方未能按甲方要求和本协议约定达到预期目标，导致本协议终止的，该宗地地面所有建筑物、构筑物归甲方处理，甲方不承担任何赔偿和补偿责任。

五、乙方享受的税收优惠政策

(一)如乙方年纳税额在1 000万元以下,按照________人民政府批准“两区”的招商引资优惠政策(________府办发〔2013〕34号)第八条“对年纳税额300万元(含300万元)以上1 000万元以下的生产性企业,实现的增值税地方财政所得部分(即增值税的15%部分),从纳税之日起3年内,由同级财政按第一年度50%、第二年度40%、第三年度30%的比例,安排专项资金扶持企业”的规定执行。

(二)如乙方年纳税额在1 000万元以上,按照________人民政府批准“两区”的招商引资优惠政策(________府办发〔2013〕34号)第九条“对年纳税额1 000万元(含1 000万元)以上的生产性企业,实现的增值税地方财政所得部分(即增值税的15%部分),自纳税之日起3年内,由同级财政按第一年度60%、第二年度50%、第三年度40%的比例,安排专项资金扶持企业”的规定执行。

六、法律条款

(一)本合同后附《________招商引资局、________工业区管委会、________管委会关于招商引资政策的若干规定(试行)》作为本合同附件,具有同等法律效力。

(二)本协议为甲、乙双方内部协议。协议内容乙方不得对外宣讲。

(三)本协议一试两份,甲、乙双方各执一份,一经签订,立即生效。协议内容如有异议,双方协商解决。

(四)本协议书经双方代表签字,并加盖公章后生效。

甲方(盖章):　　　　　　　　　　　　乙方(盖章):

代表人:　　　　　　　　　　　　　　代表人:

签订时间:______年______月______日

签订地点:

第 10 章 招商引资人才选择与培育

本章将阐述如下问题：

- 为什么要进行招商引资人才的选择与培育？
- 招商引资人才的核心能力有哪些？
- 如何引进招商引资人才？
- 如何培育招商引资人才？

招商引资竞争中，人才成为至关重要的因素。高素质的专业招商人才队伍是招商引资工作的主体力量，是进行招商科学决策的前提，是招商工作复杂性的必然要求，是招商工作顺利进行的保证。

全球化时代，不仅需要优秀的本土经营管理人才，而且需要熟悉国际市场管理的人才。招商引资的管理者要树立正确的人才观，建立健全招商人才选拔、使用、培训、考核机制，以便更好地发挥招商人才的主观能动性，群策群力，促进区域经济快速、健康发展。

招商引资人才概述

招商引资人员位于第一线，直接与投资商进行沟通和洽谈，是地方招商引资活动的窗口。招商引资战略能否取得成功、在多大程度上取得成功，往往取决于招商引资人员的综合素质和能力。

招商引资人才是招商引资的核心要素

招商引资人员既要熟悉当地的政治、经济、文化、政策等各方面优势，也要熟知当地的主导产业，以及如何引入合适的产业、合适的投资商与合适的项目。专业的行业知识、沟通技能以及对当地资源优势的合理阐述可以极大地增加投资商的信心，并为投资商的投资决策提供坚实的信息支撑。

例如，新加坡长期致力于在世界各地网罗各类精英人才，并重视对人才的培养与使用，打造成了在国际上声名显赫的专业招商团队。经济发展局工作人员和官员都有很强的业务能力和广博的专业知识，熟悉国际通行规划，特别是在招商引资中表现出的专业专长、勤奋敬业、务实高效，给许多客商留下了极为深刻的印象，为新加坡的招商引资和经济发展发挥了重要作用。新加坡领导人的以下这段话，可以说明专业招商人员的工作作风："我们所需要的招商官员既要有斗牛犬一般坚忍不拔的个性，又要有夜莺一般婉转清脆的美言本领，并能像水牛一样勤劳，到处去敲门，从不言放弃，永远自信地游说于众多投资商之间，说服他们到新加坡投资。"

资料链接 10—1　招商引资队伍的"专业敬业"精神

新加坡始终坚持以"专业敬业"精神建设专业招商机构和精英招商团队。

1. 专业招商机构。成立于 1961 年的经济发展局，是新加坡负责招商引资的独立公共机构。经济发展局按区域设置司和片，并按产业和项目设置研究所，专业研究制定招商策划案，专人负责项目招商洽谈。经济发展局可以为投资商提供"一站式"服务。每年组织十几次招商活动，分为总理级和部长级，对于国家重大项目和重点国家及地区的招商都请总理或副总理带领，政府招商引资政策能迅速配合环境变化调整。

2. 精英招商团队。经济发展局在全球建立完善的招商网络，在美国、中国、法国等多个国家重要城市设办事处，网罗世界各地精英人才，打造出显赫的专业招商团队。各招商小组根据工业园区和项目定位，结合投资商对地理区位、经济政策、人文环境等关注焦点，制定招商策划案，安排专人与客商沟通，组织专员模拟谈判，全面完善招商细节。

3. 敬业招商精神。新加坡招商官员和工作人员具有过硬的业务能力，工作勤奋敬业。某年，纽约得州仪器公司原计划在中国台湾设立组装厂，由于机缘巧合，新加坡经济发展局主席与得州仪器公司总裁马克乘坐同一航班，经济发展局主席邀请马克去新加坡考察，并保证经济发展局已有人在纽约派驻。随后经济发展局驻纽约办事处紧密跟进，多次走访得州仪器公司总部，并说服马克下次亚洲行程顺道访问新加坡，新加坡最终成了赢家。为了引进美国电子晶片圆盘项目，驻美办事处官员连续跟踪了 10 年，才使得这个 10 亿美元以上高科技项目落户新加坡。

资料来源：江国文，李文平．新加坡招商引资的经验借鉴[J]．武汉宣传，2012(16)：46—47.

总之，作为一名高素质专业招商人员，既需要扎实的经济、法律、外语等专业知识，也需要专业的公关、洽谈等技能。更重要的是，招商人员能把自己的知识和智慧运用到具体招商活动中，融于招商过程中，筹划一系列行动来吸引外来资金和项目落户。

(1)招商引资的竞争就是人才的竞争

地方经济发展的各种资源中，人力资源是最核心、最活跃的资源，起着决定性作用。各国、各地区之间的经济竞争，最根本的是人才的竞争。如何才能激发招商引资工作的活力？首先，就是重视招商引资人才的引进和培育，通过各种激励政策，激发他们的工作热情。其次，要加强招商引资人才全面培训，既要了解当地的资源优势和特殊性，也要了解外部宏观环境发展及行业发展动态；更重要的是培育他们的创新思维和诚信理念。

招商引资人才培养流程如图 10—1 所示。

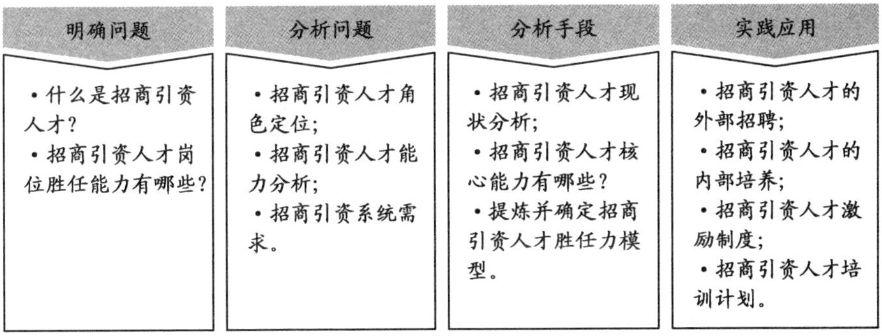

明确问题	分析问题	分析手段	实践应用
•什么是招商引资人才？ •招商引资人才岗位胜任能力有哪些？	•招商引资人才角色定位； •招商引资人才能力分析； •招商引资系统需求。	•招商引资人才现状分析； •招商引资人才核心能力有哪些？ •提炼并确定招商引资人才胜任力模型。	•招商引资人才的外部招聘； •招商引资人才的内部培养； •招商引资人才激励制度； •招商引资人才培训计划。

图 10—1　招商引资人才培养流程

优秀的招商引资人员，不是闭门造车，而是要走出去，随时了解国内外宏观经济环境。

(2)树立科学的招商引资人才观

正如前所述，招商引资人才是复合型人才，对人员的专业素质和综合素质要求很高。但是在实际工作中，很多地方和企业的招商引资系统，在招商引资人员的招聘和培养中，缺乏科学有效的方法，不知道到底需要什么样的人才，也不知道如何培养人才，一味地相信“实践是检验人才的唯一标准”，只经过简单的培训，就放马江湖，听之任之，这样不仅不会促进当地招商引资工作的发展，还会带来很多负面影响。

资料链接 10－2　舍得招财，就舍不得招才？

近年来，一些经济欠发达地区为加快经济发展，专门成立了“招商办”、“项目办”、“督查办”，全方位推进招商引资。而对招才引智，则工作无计划、会上无声音、落实无措施。一些地方的领导重商轻才，令人忧思。

招商热，招才冷，为何？招商引资是“显绩”，见效快，项目一上，GDP 直往上扬；招才引智则是“隐绩”，见效慢，对于经济增长的刺激作用不明显，但从长远看却是培根开源，对经济升级、社会进步有利。重招商、轻招才的理念，说穿了就是急功近利、不图长远的“浮躁型”政绩观在作怪，即便可以引进一些“短平快”项目，但由于没有人才智力资源的有力支撑，经济发展就会缺少增长潜力、缺乏环保能力，为后续发展埋下隐患。

欠发达地区要加快发展，招才比招商更为重要。要像招商引资一样舍得投资，广纳人才、留住人才、激励人才，必定可以收获更大的效益。

资料来源：游本根．舍得招财，就舍不得招才？[N]．人民日报，2013－06－13(5).

现实情况是，大多数地方政府和园区招商引资人员素质参差不齐，难以适应专业招商引资工作，招商局变成了接待局！要改变传统的、陈旧的人才观念，善于发现新人才，敢于把他们安排到能够发挥作用的岗位上去，有效地盘活整个招商引资系统，实现“庸者下，平者让，能者上”的格局。对于现代招商引资人才来讲，其核心工作内容包括以下 4 项(见表 10－1)。

表 10－1　　招商引资人才核心工作内容

序号	核心工作内容	解释说明
1	熟悉并掌握当地招商引资情况，能够准确地进行传达	·熟悉当地政府对于当地经济的规划、软硬投资环境、政策条件、资源状况等。

续表

序号	核心工作内容	解释说明
2	联系投资商,准确把握投资商的需求	·研究分析投资商的需要并提供解决方案,促进投资商在当地长期有效地持续投资,从而促进当地经济的快速健康发展。
3	为投资商提供优质服务	·招商引资不仅是为当地经济发展引入资金和项目,同时也要考虑投资商是否适合在当地投资,以及投资项目能否有好的回报和前景等; ·争取政府资源以及解决投资商需求,为投资商快速融入当地经济发展保驾护航,提供全方位服务。
4	有效地对接当地资源	·运用有限的资源为当地政府和人民赢得更多、更好、更合适的有效投资,促进当地经济长期有效、持续健康地发展。

(3)招商引资人才是复合型人才

无论是国外招商引资还是国内招商引资,都已经步入了专业化操作阶段。例如,就国际企业投资来讲,很多知名企业选择投资地的考察谈判都在9场以上,谈判内容涉及规划、政策、环境、人力资源、生产配套、可持续发展等多个方面。如果地方招商人员未能作出专业的回答,势必影响投资商的信心。因此,现代招商引资人才要具备综合素质,能够胜任多项角色(见表10—2)。

表10—2　　现代招商引资人才综合素质指标

关键行为	承担角色	核心能力指标
寻找、分析和拜访潜在客户	研究者	分析能力、判断能力、信息收集能力、创新能力
	寻找者	公关能力、沟通能力、项目宣传和市场开拓能力
	联络人	信息收集能力、大局意识、执行力
收集和传达招商引资信息	情报员	信息收集能力、分析问题和解决问题能力、判断能力
	咨询员	分析能力、行业知识、风险判断能力、解决问题能力
建立和维护客户关系	谈判人员	沟通能力、协调能力、执行力、领导力、项目运作管理能力
	朋友	倾听与反应能力、建立信任能力、主动性和亲和力

由此看来,招商引资人才的素质和能力成为能否做好招商引资工作的重中之重。对于很多地方来讲,要想打开招商引资局面,推动本地区经济跨越式发展,必须坚持招商引资的"一把手"位置。例如,近年来,尽管宏观经

济下行压力加大，产业投资低迷，但是很多亿元级项目纷纷落户浙江西部欠发达地区——衢州。从客观条件来看，衢州的交通区位、城市能级、园区硬件都没有相对优势，但它能够打开招商引资局面的根本原因，还在于当地党政"一把手"深入招商一线，树立招商引资就是"一号工程"、"一把手工程"的地位，变招商引资"裁判员"为一线招商员，亲自收集信息、登门拜访、上门招商，并随时重点督查招商引资工作的整体推进情况及阶段性目标完成情况。[1]

招商引资人才核心能力

人才是招商引资活动的核心，招商引资人才的素质直接决定了投资商对于某一区域的总体印象，是影响投资商是否进行项目及资金投资的至关重要的因素。对现代招商引资人才来讲，需要具备以下 7 种核心能力(见图 10－2)。

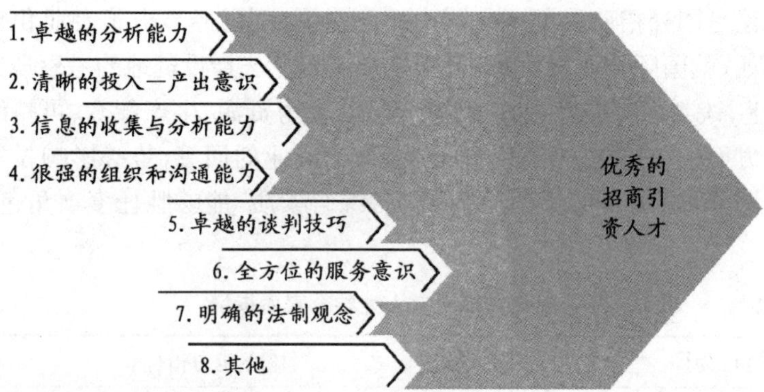

图 10－2　招商引资人才的核心能力

(1)卓越的分析能力

能够分析和判断国内外宏观经济发展趋势以及关键行业发展趋势，结合当地的优势，准确把握招商引资机遇。分析不仅有赖于思考能力和洞察能力，同时也与知识面以及所掌握的信息资料有关。对招商引资来讲，尤其是一些最新信息动态，可以提供急需的、新颖的、及时的招商引资发展动态，最终在市场上能够从各种综合信息和各种资源的配置中创造机会，取得招商引资预期效果。

(2)清晰的投入—产出意识

招商引资需要对引入的资金、项目、设备等要素进行综合评估，要具有投入—产出意识，不仅考虑到招商引资的短期利益，也要兼顾中期和长期利益,引入有效资本。要坚持一切招商引资活动都要以恰当的投入取得最大的效益,从而实现招商引资的综合效益最大化这一目标。

政府招商引资具有需求的综合性,当地经济发展在不同时期对于资金和项目引入的需求是不同的,并不是越多越好,招商引资人才要根据当地经济发展的需求进行合理规划,否则可能导致引入过度、发生恶性竞争,或者外来投资商与本地经营者之间产生冲突。

(3)信息的收集与分析能力

投资商市场的开拓,要培植优质投资商客户群,及时了解投资商对于投资的需求,发掘潜在投资商。招商引资人员要具有敏锐的信息意识,熟练掌握信息收集渠道及分析技巧,时刻注视国内外政治、经济新动向和资金流向,善于在竞争中捕捉最新信息,抓住关键机会。同时,向投资商提供相关信息成果,促成投资商的投资意向,建立投资商意向档案,持续跟进。

(4)很强的组织和沟通能力

招商引资是一项复杂、系统的工作,在工作过程中要求招商引资工作者用创造性思维来解决难题。而且招商引资工作需要与多部门交往,经常与投资商、各政府部门打交道,招商引资工作者应具备很强的沟通能力和协调能力。

招商引资人员必须具有开放的思维和组织、沟通能力,把招商引资活动的各个要素、各个环节,从纵横交错的相互关系上有效合理地组织起来,建立起战略伙伴关系。

(5)卓越的谈判技巧

招商引资的过程也是与投资商进行沟通和谈判的过程,从初步确立投资意向到最终项目落地,每一个环节都需要与投资商进行协商洽谈,因此,招商引资人员要具有卓越的谈判技巧,在充分尊重双方利益的基础上,争取达到双赢效果。

(6)全方位的服务意识

招商引资的过程中,招商引资人才是政府和当地人民的代表,但是从投资的长远发展来看,要牢固树立服务于投资商的理念。全方位的服务意识要求招商引资人员以投资商需求为核心,不仅在招商引资前,而且在招商引资后,为投资商提供最佳的、最及时的、最急需的服务,帮助投资商降低投资成本,减少不必要的审批环节,加速企业发展,从而产生优秀的招商引资成果。

(7)明确的法制观念

市场经济中的各种行为需要法律法规加以保障,招商引资过程中也需要招商引资人员具有明确的法制观念,招商引资中“有所为有所不为”,要按照 WTO 的有关法律条款和规则以及国内相关政策来进行依法招商引资。

招商引资人才队伍建设五大误区

招商引资人才队伍建设是招商引资工作的重中之重，人才队伍建设既包括内部培养，也包括外部引进。从本质上来讲，招商引资队伍应该是一个开放系统，需要不断从外部引进优秀的人才，与内部人员互为补充，进一步焕发招商引资组织的活力。但是，在实践中，很多招商引资组织不懂科学的培养和引进方法，容易陷入以下 5 种常见误区（见图 10—3）。

图 10—3　招商引资人才队伍建设误区

没有制定明确的招商引资人才培养规划

招商引资人才队伍建设是一项长期的、系统的、具有战略性的工作，需要制定明确的招商引资人才培养规划。但是，很多地方政府对于招商引资人员的引进较为随意，招商引资人才的招聘并不是根据招商引资工作总体发展战略来选择合适的人才类型、素质、能力和数量结构，只是各部门依据实际岗位缺员情况进行招聘。同时，录用人员的分配也没有依据其优势能力进行合理安排，而是哪个阶段的工作需要人手，就被随意分配到哪一块。这种不合理的招聘计划和人员安排，在很大程度上会影响应聘者在工作中的积极性，从而无法对招商引资战略实施提供强力支撑。

招商引资系统应有明确的招商引资人才培养计划，建立人才储备库，具有明确的战略目标和长远的规划。

没有科学地建立招商引资人才标准

招商引资系统需要什么样的人才？哪些人才符合招商引资系统的需求？这就需要对当地招商引资系统内外部需求进行详细的调研，明确对招商引资人才的需求，进而依据当地实际情况，确立招商引资人才标准。

目前，很多地方招商引资系统没有对招商引资工作人员需要具备的能力进行细致分析，依旧采用传统招聘方式，即多根据教育背景、知识水平、技能水平和以往工作经验等外显特征而非能力来作出聘用决定，但往往知识丰富、技术能力较强的人不一定就是绩效优秀者。

招商引资绩效的优劣，不仅与经验、技能有关，更重要的是所具备的能力是否与所担任的工作相吻合。

目前，招商引资人才招聘过程中，往往只重视求职者的经验和技能，却忽视考察应聘者所具备的能力是否与招商引资工作所需要具备的胜任能力相吻合，并没有意识到，招商引资工作需要的不仅仅是全面的专业知识和技能，对于沟通能力、公关能力、创新能力、应变能力、协调能力以及心理素质等都有很高的要求。

缺乏科学的招聘方法

要想招聘到优秀的招商引资人才，需要素质高、能力强的招聘队伍，能够慧眼识英才，通过科学的招聘方法，选出合适的、优秀的招商引资人员。

目前，招商引资招聘普遍采用的是经验面谈法，这对面试主考官的要求较高，主考官需具备多方面的素质和能力。在面试过程中，面试官的主观因素很多，对求职者评价有失公正，实际操作困难较大。有些面试官在人力资源方面的知识缺失，选人的过程主观成分较多，而且招聘工作缺乏标准客观的评价规范，很难在招聘过程中发挥真正的作用。

招商引资人才缺乏系统培训

目前，很多地方政府缺少对人才实施终身培养教育的认识，并没有充分意识到优秀招商引资人才对招商引资工作的决定性作用，认为招商引资人才自然应胜任工作，没有必要进行后续培养；担心招商引资人才培养后效果不明显，造成投入资金浪费。更为关键的是，对招商引资人才进行培养的工作是需要政府大力支持的，由于政府培养意识的缺失，导致在培养招商引资人才时出现一些问题。

很多地方政府还没有意识到招商引资人才队伍的建立和培养的重要性，单纯把人员的培养看作纯粹的成本支出，“重使用，轻培养”。

同时，在招商引资人才的培养中，主体力量是一批有全面专业知识技能和成功实战经验的师资队伍，他们在向学员传授专业知识的同时，还可以根据亲身经历介绍在招商引资工作中可能会出现的突发问题。

目前,政府还没有充分意识到引进专业教师的重要性,教育资金投入不足,完善的培养机制还没有建立起来,有产业背景或者是产业专业出身并且有相关知识的队伍也没有形成。师资力量的不足,导致与教学的要求基本脱节,这对于招商引资人才培养工作的顺利开展是非常不利的。

招商引资人才培养出现理论与实际严重脱节

目前,对于招商引资人员的培训内容和形式设置过于简单,开设的课程不仅数量少,而且内容过于浅显,单纯地注重招商引资技巧,忽略了招商引资人员需要的知识储备,忽略了招商引资工作的复杂系统性。这种简单、不全面的培训对于招商引资人员提高专业知识技能作用不大。要是招商引资人员因自身专业知识不过关而在招商引资工作中错失良机,那将是非常可惜的。

招商引资涉及的知识面很广,需要招商引资人员对经济发展、产业政策、产业规划、投资环境等都有深入详细的了解,而这就意味着培训机构需对新学员进行全方位的知识培训。

另外,招商引资工作的挑战性意味着招商引资人员需要掌握过硬的专业知识,同时需要具备核心的胜任力,如市场开拓能力、信息搜集能力、协调能力、创新能力、发现问题和解决问题的能力、关系网络建立能力、风险评估能力和很好的心理素质。但是,目前在招商引资人员培养中,忽略了实践环节的重要性。具体操作实践比较少,以理论代替实践环节。以这种方式培养出来的学生只会纸上谈兵,实战能力弱,在真正具体的招商引资工作中并不能独具慧眼、抢占先机,而且在遇到突发事件时,会手忙脚乱、不知所措。

资料链接 10-3　像抓招商引资一样抓招才引智

发展关键靠创新,创新关键靠人才。造就一支高素质的人才队伍,激发人才活力,关键要转变观念、深化改革、创新机制,尊重人才的成长规律,破除不利于人才成长、流动和使用的体制性障碍,着力解决载体不强、氛围不浓、合力不够等问题,调动好用人单位和人才两个方面的积极性,向用人主体放权,为人才松绑,为决胜全面小康最大限度地释放人才红利。

1. 搭建载体聚人才。栽好梧桐树,引得凤来栖。对人才来说,事业是感召力,载体是吸引力。没有干事创业的平台,给钱给物人才也不愿意来;没有好的载体,人才来了也留不住。组织部门要跳出人才抓人才，把载体建设作为人才工作的重要抓手，坚持围绕实施创新驱动发展战略和经济社会发展需求，突出“高精尖缺”导向，按照“你有多大才，就搭多大台”的理念，建设人才创新创业发展平台，培育新兴产业聚才平台，做大高端智力合作平台，打造科研成果转化服务平台，提高载体对高端人才的承载力。坚持把人才引进、培养和使用与实施人才项目、策划人才工程、搭建人才载体紧密结合，形成吸引人才的硅谷、留住人才的磁场，让各类优秀人才创业有机会、干事有舞台、发展有空间，推动人才成长与事业发展同频共振、相得益彰。

2. 营造氛围重人才。不可否认，一些部门和单位的“官本位”思想仍然较重，潜意识里只有行政级别而没有专业职称、只见职务职位而不见学术学位，尊重知识、尊重人才喊得多、做得少。党管人才不同于党管干部，要更加注重从管理型向服务型转变，把更多的精力放到做好人才服务上来。在人才管理模式上要去行政化、去“官本位”，以爱才之心、识才之智、容才之量、用才之艺，善于当好人才工作的“后勤部长”，做优秀人才的“合伙人”，把服务人才的工作实实在在地落到行动上，多谋兴才之举、多办成才之事，着力形成重才敬才的社会环境、识才用才的工作环境、引才聚才的政策环境、优才留才的生活环境。

3. 强化合力兴人才。人才工作是一个系统工程。各级党委要按照管宏观、管政策、管协调、管服务的要求，加强整体谋划和宏观指导，统筹抓好人才工作的组织领导和规划实施，统筹解决高层次人才在科学研究、产业开发中遇到的困难问题。党政“一把手”要像抓经济资源一样抓人才资源，像抓招商引资一样抓招才引智，像抓项目工程一样抓人才工程。组织部门要切实履行好牵头抓总的职责，加强沟通协调、跟踪服务、情况调度、督促检查、责任考核。领导小组各成员单位和职能部门要增强大局意识、协作意识，按照各自职责任务，分解细化目标，明确阶段重点，落实具体措施，切实履行好各自范围内抓人才工作的责任。要充分发挥各行各业和用人单位的主体作用，形成抓人才工作的强大合力。

资料来源：赵爱明，吴齐强．像抓招商引资一样抓招才引智[N]．人民日报，2017—03—01(005)．

招商引资人才的引进与培养

招商引资人才队伍建设直接关系到地方招商引资竞争力，因此，要特别重视人才的引进和培养，不断根据变化的招商引资形势引入优秀的人才，并有针对性、有计划地进行招商引资人员的培训，提升整体素质。

如何引进和培养招商引资人才？这是招商引资系统的重要问题，对于这个问题，我们要摆脱传统的招聘和培养模式，基于个人能力模型进行综合性、全方位的人才引进与培养（见图 10—4）。

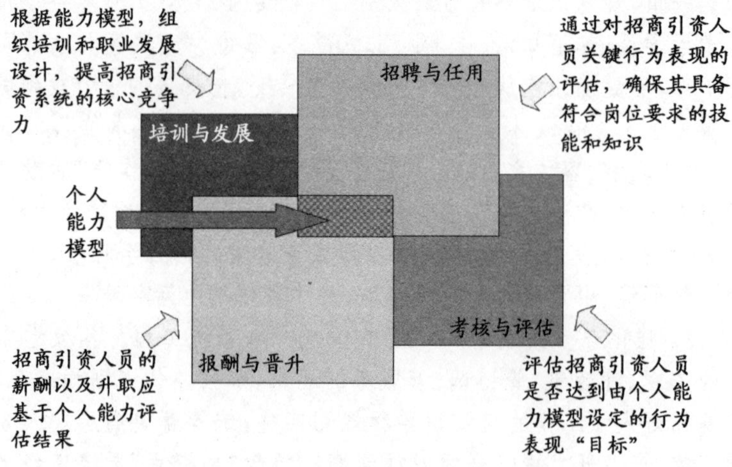

图 10—4 招商引资人员个人能力模型

招商引资人才引进策略

招商引资人员的教育背景、知识结构、技能水平和以往工作的经验，是“冰山”上的一部分。知识经济时代，要更加深入地挖掘招商引资人才的潜在素质需求，建立适应当地特色的招商引资人才综合素质标准，基于这个标准，优选出招商引资人才，使得整个招聘引进过程更加科学化、规范化（见图 10—5）。

（1）基于个人能力模型进行人才需求分析

招商引资人才需要具备市场开拓能力、信息搜集能力、发现和解决问题的能力、风险评估能力、协调能力以及关系网络建立能力。招商引资人才的引进首先需要明确上述需求。

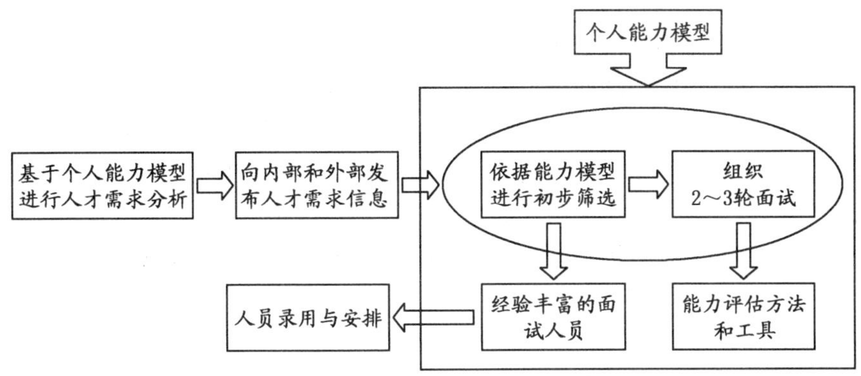

图10－5　招商引资人员招聘引进流程

（2）向内部和外部发布人才需求信息

招商引资人才需求信息摆脱传统以学历、专业和工作经历为主的招聘方式，以个人能力模型为基础，明确对招商引资人才的需求，只有这样才能更好地表达对职位申请者能力的要求，吸引在特征、动机等潜在能力方面与岗位需求相匹配的人才。在选择招商引资人才信息发布途径时，可选择如下渠道：召开招商引资专长人员供需洽谈会和网络招聘会，并专门开设网上招商引资人才窗口；在各大院校开展招商引资人才招聘会，吸引有兴趣的毕业生加入招商引资队伍。

（3）依据能力模型进行初步筛选

首先根据个人能力模型设计求职申请表，通过求职申请表的筛选，可以降低招聘成本，提高招聘效率。申请表的内容除了包括传统个人简历所必需的项目，如个人基本情况、工作经历、教育与培训情况等，还要根据胜任力模型中关键的胜任力设计一些行为描述式的问题。例如，在了解求职者是否具备市场开拓能力时，可以设计如下问题："你是否关注过招商引资市场的发展动向？你认为影响招商引资市场的潜在因素有哪些？"在了解求职者是否具备信息搜集能力时，可以将问题设计为："请问你知道哪些提供招商引资信息的网站？"在了解求职者是否对招商引资工作有积极性时，可设计问题如："请问你知道的本市招商引资项目有哪些？"在了解求职者协调能力时，可设计问题如："在以往的工作中，你是否与合作者发生过冲突？你是如何对待与解决的？请以具体事例说明。"通过申请者对以上问题的回答，可以从答案中分析并提炼求职者的胜任力特征，既可作为初步筛选的依据，也可为后续的进一步面试提供基础。

(4)组织2～3轮面试

在个人能力模型对招聘岗位要求的基础上，编制能够有效判断应聘者是否具备该岗位能力的面试试题至关重要。面试过程中，主要是以结构化面试的形式，针对某些能力标准设计一些基于行为事件的面试问题，通过询问应聘者某些具体事例和关键行为，来考察应聘者是否具备该项能力。题目都是根据个人能力模型中的能力考核评估而设定的，题目应具有较高的区分度和鉴别力，能力较强者和较差者在该题的得分上会有比较显著的差异。以下是行为事件面试问题示例：

问题1："除了目前的一些招商引资网站，你认为还有哪些途径可以获得招商引资信息?"对该问题的回答，可以考察应聘者是否具有广博的知识面和信息搜集能力。

问题2："如果你在与投资商合作的过程中犯了一次比较严重的错误，受到了投资商的指责，你将如何应对以挽回尴尬的局面?"对该问题的回答，可以考察应聘者是否具有协调能力和诚恳的态度。

同时，还要对面试人员进行系统培训，面试人员要充分认识到面试的目的是基于个人能力模型的考核和选拔。通过培训，面试人员严格按照结构化的面试程序和评分标准及面试试题来进行面试。另外，对面试人员进行思想教育，严格遵循公开、公平和公正的原则，对所有的竞争者应当一视同仁，对合格人员应该通过竞争选拔，择优录用。

(5)人员录用与安排

从面试中筛选出候选人后，通过无领导小组讨论、情景测试和心理测试的方法，基于个人能力模型对最终人选进行评估(其方法见表10－3)。

表10－3　　招商引资人员常用评估法

序号	方法	操作过程	目的
1	无领导小组讨论	·将复试者分成两组，布置一个招商引资项目，如某重点工业项目的招商引资。 ·复试者先通过无领导小组讨论的方式，对目前市场状况、投资商的资料、投资风险评估等进行讨论。 ·根据讨论的情况各自写一份该项目投资说明书。	考察应聘者的多个胜任力特征，如是否具有市场开拓能力、发现和解决问题的能力，以及风险评估能力。

续表

序号	方法	操作过程	目的
2	情景测试	·确定情景面试的考题,如某个投资项目想进驻当地。 ·考察过程按照分组的方式进行,每个成员担任不同的角色,在任务完成后使用 360 度评价法进行评价。 ·对应不同的岗位,评价的内容有所不同,需要招商引资部门负责各阶段工作的人员分别进行考察。例如,负责分析市场和拜访客户的面试人员对担任该角色的应试者进行市场开拓能力的考察;负责信息搜集的面试人员对担任该角色的应试者进行信息搜集能力、积极性等的考察。	考察应试人员对实际事务的处理能力,按照情景模拟的方式来对应试人员进行考察。
3	心理测试	·心理测试是对人的智力、潜能、气质、性格、态度、兴趣等心理特征进行测度的标准化测量工具。 ·根据由个人能力模型得出的招商引资人员需要具备的能力,设计一组心理测试题来检验他们的心理素质,例如,"如果拜访投资商,屡次遭拒绝,你该怎么做?""如果投资商在合作过程中突然变卦,要撤资,你该如何解决?"等等。	由于招商引资工作的复杂性和挑战性,随时会产生各种突发情况,这就要求招商引资人员仅仅具备全面专业知识是不够的,更应具备良好的心理素质。

最后,根据各个测试阶段的综合表现,选拔出适合招商引资的人员。这种基于个人能力模型选拔出来的招商引资人员所具备的专业知识、未来的潜力和心理素质,都比较符合招商引资工作要求,有助于推动招商引资工作的顺利开展。

招商引资人才培养策略

任何招聘引进活动都无法做到一步到位,不可能招入 100% 适合的人才,招商引资人员具备的初始能力与当地所需求的理想能力状态会有一个差距,人才培养就是指提升招商引资人员能力以弥补这个差距的过程。

即使我们基于个人能力模型对招商引资人员进行优选,这些人员从进入招商引资部门到成为真正的招商引资人才,还需要经历一个相对长期的过程。一方面,新员工必须不断学习、实践,提高自己与招商引资部门要求的匹配度;另一方面,招商引资部门必须提供各项有效支持,发挥合理的牵引助推作用。因此,当地招商引资部门应当建立科学的人员培养体系,提升人员的整体素质和能力。通常情况下,招商引资人才的培养需要了解现有能力状态和理想能力状态,通过确定之间的差距,有针对性地进行知识或技能的培训(见图 10—6)。

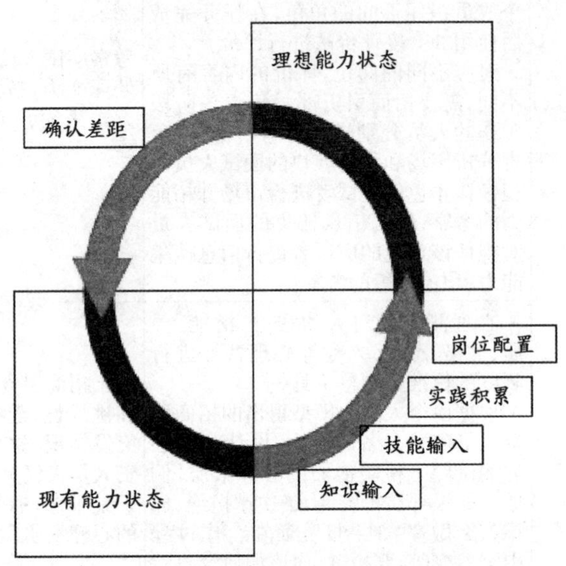

图 10—6　招商引资人才培养模型

由招商引资人才培养模型可以看出,完善的人才培养体系必须能够提供四大支持:①知识输入:掌握招商引资人员知识情况,针对不同层次、不同岗位,有针对性地进行知识输入。②技能输入:根据招商引资人员实际情况,培养相关工作技能或技巧,提升工作效率,增强工作积极性。③实践积累:使招商引资人员将知识与技能及实践相结合。④岗位配置:招商引资人员能力提升之后,将这些人员科学地配置到合理岗位,最大化地发挥其作用。

(1)培养专业知识和技能

招商引资要求招商引资人员具备比较全面的专业知识和技能,因此,只有招商引资人员具备了专业知识和技能,才能够胜任招商引资工作。关于专业知识和技能培训的方法多种多样,可以是短训班、研修班、讲座、经验交流研讨会、参观交流等,在此,我们以招商引资干部实务培训为例进行说明。

资料链接10—4 招商引资干部实务培训(示例)

当前,全国各地政府为发展本区域经济、增强本地区区域经济竞争力,皆着力于全面推进和实施招商引资工作,许多地区取得了令人瞩目的业绩。然而,也有诸多地区在全面推进招商引资工作中成效不佳、困难重重,甚至步入误区,导致整个地区招商引资工作步履维艰,区域经济发展严重滞后。

针对各地招商引资工作业绩参差不齐且存有很多误区的现实状况,为有效增强各地干部招商引资的能力、有效获取招商引资工作业绩、富有成效地运用和发挥招商引资这一区域经济发展的重要杠杆作用,现有××高校及业内知名企业××公司携手整合高校优质师资,以及政府、产业界知名成功人士,秉承“培养招商引资实用型专业人才”的理念,努力帮助各地政府培育招商引资精英,掌握国际、国内先进招商引资管理思想和成功模式,提高招商引资干部创新意识和引资能力,特联合推出“招商引资干部实务培训”活动方案。

一、招商引资培训主题

1. 吸引外资注入的要素把握;

2. 投资商投资需求所关注的重要环节;

3. 投资商投资项目最看重的优势;

4. 招商引资工作的误区及对策思路;

5. 招商引资成功运作的实施举措;

6. 有关项目推介。

二、培训特色

1. 80门招商引资实战课程,700余课时招商引资创新思维、操作模式、成功经验、国际与国内产业前沿信息,开发区运营创新之道;

2. 60多位专家(名单另附)精心准备,学员可以根据实际情况进行选择及深化;

3. 丰富的招商引资案例,总结成功经验,吸取失败教训,全面提升学员对招商引资实务的理解及运用;

4. 以“人”为本,提升招商引资人员综合素质,拓宽眼界、创新思维、学习先进知识;

5. 广泛接触考察知名成功园区,实地讲解,交流互动。

三、培训形式

1. 专家授课;

2. 专家和学员面对面互动交流;

3. 考察参观运用外资或项目成功的企业(即时交流);

4. 学员间交流研讨。

四、培训周期:每期7天

五、培训对象

各地政府主管外经和外资工作的领导、外经(经济)主管职能部门成员、各地区招商局领导和招商专业人员、各地区驻沪办领导和专业招商人员及政府各有关部门人士。每期培训人数40人。

六、培训经费:另定

七、培训登记表和培训课程(另附)

××高校、××公司

2012年10月26日

要成为一名优秀的招商引资人才,还必须全面深入地了解当地政府政策、产业规划、投资环境。如前所述,招商引资是一项系统性工程,涉及政治、法律、经济、人文等各个方面,因此,地方招商引资部门必须构建学习型组织,及时更新组织观念和个人知识结构,以适应新的招商引资形势。通常情况下,从经济角度来看,需要通过以下7个模块加强学习和培训(参见资料链接10—5)。

资料链接10—5 招商引资课程列表(示例)

模块一	宏观经济形势分析	1. 宏观经济环境和政策分析; 2. 国内外投资环境分析; 3. 产业发展趋势及招商引资; 4. 新形势下产业转移趋势; 5.“十三五”期间招商引资趋势; 6. 当前国内外经济形势分析; 7. 地方经济增长模式转变路径; 8. 跨国公司在中国投资策略; 9. 产业转型与产业转移; 10. 招商引资与投资环境; 11. 战略性新兴产业发展趋势; 12. 地方政策与招商引资理性化; 13.“十三五”期间外资政策与投资发展; 14. 区域经济战略与招商引资规划。

续表

模块二	开发区运营管理	1. 开发区可持续发展策略； 2. 产业园区的布局与发展； 3. 开发区经营与管理创新； 4. 产业园区的定位与招商引资模式； 5. 产业园区营销策略； 6. 产业园区品牌发展策略； 7. 开发园区系统营销模式； 8. 园区管理理念与创新发展； 9. 政府招商策略与园区模式创新； 10. 开发区引资模式创新与二次升级； 11. 开发区转型升级与产业布局； 12. 产业园区招商引资形象塑造。
模块三	招商引资实务操作	1. 招商引资创新思维和艺术； 2. 发展现代服务业与吸引外资； 3. 产业经济分析与重点招商项目； 4. 招商引资项目评估； 5. 招商引资策划与科学统筹； 6. 招商引资原则与智力引进； 7. 开发区招商引资政策比较分析； 8. 科学制定招商引资年度规划； 9. 现代招商引资管理； 10. 学习型招商引资组织与职责分工； 11. 从"招商引资"到"招商选资"； 12. 招商引资政策与法规解读； 13. 商会组织与招商引资； 14. 经济开发区招商项目路演； 15. 成功招商方法与引资技巧实践； 16. 招商引资风险规避方法和措施； 17. 招商方案设计与创新； 18. 如何突破"招商引资"瓶颈； 19. 招商方法与投资技巧； 20. 规范招商项目书制作； 21. 招商工作流程培训； 22. 招商形象塑造与宣传管理； 23. 如何成功游说投资商； 24. 现代服务业发展与招商引资； 25. 如何控制和降低招商成本； 26. 招商引资管理与运作模式； 27. 招商引资谈判与后续服务； 28. 招商引资统筹策划与区域营销； 29. 投资商投资误区与风险规避； 30. 招商引资与投资环境品牌塑造。

续表

模块四	招商引资领导素质提升	1. 如何提高领导力； 2. 如何提高招商引资执行力； 3. 招商引资领导科学与艺术； 4. 国际商务谈判； 5. 招商高效项目团队建设； 6. 用科学发展观指导招商引资工作； 7. 园区管委会定位与职能； 8.《营销管理学》经典导读。
模块五	招商引资人员素质提升	1. 招商人员创新思维能力拓展训练； 2. 现代商务礼仪； 3. 招商引资人员自我管理； 4. 谈判语言艺术与人际沟通； 5. 招商引资服务团队建设； 6. 招商推介活动的组织流程； 7. 招商引资谈判对手分析； 8. 时间管理； 9. 会议管理； 10. 管理沟通技巧。
模块六	案例分析与研修	1. 苏州工业园区定位与发展模式； 2. 苏州昆山招商引资成功模式； 3. 上海临港工业园定位与招商引资； 4. 上海虹桥国际商务区建设； 5. 杭州下沙开发区招商引资策略； 6. 金桥工业园区发展模式。
模块七	招商引资团队拓展训练	1. 团队建设与潜能拓展； 2. 招商团队协作精神培训； 3. 招商团队意志力培训； 4. 招商经理团队信任感培训。

(2)招商引资个人能力培养

对员工进行胜任能力培养，可提高个体和组织整体的胜任力水平，有助于员工与所在的岗位更加匹配，有助于适应组织的长期需求，有效地节约资源，达到资源最优配置。对于新进招商引资人员来讲，要根据个人能力模型，培养如下 7 种核心能力(见表 10—4)。

表10—4　　招商引资新进人员7种核心能力培养

序号	核心能力	能力描述	培养方法
1	卓越的分析能力	·持续保持对招商引资市场的高度关注； ·以客户需求、技术发展、未来预期等市场因素作为方向标，对影响市场的各潜在因素进行深刻的了解与把握； ·持续思考应对策略。	·向新进人员介绍目前的招商引资市场发展动态； ·观看招商引资项目的视频； ·参加一些招商引资项目促进会。
2	清晰的投入—产出意识	·不仅考虑到招商引资的短期利益，也要兼顾中期和长期利益，引入有效资本； ·能够感知招商引资风险，尽可能减小风险。	·向新进人员介绍投入—产出意识的重要性； ·介绍在招商引资工作中会遇到哪些风险，以及如何规避。
3	信息的收集与分析能力	·主动搜集信息，并建立起有效的信息搜集渠道； ·对获得的信息进行有效的分析，捕捉市场中存在的机会。	·介绍常用信息来源渠道，如各种行业协会、商会、中介机构、咨询公司、推介会等； ·安排一些项目和课题，让他们搜集相关信息，并对信息进行汇总、整理和筛选。
4	组织和沟通能力	·妥善处理与相关关系人之间的关系，促成相互理解，获得支持与配合的能力； ·招商引资工作需要与投资商、当地政府、中介机构等进行沟通协调，需要了解这些角色的价值取向，要学会站在他们的角度进行思考。	·向他们介绍以往在招商引资工作中出现过的问题，并向他们讲解在遇到类似问题时，该如何解决； ·进行案例分析，发现案例中存在的常见组织和沟通问题，然后提出自己的解决方法。
5	卓越的谈判技巧	·具有卓越的谈判技巧，在充分尊重双方利益的基础上，争取达到双赢效果； ·对谈判中可能遇到的困难、风险具有很强的预判力，并能提出应对方案并有效实施。	·进行商务谈判技巧培训； ·角色扮演，一些人扮演投资商，一些人扮演中介机构，一些人扮演招商引资人员等。通过角色扮演，进行招商引资谈判情景模拟。
6	全方位的服务意识	·构建广泛的人脉网络； ·全面深入地了解招商引资动态，为投资商提供全方位服务，提高当地招商引资美誉度。	·向新进人员培训服务招商或招商引资服务的重要性； ·带新进人员拜访一些投资商以及政府的相关部门，了解相关的利益诉求。

续表

序号	核心能力	能力描述	培养方法
7	明确的法制观念	·熟悉招商引资工作的具体操作流程、风险规避方式方法、权益保障、财务分析、国家政策、法律法规等内容。	·相关知识的讲座； ·案例介绍与分析。

(3)实习培训

经过前期培训与内部学习，新进招商引资人员应该了解和掌握当地招商引资的情况。为了让这些人员更快地适应环境和工作岗位，同时建立良好的人际关系，增强团队意识与合作精神，尽快地融入招商引资团队中，一般情况下，安排实习培训，通过导师制培训和轮岗培训，尽快完成招商引资角色转变(见表10—5)。

表10—5　　招商引资人员实习培训的2种方案

序号	培训名称	培训目的	培训方法
1	轮岗培训	·更详细、更深入地了解招商引资各部门的具体工作安排； ·尽快进入角色，寻找到最佳的职业发展切入点； ·通过轮岗培训，也可以了解自己适合哪些岗位，为以后的人员配置提供科学参考。	·针对不同岗位，确定轮岗的部门和岗位及所需时间(例如，首先在市场部培训实习2个月，然后到客户部培训实习2个月，接着再去别的部门实习培训)； ·一般轮岗培训时间可设定为一年。
2	导师制培训	·尽快熟悉具体工作流程和制度规范； ·做到对岗位知识应知、应会，全面掌握各项基本技能； ·尽快适应工作，立足岗位，快速融入招商引资团队。	·选派素质高、业务好的资深员工进行一对一的业务技术指导和帮助； ·各部门负责人指定部门内导师，原则上要求导师为该岗位的优秀或骨干员工； ·每位导师需针对招商引资人员制订辅导计划，根据计划表和沟通表跟踪员工的学习和成长情况。

(4)对招商引资人才进行岗位配置

基于招商引资人才的特殊性和重要性，只有根据招商引资人员在上述培训中的综合表现，并结合个人意愿，对他们进行合理的岗位配置，才能充分发挥其积极性和个人能力，形成当地招商引资团队竞争力，为实现当地招商引资战略目标提供人力资源支撑。要做到这一点，就要转变招商引资人才管理理念、手段和方法，充分培育和发挥他们的积极性、主动性和创造性，满足当地社会发展的需要。

打造专业招商引资团队

招商引资是一项专业性工作，涉及产业经济、区域经济、市场营销、城市规划、经济管理等领域的知识。招商引资工作的主体力量，最根本是要靠一支高素质的专业招商人才队伍。新时期的招商引资人员要求是复合型人才，要有较强的综合分析能力、应变能力和沟通能力。

培育打造高素质的专业招商引资团队是一项基础工作，也是一项攸关成败的工作。

招商引资团队是一个地方政府、一个园区的窗口，看招商人员的面貌就可以判断这个地方、这个园区的招商成效。有些园区，尽管其优势资源并不比周边的园区强，甚至显弱，但招商引资团队整体素质高，士气也高，从而取得了令周边园区刮目相看的招商业绩。

实际上，地区招商引资效果差，多与招商引资团队密切相关。成功招商引资离不开高效的招商引资团队（见图 10－7）。很多招商机构设置不明确，人员配备整体素质差，根本适应不了新时期高强度招商引资的要求。

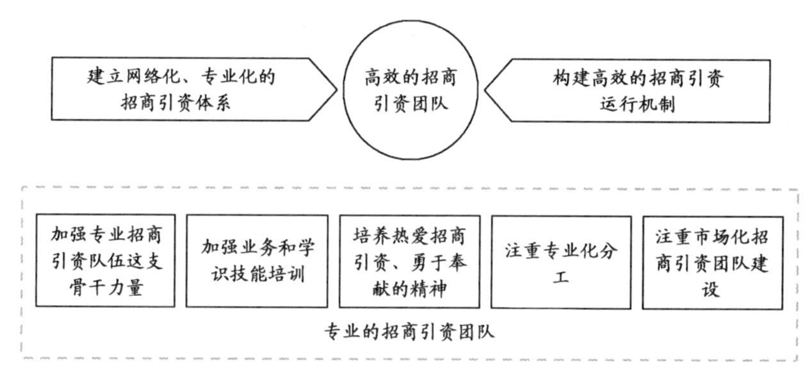

图 10—7　构建高效的招商引资团队

总之，招商引资取得成效，招商引资队伍的素质和能力至关重要。每一名从事招商引资工作的人员都应该有深厚的理论基础和实战经验；所要求的不仅是对政策法规、时事理论的掌握，还要了解外事接待、国际惯例、谈判技巧、公关谋略等基本常识，对计算机、互联网的应用能力更是不可或缺；同时，还应该拥有初步判断项目产业集聚力、技术含量等问题的能力。

注释：

[1]周宪彪．亿元大项目缘何纷纷落户衢州——衢州高新区招商引资工作启示[J].中国高新区,2016(2):76－79.

第 11 章 招商引资风险管控

本章将阐述如下问题：

- 招商引资风险的内涵和成因是什么?
- 如何识别招商引资风险?
- 如何规避招商引资风险?

招商引资过程中，机遇与风险并存，我们要看到招商引资中的机遇，积极利用内部优势，对接外部环境中的招商引资机遇，促进地方经济发展。但是，机遇中往往隐藏着风险，片面强调招商引资，忽视其中存在的风险，就会对地方经济发展造成极为不利的影响。由于招商引资的盲目过热和管控机制的匮乏，部分地方在引资过程中存在着许多问题，以及由此所导致的一系列风险。

招商引资既要看准机遇、抓住机遇，又要主动防范风险。

招商引资风险成因

风险的本质是不确定性，即获得某种收益或遭受某种损失的可能性。一般情况下，我们所讨论的风险是狭义风险，是指由于人们对未来行为的决策及客观条件的不确定性而可能引起的后果与预期目标产生偏离的程度。就招商引资风险而言，它是指在招商引资过程中，由于外部资金、劳动力、技术等要素流入所引致的政治、经济、社会的负面效应和危机因素。

资料链接 11-1　招商引资中的常见“骗局”

结合招商引资工作的实践，总结常见“骗局”如下：

骗局 1：假投资。自己其实并无投资实力，扛着投资商的牌子，打着“投资、考察”的旗号骗吃骗喝，到处“免费旅游”，有时也装模作样地签几份“合作意向书”掩人耳目，然后音信全无。

骗局 2：假招商会议。以一些国内知名单位的名义召开招商引资谈判会，并没有几个真正的投资商参会，临时找一些人来充当“投资商代表”，然后签订“合作意向书”，根本没有招商实际效果，以此骗取参会者的会务费用。

骗局 3：假咨询。某些中介咨询公司打着“牵线搭桥”的旗号，要求招商单位先付“前期考察费”、“前期咨询费”、“评估费”；有的甚至和评估公司串通一气，抬高评估费用后共同私分。

骗局 4：利用投资进行诈骗。一些不法分子在国内投资时高报其有形或无形资产出资价值，甚至将报废的设备、过时的技术投入，虚增投资股本。他们往往凭借其优势和经验，垄断合资经营企业的设备采购权，通过以次充好、高报价格等手段赚取非股权盈利。

骗局 5：伪造国外有价证券进行诈骗。有价证券是表示一定财产权的证明书，它所代表的财产权与证券自身不可分离，拥有它即表示拥有巨额资产。境外一些诈骗分子就采用伪造有价证券的方法，一般以“继承遗产”为由，以海外某些名人的直系亲属的面目出现，实施诈骗活动。

骗局 6：以存款名义进行诈骗。一些不法分子在境外向国内银行汇入一定数量的资金，然后再以存款为由要求银行提供巨额贷款，贷款到手后，便以“购买原料、先进技术”等理由把自己的存款设法转移至境外，利用贷款办企业或出口贸易，等到企业获得可观利润并把这些利润转移到境外后，就玩弄手段宣布企业破产，一走了之。

骗局 7：伪造银行的信用文件进行诈骗。银行的资信文件和信用凭证是各种金融业务得以顺利进行的基础，一些不法分子伪造银行保函、银行接受存款承诺书、引资担保书和贷款证明书等，以此来骗取引资单位的“前期手续费”，等钱到手后就溜之大吉。

在经济发展的激烈竞争中，招商引资作为吸引生产要素的重要手段，对增加当地财政收入和发展当地经济起着特别重要的作用。一些地区在经济工作中，明确提出“经济要发展，招商引资是关键”，甚至为了招商引资，频繁上演各种闹剧，很多政府在政绩观和操作方法上有问题，不管三七二十一，只要把项目和资金引进来就好，结果导致大量人力、物力等资源的浪费。

资料链接 11－2　典型的招商引资风险案例

案例 1：

2009 年 4 月，某乡政府实施招商引资战略，先后从外地引进数家民营企业到本土投资开矿，在招商引资管理混乱的情况下，乡政府先后与 5 家投资企业签订了开矿协议，其中有一个矿点重复签约。企业发现该情况后，立即与乡政府进行沟通，但协商无果，之后其中 4 家企业将乡政府以及最终获得采矿证的那家企业一同诉至法庭，要求赔偿经济损失等。2010 年 2 月，法院判令乡政府赔偿上述 4 家企业违约损失。

案例 2：

2009 年 2 月，某县政府通过招商引资招来一家销售公司，注册资金 300 万元，主要销售电子产品、化妆品及保健品等。由于该公司实属虚构注册资本以骗取招商引资政策支持的空壳公司，经营过程中甚至采用传销手段牟取暴利，经受害人举报，该公司法定代表人被当地公安机关逮捕，公司共计 60 多人被抓。2010 年 11 月，县检察院对该案介入调查，最终，县政府直接经办签约工作人员因犯国家机关工作人员签订、履行合同失职被骗罪，被处 5 年有期徒刑。

案例 3：

2011 年，江西省上饶、吉安等地法院审理了多起以招商引资为名诈骗的案件。涉案行为人的诈骗手段主要为：明知自己没有履约能力，仍与他人签订合同，收取合同定金或预付款后违约甚至逃之夭夭；先给对方较小的利益或承诺即将投入巨资开发项目，再要求对方借给巨额款项或是为其巨额借款提供担保。

从上述案例可以看出，招商引资存在着巨大风险，究其根源，主要在于以下 4 个方面（见图 11—1）。

企业不良的投资行为

政府招商引资活动是以双赢为目的，政府通过引进项目来促进当地经

图 11—1 招商引资风险的主要成因

济健康有序发展，企业通过在当地投资项目获取自身财富，因此在项目引进过程中必然存在政府利益和企业利益的博弈。而企业是以营利为目的的经济组织，在投资过程中必然会争取最大利益。当没有与之相匹配的监督管理制度约束时，一些企业就可能出现违背道德准则甚至法律法规的不良投资行为。例如，向政府部门提供虚假的可行性研究报告，虚报投资额、产值、税收等对政府决策有关键影响的投资数据；隐瞒或弱化项目在环境污染、安全生产、节能减排方面的不良影响，投资高耗能、高污染、有较大安全隐患的项目；提供虚假的资信证明，隐瞒资金实力，获取政府批文后进行虚假融资；私自变更项目内容，改变资金用途；等等。

资料链接 11—3 "梦幻城"圈地手法多地上演

大庆梦幻城历时 4 年仍处于大面积待开发状态，如此一个大手笔项目因何搁浅？知情人士表示，680 亿元的投资款根本没有到位，"项目都是垫资做的，不能说王耀民一分钱没有，但他自己估计很难有一两亿元"。李贤伟认为，大庆是一个人口不到 300 万的三线资源型城市，上海迪士尼乐园投资才 500 多亿元，680 亿元的投资即使对北京、上海都有吸引力，落户大庆有点匪夷所思。

大庆梦幻城赛车场和主题公园、奥特莱斯项目和接待中心，是政府找施工单位垫资建成的。大庆市政府某官员直言："有些建筑商是被王耀民骗进来投资的，建筑商对其不能及时到账工程款的做法极为不满。"

盘点规划所列的 20 多个重点项目，至今没有一项竣工，没有一项是由圣地置业独立投资,16 平方公里的整体开发权给圣地置业带来的收益却高得惊人。业内人士认为,王耀民通过与大庆市人民政府签订合作开发协议而取得土地的特许开发权,事后以此要求后续的投资开发商全额投入开发建设,自己则与投资商合伙成立公司并拥有至少 20%的公司股份,公司赢利后自己可获得的收益为 30 亿~50 亿元。

资料来源:王进,李鹏飞."梦幻城"圈地手法多地上演 大庆 680 亿元项目搁浅[N].第一财经日报,2013-10-09(A04).

项目无法达到预期效益

有的企业投资体系不完善,投资决策者对项目不经过严密认真地论证,不全面了解投资项目的信息,轻率决定立项;有的企业法人治理机制不完善,经营管理水平有限,导致在项目扩大规模或因市场因素转型升级过程中决策失误,经营难以为继;有的企业创新动力和创新能力不强,参与市场竞争无明显优势或处于劣势状态,企业发展能力不强,抗击风险能力差;有的引资企业在进入当地前,没有对当地的市场资源进行充分调研,对本地是否形成了较为成熟的配套关联产业链缺乏了解,致使引资企业在当地投资的项目生产经营出现困境,达不到预期效益。

部分产业受国家宏观调控政策影响较大

受国家宏观调控影响较大的行业有房地产、电力、矿产、风电、光伏等,这些行业的波动又直接影响到其上下游产业的发展。例如,房地产政策直接影响到钢材、水泥、建材等行业发展,煤炭价格调控政策直接影响到电力、煤化工等行业发展,风电、光伏等新兴产业政策直接影响到电站建设、设备制造及其运营服务业的发展等。

政府招商引资活动存在缺陷

政府招商引资的缺陷主要体现在以下几个方面:

(1)项目引进程序不规范,对项目审核把关不严

有些地方的项目审批程序过于简化,环评、土地、规划等前置审批程序弱化;对项目的投资对象缺乏充分考察,对项目内容审查不够严格,使劣质或虚假项目乘虚而入。

(2)项目缺乏必要的评估,对引进项目判断不准

无完善的项目评估机制,对项目的投资背景、资金实力、市场前景、产业

布局、原材料来源、技术水平、环境影响、安全生产等方面未进行全面评估，仅凭企业单方面提供的项目建议书或可行性研究报告进行判断，易造成判断不准，盲目引进。

(3)招商引资重服务、轻监管，缺乏对企业未履约行为的监督和制约

一些地方政府十分注重招商引资和项目开工建设期的服务，却忽略了对项目建设和投产后企业履约行为的监管。项目是否按洽谈时承诺的投资强度、容积率建设，建成后是否达产，投产后是否实现预期的经济效益，对此并无有效的监管措施。

(4)缺乏项目用地退出机制，项目只进不出

目前，大多数地方政府未建立有效的项目用地退出机制，对于已取得土地证或已开工建设乃至已建成投产但因各种原因造成土地低效利用或闲置的项目，无合法合规强制收回的有效机制，通常通过市场价格回收用地成本巨大。

建立社会中介组织及服务的独立运行机制和有效监督机制，为市场主体和社会招商力量提供保障。

针对招商引资风险，需要在识别、估测、评价的基础上，采取有效的管控手段，对风险实施控制，妥善处理风险所致的结果，以期以最小的成本达到最大的安全保障。通常情况下，招商引资风险管控过程包括以下几个基本环节(见图 11—2)。

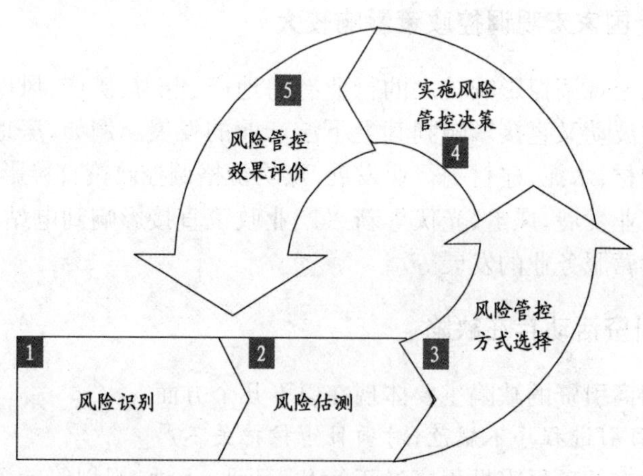

图 11—2　招商引资风险管控过程

招商引资风险识别

在招商引资实践中，由于一些人为因素和企业逐利因素，加之地方招商引资管理缺位，使得某些招商引资活动偏离预期目标，不仅没有促进地方经济发展，反而成为巨大的发展障碍。因此，招商引资部门和相关人员需要清晰地认识招商引资存在的风险，通常情况下，招商引资风险主要包括以下 6 项(见图 11—3)。

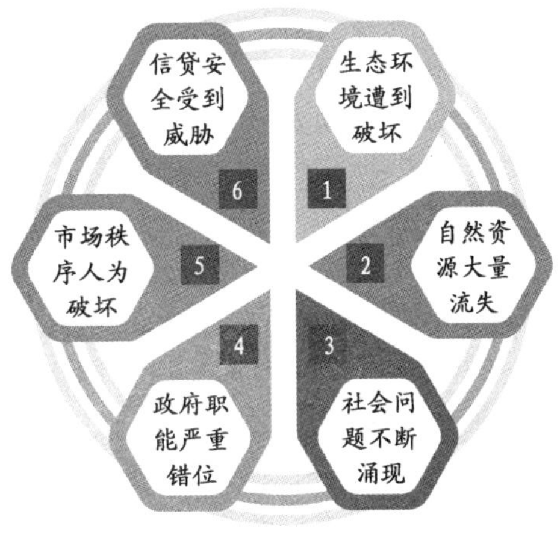

图 11—3　招商引资存在的主要风险

生态环境遭到破坏

在沿海地区改革开放之初及今天的中西部欠发达地区，这个问题比较普遍。在自上而下的 GDP 考核至上原则下，地方政府只顾眼前利益，不管什么企业，只要来了都奉若上宾，享受优惠政策。结果外国淘汰的落后企业、工艺被转移到了中国，在发达地区待不下去的污染企业来到了欠发达地区，城市要关、停、并、转的“三小”企业在农村地区落地生根。地方环保部门在政府招商引资优惠政策下，只能做服务性工作。更有甚者，将环保局一撤了之。地方经济指标在短期是提升了，但带来的生态污染问题却长期危害社会。

自然资源大量流失

土地、矿产、森林等自然资源是有限的，并且森林等自然资源有一定的生长期。在招商引资过程中,一些地方政府片面追求短期经济效益,将土地、矿产等重要自然资源低价拍卖,使其在短时间内迅速流失。部分地方以经营城市的名义,将城市可用土地全部拍卖,城市后续发展空间窄小,影响了经济社会的可持续发展。

资料链接 11—4　纠结于招商引资的危险倾向

……

不知从何时起,招商引资成为各级政府的首要工作。这说明,一些地方官员片面追求由经济发展和 GDP 增长带来的政绩效应已到了痴狂的地步。冲动是魔鬼。毋庸讳言,许多地方领导拍板招商引资、建工业园区,很大程度上是依靠"灵光一闪"的突发奇想,有想法后就立即付诸实施,而不经过任何科学规划和实际勘测,同时也不考虑招来何种企业,只要有资金注入就会敞开方便之门。

但幻想与现实之间的距离无法靠冲动来弥补,招商引资不是想招就能招的。首先,国家相关政策规定,建工业园区需要经过中央审批,虽然这条规定在某种程度上阻碍了招商引资的及时性,但也对过热的招商引资、不计后果建工业园区形成一定威慑。其次,一些客观因素也制约了当地招商引资的进展,比如当地的经济传统、人文意识、地理环境、资源分布等;而"冲动"式的拍板则不考虑现实状况,认为只要建起工业园区就能招来资金,就能为经济注入活力。

事实证明这不可能。这是因为,违规建工业园区、不顾客观实际的招商引资必然会与当地居民形成利益空间的争夺战;加之如果招来污染严重、耗能严重、经济增长粗放型的企业,结果会再次加剧矛盾,甚至升级为暴力冲突。

资料来源:戈海. 纠结于招商引资的危险倾向[OL]. 光明网—光明观察,2011—10—11. http://guancha.gmw.cn/2011—10/11/content_2767565.htm.

社会问题不断涌现

一些地方对引进的企业承诺了非常优惠的政策,土地价格低于市场价。土地收益损失最终转嫁到了被征地农民身上,补偿标准不按国家政策执行,补偿费用难以到位。国有企业破产改制过程中,引进企业往往能用比本地竞争者低的成本获得竞争的胜利，带来的直接弊端是企业职工合法权益得不到保障。政府作为社会公正和社会安全的维护者、社会整体利益和长远利益的捍卫者以及社会利益冲突的平衡器这些功能失灵，最终引发社会问题，导致被征地农民、企业改制职工等频频上访。

政府职能严重错位

部分地方号召全民招商，所有部门、单位纳入招商引资绩效考核范围，有的地方甚至是招商引资一票否决制，连公检法等部门也概莫能外。结果，部门领导放弃部门职责，整天在外面拉关系、攀老板，以求完成引资任务。政府部门直接参与招商引资，难免不利用公共权力为投资方“排忧解难”，给予对方超越相关法规的种种“优惠待遇”，以致职能严重越位；同时，自己的本职工作不能集中全部精力去做，出现职能缺位现象。

资料链接 11—5　河南安阳招商乱象调查

招商引资是地方政府一把手工程，近年来，随着区域竞争进入白热化，招商大战也在如火如荼地上演。

不过，在“招商大战”中出现的各种问题不得不令人深思。在产业链不完整的基础条件下，安阳与周边区域形成恶性竞争，引入产业饥不择食，也正是这种招商乱象的存在，使得当地土地资源早早透支，陷入“土地短缺”的危机，导致想落户、符合落户政策的企业无地可落。

尤其值得注意的是，在招商中，许多领导是亲自抓项目、抓进程，这样一方面显示出其对招商工作的重视程度，但另一方面也给很多领导增加了权力寻租空间的可能。领导的意见往往决定着企业的巨大利益。近年来，在安阳已经有多个高层领导因招商引资落马。

● 政府过度让利

入园企业安彩集团下属的燃气管道公司于 2003 年入驻安阳市高新技术开发区，并以 3 万元的价格拿到了企业用地，而当时的土地市场价格在 13 万元一亩。此外，开发区还给予 10 年的税费优惠：前 6 年地税全部返还，后 4 年返还一半。而公司办公场所也由开发区进行一定比例的补助。且在到期后，这个优惠或仍将延续。

……

● 被透支的土地资源

河南全省有 180 个产业集聚区，几乎每个县都有一个，但并不是每一个县都能够招来外商投资。2011 年安阳市一般预算财政收入为

77.4多亿元,财政收入在全省处于落后地位。安阳市有9个产业集聚区,但没有一个行业形成了完整的产业链条。

……

● 尴尬招商局

由于土地有巨大的利益,企业通过做各种工作把这块地拿到手。在利益面前,行政审批不堪一击。虽然按照规定,土地圈而不建两年就应该收回,但在现实层面,这一规定很少能够得到落实。

资料来源:刘永.河南安阳招商乱象调查[N].中国经营报,2012—08—27(B10).

市场秩序人为破坏

由于政府对引进的项目实行优惠政策,在事实上对另一些市场主体形成了歧视,导致不公平竞争;与此同时,一些地方为了出政绩,采取行政手段,责令本地企业参加由其组织的"交易会"、"洽谈会",有的甚至由地方主要领导出面"乱点鸳鸯谱",授意企业低估自有资源价值,一味迁就外来客商。急功近利,不按市场准则办事,要么导致国有资产大量流失,资源整合无法到位;要么招商引资履约率低得骇人,对本地企业发展产生了人为阻力,损害了本地企业的竞争力。

另外,由于缺乏整体规划和区域间协调机制,地方政府间为博眼球,常常出现"一窝蜂式"招商现象。只要是热点项目、热点产业,不管是否真正适合本地区实际,各地政府都会争相引进。[1]这不仅造成资源要素浪费,还会导致大量低水平重复建设,造成各地产业趋同,加速产能过剩。比如近年来的太阳能光伏、生物医药、服务外包、总部经济、新能源等热门产业,中央政府一经提出,各地政府就都争先恐后积极引入。

资料链接11—6 招商优惠不能违背法律

当前,很多地方在招商引资的过程中,常向企业许以地价优惠、税收减免等条件,这不免让人感觉到这些地方有对税法不尊重之嫌。审计署公告显示,在2012年审计调查的全国54个县中,有53个县在2008～2011年间,出台了200多份与国家法规明显相悖的招商引资优惠政策文件,变相减免应缴财税收入70多亿元。

从这些地方的违规内容看,不管是直接让税,还是让土地、让资源,让的都是公共财政收入，让的是国家政策，让的是国家法律。有税必征、依率计税，是税法的基本要义。无论是税收的开征，还是退税减免，都必须按照法律规定，遵循一定的法律程序办理。即使一些地方政府实行“先征后返”或以奖金返税，也改变不了违法的事实。

……

招商“让税”，其实质是慷国家之慨、夺百姓之利、违法律之规、行“数字出官”之实。这种“让税”，折射出一些地方官员对法律的漠视。有法必依、违法必究，是法治社会的重要体现。如果任由这种变相免税、灰色减税发展下去，执法不严、违法不究，还会令法律的尊严受到损害。

需要给地方招商优惠政策扎上“笼子”：不得冲撞公共利益的禁区，坚守住法律法规的底线，不突破政策的防线。只有这样，才能最大限度地保障国家利益不受侵害，才能最大限度地维护社会公正，维护财税法制的公平性和严肃性。

资料来源：封江淮．招商优惠不能突破违背法律[N]．经济日报，2013—05—21(5).

信贷安全受到威胁

为追求地方经济增长和充分就业等经济指标，一些地方政府在行为上偏好招商引资数量，忽略招商引资质量，以致违规型招商引资企业和规避型招商引资企业居多。有的企业完成公司注册后就将资本金抽回，或者干脆虚假注册，最终只从总公司派来几个人，所需资金全部由地方银行提供贷款，原材料是当地的，土地、厂房是当地政府免费提供的，市场是当地的，一有盈利就被总公司拿走，一旦市场看坏，就溜之大吉。市场竞争能力差、成长性差，造成企业短命现象，严重威胁了金融机构的信贷资金安全。

招商引资风险管控策略

招商引资对于学习借鉴发达地区领先的技术和先进的管理经验、缓解就业矛盾、促进经济发展具有不可替代的作用。不能因为招商引资的负面影响而将其全盘否定，而应在理性分析的基础上，决定招商引资风险管控策略(见图 11—4)。

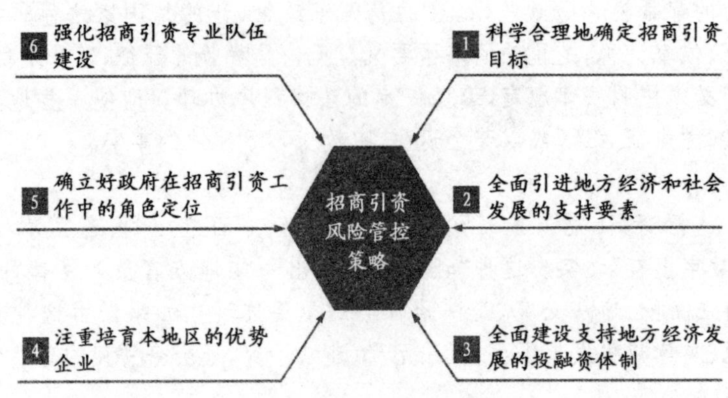

图 11—4 招商引资风险管控策略

科学合理地确定招商引资目标

仅以招商引资的资金额度来衡量其成果是片面的和不科学的，应当建立综合的指标评价体系。这一体系应当包括以下内容：

(1)外来资金投资收益率

这是决定外来投资商的投资热情和意愿的根本因素，也是衡量一个地区招商引资工作是否处于良性发展的关键因素。

(2)引资项目对地方财政的贡献率

这是地方政府开展招商引资工作最主要的动因之一。特别是在当前大多数地方政府面临着沉重的财政压力的情况下，各方面都对通过招商引资解决这一困难抱有很大的希望。

(3)引资项目对地方经济的综合带动作用

其中包括对本地相关产业的拉动、直接吸纳劳动力、对本地公共事业的推动，以及对本地信息化水平、管理水平、相关从业人员的培养、生产技术水平等各方面的综合影响。

(4)引资项目对地方经济社会的负面影响

其中包括对自然环境的破坏、对社会环境的压力、对经济环境的冲击。

(5)引资工作的投入—产出比

投入包括：政府在招商引资方面的直接投入；政府给予外来企业各种优惠所带来的隐性损失；由项目运行带来的管理成本和社会成本的增加；未来产业结构调整的经济和社会成本。产出包括：由引进资金带来的经济增长；由项目落实推动的社会发展；由项目运行拉动的经济和社会环境的改善；由资金投入导致的经济和社会结构的良性调整。这两者之间必须保持产出大于投入，才是健康的、良性的招商引资，才能给地方经济和社会的发展带来切实的好处。

(6)单位面积投资额

由于土地价格是由政府出面协商的，低于市场价，许多企业将投资计划做得很大，再分步实施。地方政府必须规定投资企业单位面积土地上的投资额，防止出现借机圈地现象。

全面引进地方经济和社会发展的支持要素

事实上，资金仅仅是地方经济和社会发展的支持要素之一，人才、信息等因素也是地方经济和社会发展所不可或缺的。因此，与资金的引进相比，这些支持性要素的引进应当处于更为优先的地位。

(1)人才的引进

一个地区人才的整体素质是决定这一地区经济和社会发展水平的根本因素，离开了适应经济发展要求的各类人才，一个地区的经济发展也就无从谈起。地方政府应当制定并实施系统的和切实可行的人才引进战略：一方面，全面引进和培养高级管理人才、专业技术人才等各类人才；另一方面，采取各种灵活有效的措施，全面发挥人才的作用，不要一谈引进人才就采取所谓高薪聘请等单一措施，做表面文章。

(2)信息的引进

信息化是未来社会的发展方向，在现代社会，信息化水平的高低在很大程度上决定了一个国家或地区的实际经济水平和综合竞争力。

(3)技术的引进

技术水平是工业社会的支柱，当前，我国任何一个地区的经济发展都不可能离开工业化这条道路；而生产工艺和技术对于工业企业来说，是一切生产经营活动的核心。

(4)管理手段、方法、经验的引进

无论是经济组织还是社会组织，管理水平是决定能否更有效率地组合各类资源、实现组织目标的关键因素。

全面建设支持地方经济发展的投融资体制

提高企业融资能力，重点是降低企业资产负债率，降低企业的不良债务率，提高企业资本运作能力。

从长远的观点和更深的层次来看，招商引资是短期的和片面的做法，它应该成为区域投融资体系的一部分，而不是全部。尽管就当前来说，招商引资是发展地方经济快速有效的做法，但是如果投融资体制不能及时建立，不仅地方经济的长远发展无法实现，就连现有的招商引资成果也无法巩固。因此，必须在开展招商引资工作的同时，全面规划和建设本地区的投融资体制。

注重培育本地区的优势企业

目前，招商引资仍然停留在引进产业资本的较低层面，而这正是处于发展中状态的主要表现。在我国整体利用外资的结构出现多样性变化的今天，地方政府更重要的工作应转移到培育当地优势企业上，通过境外借款、境外私募基金发债、境外上市等多种方式筹集资金，以期把企业做大做强。外资流入有多种形式，包括 FDI、证券投资、银行私人信贷、官方援助及多边转移支付等。

确立好政府在招商引资工作中的角色定位

招商引资的主体应该是那些能够对招商引资结果承担责任，而且深谙市场法则和客观经济规律的中介咨询机构或企业，政府只是从中起到引导和促进作用。通过整合各类招商资源，建立起协调、有序、规范、竞争的市场化招商引资机制，使招商引资按照商业规则和市场规律，真正成为由政府有关职能部门参加并指导的一种企业行为、社会行为和市场行为。

政府的作用主要是“引导”而不是“主导”，企业等市场主体和各类社会招商力量才是招商引资的真正主导力量。

强化招商引资专业队伍建设

国内招商引资先进的省市，大多有一个专职机构、一批专业人员专门负责招商引资和投资促进工作，如上海的外国投资促进委员会，天津、重庆的投资商投资促进中心，北京的投资商投资促进局等。这些机构除拥有部分专职招商引资工作人员外，还从社会上招聘了一批高素质的熟悉国际金融和贸易、涉外法律及外语等知识的专业人员，实现由“全民招商”向“专业招商”的转变。

招商引资是一项专门性工作，其专业性、技术性、政策性、灵活性都很强，并非任何组织、任何个人都能从事。

另外，要着力推进招商工作规范化，保持与企业的良性互动沟通，定期调研本地区引进企业或项目经营、税收和优惠政策落实情况，对企业有关用地需求、资金需求、人才需求方面进行深入摸底，有效改善引进企业的经营。[2]

资料链接11—7　招商引资项目中的风险管控机制设计

政府在招商立项过程中应该尽量规避风险，但现实环境是复杂和多变的，我们不可能穷尽每种风险因素。所以，我们需要掌握最基本的规律，立足基本的原则，建立一套科学的管控应对机制。我们需要遵循以下步骤：

第一，科学提出项目。一个好的项目规划书体现在它的专业性和全面性上。具体包含以下内容：①项目概况：背景、名称、投资规模、技术资质评价、合作方式等。②市场预测：产品的市场前景、国内同行业的发展状况等。③建设条件：项目前期准备情况、项目所在地产业状况、项目配套能力与基础设施、项目相关政策等。④投入—产出分析：销售量、销售收入、税费、利润及投资回收期、回报率、风险应对措施等。

第二，审慎选择投资方。在选择投资企业时，不能仅仅听企业单方面夸夸其谈，一定要深入投资企业，进行实地调查，考察投资企业车间、办公厂所、产品库房、生产流程等。在自己考察后，还要与专业的评估机构合作，对投资企业进行全面客观的评估。在评估过程中，应该从以下3方面着重考虑：①公司能力方面：领导理念、员工意识、规章制度、经营状况、企业文化等。②公司财务实力：近3年经营业绩和资产状况、负债状况、偿债能力、现金流量、信用评级、运营能力、盈利能力等。③公司发展前景：公司发展目标、产品市场前景、公司竞争能力等。

第三，综合评价招商项目。这往往是小的地方乡镇政府所忽视的，它们在招商的过程中，过多地关注招商的成功率，通常是注重短期利益的决策。如果想促进当地经济持久健康地发展，我们必须重视综合评价招商项目。那么，在综合评价招商项目过程中，我们需要把握以下3个基本原则：①科学衡量引资项目对地方财政的贡献率；②分析项目对地方的综合带动作用；③计算好投入产出比，保证产出大于投入。

资料来源：方浩，尹耀彬．政府招商引资中的风险管控机制研究[J]．现代商贸工业，2016(1)：187—188.

完善招商引资流程和制度

招商引资风险管控，从本质上来讲，需要梳理招商引资流程和制度，促进工作科学化、制度化、流程化,用制度来防范和管制风险。

规范项目引进流程

目前国家、省(自治区)、市逐级下放项目审批权限,这就要求基层政府自身负起更大的项目引进责任,要进一步规范项目引进程序,避免项目引进"一支笔"或"一言堂"。引进项目要履行"项目洽谈—项目联签—项目评估—签订投资协议—项目立项审批"程序。项目洽谈完成后,由招商部门形成具体的项目分析和引进意见,由土地、规划、环保、经贸、财政等部门联审联签,对引进项目从各自的专业角度分别签署引进意见,联审小组无异议的项目进入项目评估程序,评估通过的项目由地方政府和投资企业签订投资协议后,进行项目立项审批,完成项目引进。

地方政府还应当根据本区域实际的产业结构特征和实际发展状况,积极引导招商引资项目朝着规范化和科学化发展,如此,才能有效促进本区域产业结构的调整升级。[3]

建立项目评估制度

为吸引投资商,地方政府有许多优惠政策,甚至对投资商更是"待遇从优,环保从宽"。个别地方政府放松环保要求、降低环保门槛,采取"先上车,后买票"的政策,甚至对"上了车不买票"的现象都可以睁一只眼、闭一只眼,由此留下的种种环境隐患可想而知,造成招商引资与环境保护两者之间的矛盾冲突。因此,要加大对项目的前期考察、论证和评估。

一是设立项目评估工作组织机构,由政府分管经济、科技、土地、规划、财政、环境保护、安全生产工作的领导和相关部门领导,以及行业专家、法律顾问等组成项目评估工作领导小组,负责组织实施项目评估工作,下设招商引资部门办公室,负责日常具体工作。

二是按照"是否符合产业政策,是否有利于环境保护,是否确保安全生产,是否高效利用土地,是否促进经济发展",设定项目评估指标。基本指标有产业类型、投资规模(包括固定资产投资额、投资强度、容积率)、经济和社会效益(包括产出效益、税收效益和社会就业拉动)、科技进步、环保、能耗、安全生产等指标。

三是完善项目评估程序。由招商引资部门对项目的投资背景、市场竞争力、管理团队、技术水平等进行深入考察了解后,提出项目评估需求,并由项目联审部门联签后,提交相关的评估资料,由评估工作领导小组召开项目评估会议,集体评估,形成综合评估意见,作为决策项目引进的依据。

完善投资协议

政府与项目投资企业签订投资协议既是企业履行承诺、享受扶持政策的重要依据，也是政府规避项目引进风险、约束企业投资行为的有效手段。为此，需要完善投资协议内容，明确约定项目投资内容、投资额、投资强度、建设期、产值、税收等企业承诺事项和义务，并通过违约责任来约束和规范企业投资行为，为项目后期监管提供有效的法律依据。

建立项目跟踪和责任追究制度

一是成立项目建设督查机构，实行项目建设运营全程督查跟踪、推进审核、协调服务制度。二是确定项目负责人和责任领导，形成“项目负责人—责任领导”的层级责任体系。项目负责人由招商部门工作人员担任，牵头履行项目引进和建设服务跟踪责任；责任领导由政府领导担任，负责项目建设过程中各部门间的协调统一。三是建立招商引资责任倒查追究制度。招商引资项目落地后，根据实际落地指标与投资协议约定指标的差距，由项目建设督查机构实施责任追究。对于因项目责任人或责任领导在项目建设过程中，不负责任、不履行或不正确履行职责，造成企业无法履约的行为，分层级追究项目责任人和责任领导的责任，根据造成的不良影响进行教育批评、通报或年终考核不得评优的责任处罚。

缺乏有效的监管、问责机制，加大了政府引资决策失误的可能，也加剧了招商引资中腐败的产生。

引入项目退出机制

当招商引资项目建设完成或投产后，招商中介组织应聘专家组从国家产业发展政策导向、资源消耗、供地量与投资额、产出效益、配套需要、科技贡献率、生态环境影响等几个重要方面提出评估意见，然后汇总，得出项目整体评价，将其与招商引资项目负责人和相关人员的年终评先评优挂钩，与招商引资项目部门的工作经费挂钩，与人员的提拔挂钩，真正实现招商引资从业人员在薪酬和提拔方面的公平和公正。

项目签订投资协议后，每年由项目建设督查机构组织招商、国土、规划、经贸、财政、统计、环保、安监、科技等部门，根据各自的管理权限和对口业务，分别对公司注册、项目立项、开竣工投产时间、项目用地、固定资产投资额、产值、税收、出口额(外向型经济)、环境保护、节能减排、安全生产、科技贡献等各项指标，对应投资协议约定的指标进行履约检查评估，将评估结果汇总至项目建设督查机构，形成综合评估结果，作为投资项目兑现扶持政策和承担投资协议违约责任的依据。

根据项目综合评估结果，对于不能充分履行投资协议约定责任、项目综合评估未达到基准评估标准的企业，由项目建设督查机构及时督促整改，暂停享受各类政府扶持政策；对于连续 3 年综合评估结果未达到基准评估标准的项目，列入项目用地退出范围，启动项目用地退出机制。

通过项目用地退出机制，可对企业长时间闲置未开发土地、因企业经营不善或产业衰退造成的低效利用土地，以及对资源占用多、产业关联度小、技术含量低、税收贡献少的企业，通过重新审核方式，收回土地使用权，重新出让或安排新建项目。该机制对于盘活闲置资产、增加土地储备、合理开发使用土地资源有着积极的作用，从而促进经济的可持续健康发展。

综上所述，建立科学、公开的招商引资管理制度，是从源头上降低招商引资风险，引入项目用地退出机制则是对已引进项目土地利用的有效管理。只有“双管齐下”，才能最大限度地降低招商引资风险，解决土地资源的有效利用问题，确保政府招商引资为地方经济和社会发展提供长足的后劲。

资料链接 11-8　重大项目效益保障及退出机制实施办法（示例）

第 1 条　为保障××市招商引资重大项目（以下简称“项目”）的效益，促进项目履约落地，保证项目尽快产生效益，特制定本实施办法。

第 2 条　适用范围：经××市重大项目招商引资工作领导小组认定的××市招商引资重大项目。

第 3 条　项目须在投资合同条款中包含如下约定：

(1)投资计划（包括投资额和投资期限）；

(2)投资构成（其中固定资产投资所占比例）；

(3)总用地面积；

(4)效益指标（包括投资强度、产出比、税收贡献）；

(5)科技指标；

(6)动工、竣工时间；

(7)投产、达产时间；

(8)违约责任；

(9)遵守《××市招商引资重大项目效益保障及退出机制实施办法》的规定。

第 4 条　项目自建成投产后第二个完整会计年度起，单位面积年纳税总额需不少于 60 万元/亩。

第5条　项目自建成投产之年起，单位生产总值综合能耗值须符合落户镇街(园区)现行的单位生产总值综合能耗最低标准。

第6条　项目自建成投产之年起，年度研发投入(R&D)占销售收入比重不低于3%，发明专利申请量不低于1件。

第7条　凡被取消××市招商引资重大项目资格的，已享受镇街(园区)招商部门奖励的镇街(园区)，限期退回已享受的奖励资金。

第8条　项目退出标准：

(1)签约逾期不动工项目；

(2)在建逾期不投产项目；

(3)投资逾期不到位项目；

(4)投产后效益不达标项目。

第9条　对违规违约项目，由市内资重大项目招商引资办公室或市外资重大项目招商引资办公室(以下简称"市内资办"或"市外资办")责成项目所在镇街(园区)进行督促纠正。如项目在限期内未能按要求整改，由市内资办或市外资办牵头，会同项目所在镇街(园区)拟定初步处理意见，并征求相关职能部门意见，形成综合处理意见后，报市重大项目招商引资工作领导小组审定。

第10条　经市重大项目招商引资工作领导小组同意或会议审定后的最终处理意见，由市内资办或市外资办会同有关职能部门、镇街(园区)根据各自职能执行。

第11条　对于成长性强、发展前景好的优质项目，暂时未能兑现招商引资协议有关承诺的，报请市政府按"一事一议"原则研究决定具体退出标准。

第12条　各部门、镇街(园区)需在项目投资合同(协议)签订之日起5个工作日内向市内资办或市外资办报备。

第13条　各镇街(园区)应加强对招商引资重大项目的监督和管理，及时上报项目进展的动态信息。对未正确履行监督管理职责或监督管理不力的部门和人员进行全市通报批评；造成重大损失的，依法依纪追究责任。

第14条　各有关单位、镇街(园区)要进一步明确，把招引重大产业项目作为重大项目招商引资工作的导向，防止房地产、酒店项目过分挤占土地资源。

第15条　本办法由市经信局、市商务局负责解释。

第16条　本办法自公布之日起实施，有效期至2020年12月31

日。本办法施行前颁布的有关文件与本办法不一致的，按照本办法执行。

注释：

[1]葛晓雯．地方政府招商引资职能转变研究[D]．苏州大学，2016：36.

[2]王薇．招商引资服务工作规范化管理问题探讨[J]．现代工业经济和信息化，2016(12)：110－112.

[3]曲宁．试分析地方政府招商引资模式的创新[J]．中国集体经济，2017(9)：12－13.

第 12 章
招商引资绩效考核

本章将阐述如下问题:

- 如何科学地制定招商引资绩效考核指标?
- 如何优化招商引资绩效考核指标体系?
- 如何实施招商引资绩效考核?

实践中,招商引资也暴露出一些严重问题,比如资源过度消耗、环境严重污染、侵害当地居民利益等。之所以出现这些负面问题,很大程度上缘于招商引资绩效考核的内在缺陷。基于这些原因,近年来,人们加大了对招商引资绩效考核的研究,开始建立科学的绩效考核,并对之不断加以完善。在经济新常态的背景下,可以通过招商引资绩效考评指标体系的创新,有效地扭转地方政府和干部的片面政绩观,改变招商行为的理念、思路、方式等,引导地方产业结构转型升级,提高招商引资质量效益,促进地方经济发展稳中趋进、稳中趋好;同时,也可以达到改进政府管理、转变政府职能、提高政府效能、改善政府形象的作用。[1]

招商引资绩效指标

绩效考核指标体系是招商引资考核的基础和依据,也是制定奖惩制度的前提,体现当地政府在招商引资行为中的价值取向。通常情况下,招商引资绩效指标除了 GDP 贡献度外,还应包括是否符合区域发展战略规划、资源配置是否合理、产业集群是否有特色、投入产出率的高低、是否有利于环境保护等。[2]

确定科学的招商引资目标

就政府招商引资部门来讲,具体考核指标要依据当地总体招商引资目标来确定。招商引资总体目标分为以下 3 个层次(见图 12—1)。

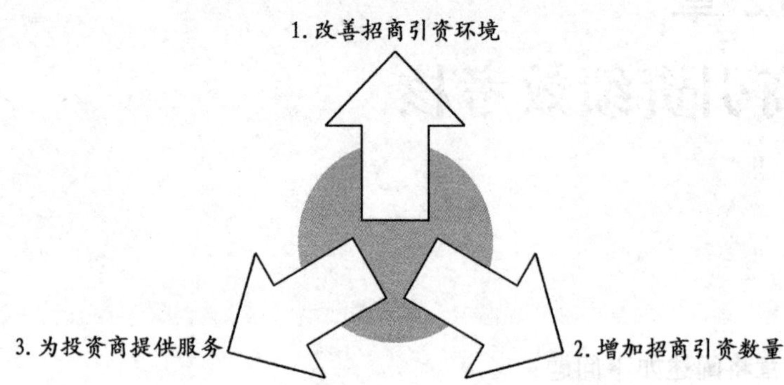

图 12—1　招商引资总体目标的 3 个层次

(1)改善招商引资环境

从整体上改善本地社会发展条件和市场运行环境,这是地方吸引潜在投资商、留住当前投资商的前提条件。例如,近年来,福建省将环境保护列入绩效考核,逐步淡化 GDP 增长指标,探索建立起与生态文明相适应的干部考核评价机制。从招商引资到招商选资,福建投资门槛越来越高,要求越来越严。然而,高标准、严要求之下,福建却越发成为投资的沃土。生态资源是福建最宝贵的资源,生态优势是福建最具竞争力的优势,也是吸引客商的一大因素。

(2)增加招商引资数量

这表现为一定金额的新引进投资量,一般分为合同资金与到位资金两种情况。例如,贵州省铜仁市聚集了 80 多处省级以上风景名胜,拥有 6 家全国重点文物保护单位、29 家省级重点文物保护单位。招商引资不仅让该市历史古迹、自然风光等优势旅游资源得到开发,旅游基础设施建设也不断增强,旅游产业迈上一个新台阶。2010 年该市接待游客首次突破 1 000 万人次,实现旅游收入 60 亿元,同比分别增长 46%、27.1%。

(3)为投资商提供服务

招商引资从项目的引进、对接、落地到后期发展,都离不开政府各个职能部门的服务。优质的服务也是吸引投资商的重要手段。因此,当地应该打造一支具有高水平招商引资服务的团队，推动招商引资项目的建设速度。例如，2013年，为了给广大投资商提供优质服务，兰州大力提高政府行政效能，变"一站式"办公为"一键式"服务，特别是对于符合产业规划、经济结构调整方向和处于重点扶持发展领域的投资项目，将从立项审批、土地保障、税收减免、融资贷款等方面提供最大限度的优惠和支持，使投资商在兰州投资安心、生活舒心，发展更有信心。

制定招商引资绩效指标

总体招商引资目标经过分解，下达到各个相关部门，但这些具体目标并不能作为绩效考核的直接依据，而需要将具体目标再分解，形成具体的绩效考核指标。

对于不同的部门，绩效考核的指标并不相同，各个因素被赋予不同的分值，即在绩效考核中具体的权重。针对不同的部门，每个因素的权重会有所不同(见表12—1)。

表12—1　　招商引资绩效考核计分标准(示例)

考核分项	考核内容	分值分配
组织领导(20分)	明确落实领导分工责任制	4分
	组织专门工作力量	4分
	拨付专项经费	4分
	制订年度工作计划	4分
	制订重点事项协调推进计划	4分
项目推进(50分)	完成实际利用外资金额和实际利用外资增长率	20分
	完成落户重大项目数	15分
	完成重点跟进重大项目数	10分
	完成一般联络重大项目数	5分
活动组织(15分)	组织产业专题招商活动	5分
	组织重大宣传推广活动	5分
	创新方式方法的招商引资探索实践	5分

续表

考核分项	考核内容	分值分配
日常管理（15分）	日常信息报送情况	5分
	专项材料报送情况	4分
	重大招商项目信息共享情况	3分
	配合领导小组办公室及市投资推广机构开展工作情况	3分
附加分（20分上限）	实质性引进单个投资额在1亿元人民币及以上的项目并完成项目前期工作	5分
	实质性引进单个投资额在3亿元人民币及以上的项目并完成项目前期工作	10分
	与国内外500强企业和国内产业50强企业签订合作协议	5分
	引进国内外500强企业和国内产业50强企业项目落户	10分
	全年无有效投诉事件发生	3分

资料链接12—1　推动各地由招商引资转向招商选资

为全面提高我国利用外资的质量和水平，商务部日前发布《关于建立招商选资综合评价体系的指导意见》，推动各地由招商引资向招商选资转变，建立招商选资综合评价体系。

招商选资综合评价体系包括以下六大内容：

1. 投资环境评价。在对经济发展、社会文化、基础设施、资源环境等基础指标评价的基础上，加强对发展产业配套、提高政务水平、完善地方法规和配套政策、推进人居环境建设、优化人力资源结构、知识产权保护等方面的评价。

2. 综合质量评价。全面掌握所吸收外资总量及结构，对已吸收外资的数量和质量进行总体评估。

3. 产业升级评价。对外资的产业投向进行有效评价与监管。加强对钢铁、水泥、电解铝、房地产等重点宏观调控行业的分析力度。

4. 创新能力评价。强化对外商投资企业创新能力的评价，反映当地外商投资企业在人力资源、研发活动等方面的情况。

5. 资源节约与环保评价。完善对外商投资企业节能减排与环境保护的监管；加大对外商投资新建、扩建高耗能、高排放和资源消耗型项目的监管力度。

6. 社会责任评价。倡导外商投资企业履行社会责任。注重对企业在诚信经营、合法公平竞争等方面的评价与引导。

资料来源：雷敏．商务部：推动各地由招商引资转向招商选资[N]．经济日报，2009－02－21(4)．

建立更加全面的绩效考核导向

招商引资的目的是吸引资源向当地集聚，使优势产业获得提升增值，因此，根据“3E”(经济、效率、效果)原则，确定招商引资绩效考核的导向(见图12－2)。

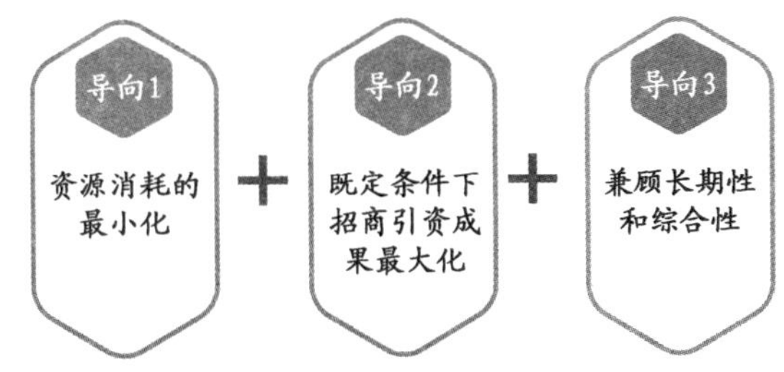

图 12－2　招商引资绩效考核导向

(1)资源消耗的最小化

招商引资绩效考核主要包括两个方面：投入和产出。既要衡量招商引资部门或人员在一定时间内的招商引资任务完成量，又要考量在引进项目和企业、实施招商引资的过程中投入了多少资源，也就是给予了多大额度的政策优惠(税费减免、地价优惠、财政补助等)。

招商引资绩效考核应建立“资源最佳利用”理念，以尽可能低的投入或成本，保证招商引资目标实现，保证项目引进数量和质量。

资料链接 12－2　不要忽视运动式招商的巨额成本

招商会招来资金、人才、技术与管理，会带来发展。但招商是一种经济活动，招商引资也要支付相应的成本。对于招商引资而言，它的发展效应与成本效应好比一个硬币的两面，只看到其中一面是不全面的。特别需要警惕的是，前几年曾经有过并且还在不断出现的运动式招商，特征包括大范围强劲动员、各种职能部门深度参与、项目签约金额层层分解、下命令要求短时间内签约成功。这种招商一方面可能使得地方政府坐收成千上万亿元意向性或实到项目金额，但另一方面也可能迫使政府付出巨额的招商成本。

……

最近山西等地提出,通过招商引资促进经济结构调整,这种意图可圈可点。但是,坏的招商成本效应较大、收益较小甚至为负,需要尽力避免。改革开放初期,企业和社会组织都还较为弱小,市场刚刚开始发育,政府出于启动经济发展的考虑,充当第一推动力,介入招商引资的活动较多,发挥了较大作用。发展到今天,市场经济体制已经初步建立,政府与企业以及社会中介组织的定位渐渐清晰。当前情况下,政府的职能底线是提供和维护经济社会环境以及提供社会公共服务,它在招商引资中作为直接参与者的角色应该渐渐淡出。

资料来源:冯奎.不要忽视运动式招商的巨额成本[N].中国经营报,2012－09－03(B09).

(2)既定条件下招商引资成果最大化

招商引资绩效考核要明确相关部门和人员在既定的时间内,预算资源投入究竟产生了什么样的结果。包括如下内容:提供的服务、进行的招商引资活动、招商引资的项目和金额情况,以及每次招商引资的支出。

(3)兼顾长期性和综合性

招商引资绩效考核除了要重视经济性、效率性,还必须把握效果性原则。招商引资行为的效果,是衡量公众满意度的一个重要且有效的指标。

招商引资效果的定义是"情况是否得到改善"。例如,能否支持实现"财政一般预算收入增长12%、区级地方财政收入增长15%"的目标,能否促进"全社会固定资产投资增长11%"的预期,项目投产是否会对"单位生产总值能耗、化学需氧量和二氧化硫减排量完成上级任务"的要求造成压力,以及是否会创造更多就业机会等。

优化绩效考核指标体系

建立科学的招商引资绩效考核指标体系,必须既体现科学发展观,又符合当地社会经济发展实际状况;既要有体现中央和上级政府意志的统一的约束性指标,又要有符合地方实情的个性化指标。

利用标杆管理法

标杆管理法,首先是寻找招商引资绩效标杆,测定当地实际的招商引资绩效表现与标杆之间存在的差距；在此基础上，制定当地招商引资的年度目标。招商引资绩效考核标杆管理法分为以下 4 个步骤（见图 12—3）。

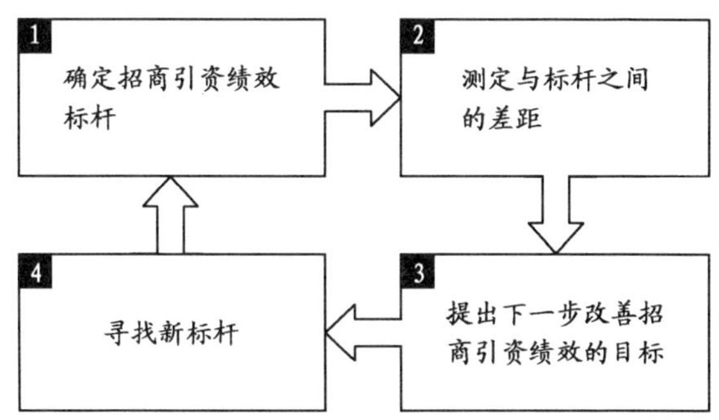

图 12—3　招商引资绩效考核标杆管理法的 4 个步骤

（1）确定招商引资绩效标杆

在上级行政区域内，以近 2 年招商引资绩效最佳实践作为衡量标准，确定明确的追赶目标，而且要确认是全程还是某一阶段（如本届政府时期）的标杆。

（2）测定与标杆之间的差距

确立了招商引资绩效目标后，确定当地招商引资绩效与标杆目标的差距，找出差距的原因以及标杆目标取得最佳绩效的成功因素，从而确定预期标杆管理所要达到的目标水平，制定达到或超过标杆目标水平的具体指标及权重。

（3）提出下一步改善招商引资绩效的目标

依据所设计出来的指标体系，进行全面实施，所有招商引资相关部门要保持目标一致、行动一致，同时还要不停地对招商引资行为实施监控和评估，按照环境情况的变化，进行必要的调整；如果无法取得满意的效果，就需要返回前两个环节进行检查，找到原因并重新进行调整，直到达到理想的效果。

（4）寻找新标杆

当招商引资绩效达到预期目标后，为持续提高当地招商引资工作绩效，要继续寻找追赶目标，寻找并确立新标杆。

绩效考核指标关键点

优化当地的招商引资绩效考核指标，必须全面了解招商引资工作中的目标和价值追求，然后对目标进行具体细化，分类分层，突出重点。一方面，要排除与招商引资绩效无关的评估指标，以保证评估的高效率；另一方面，要全面仔细地评估，力求将评估结果的误差降低到最小。通常情况下，招商引资绩效考核指标包括以下 3 个关键点（见图 12－4）。

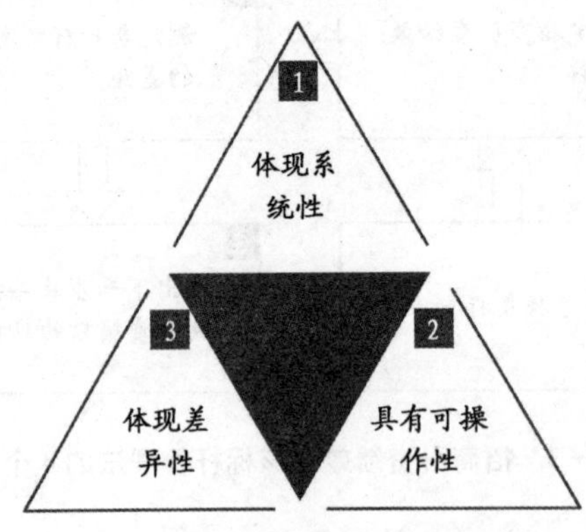

图 12－4　招商引资绩效考核指标关键点

(1)体现系统性

既能全面反映招商引资系统内部各个要素相互作用的结果，也能全面反映经济、社会和人的发展，促进经济社会与人口、资源和环境的统一。

(2)具有可操作性

改变以往重视定量评估、不重视定性评估的传统，不能忽视对定性指标的了解和考察，将定量与定性评估结合起来，保证绩效考核的结果更全面、更客观地反映地方政府招商引资绩效状况。并且，招商引资绩效考核指标体系的设计要突出重点、易于操作。

(3)体现差异性

在统一的招商引资绩效考核标准下，对实绩考核内容赋予不同的权重结构和侧重点，区别对待不同单位、不同岗位、不同经济发展水平和客观条件下地方政府的政绩。例如，对各镇、街道、园区进行招商引资绩效考核时，应更多关注区际合作所取得的成绩，这样必然会更有效地激励彼此的合作，从而使各自优势得到互补和充分发挥。

指标体系补充

现行的招商引资绩效考核指标体系中，还有一些与经济、社会、生态、民生关联的指标，必须加以补充。

(1)成本支付指标，包括土地占有、能源消耗、政策资源等；

(2)税收贡献指标，主要是单位面积土地上的税收贡献程度；

(3)环境影响指标,包括对当地空气、水源、地质等方面的影响程度;
(4)创造就业指标;
(5)民居福利影响指标,如交通、商业等领域的福利增进;
(6)其他机会的增加。

资料链接 12—3　招商引资绩效考评指标内容设计

地方招商引资工作是一个系统工程,其主体涉及地方政府、企业、市场;其过程涉及招商项目的招引、投资、推进、竣工、投产;其效益涉及数量和质量两方面,具体包括投资贡献、税收贡献、就业贡献、环境生态影响等内容。所以,招商引资绩效考评指标内容可以从数量业绩、经济贡献、产业培育、社会责任、政府服务这 5 个层面考虑。

1. 数量业绩。招商引资如果没有一定的数量作为前提和基础,质量效益就无从谈起。为了科学地考评地方政府招商引资的数量情况和基础业绩,为了更加科学地反映地方政府招商引资工作成效,可以分别采用静态和动态视角,从项目协议资金和项目实际投入资金两个方面设置考评指标,即地方政府在一定时间内招商引资完成的数量规模及与往年同期相比的增长情况。

2. 经济贡献。为了考评地方政府招商引资的经济贡献,结合招商引资自身规律和地方政府实际工作情况,可以考虑从投资、税收、就业三个产出层面对招商引资的经济效益质量进行指标设置和考评。同样,为了科学性和公平公正性,每个指标都可以从动态和静态两个视角,考察当年完成情况和与往年同期相比增长情况。

3. 产业培育。产业培育也是衡量招商引资质量的重要方面,可以从企业质量和产业质量两个层面考评地方政府招商引资的质量。企业质量方面,可以从地方政府招商引资项目企业中,名、优、特、强企业总数所占比例,高精尖人才团队总数所占比例,企业创新研发投入情况,总部企业的数量等方面,考评招商引资质量水平。产业质量方面,可以从招商引资的项目中,新型工业项目所占比例、新兴产业项目所占比例等方面,考评招商引资的质量。

4. 社会责任。招商引资企业履行社会责任状况,也是间接衡量和反映地方政府招商引资质量的重要内容。社会责任考评指标,主要可以从环境保护、土地节约、社会责任等方面,考评地方政府招商引资项目当年产生的单位 GDP 能耗、节能减排情况、单位面积土地投资和产出情况,以及项目在用地、规划、环保、用工、安全生产、企业诚信等方面是否存在违反法律法规等不良行为。这些指标从社会层面测量地方政府招商引资企业项目的总体质量。

5. 政府服务。政府服务可以从地方政府服务环境建设和服务实际成效两个层面,来考评地方政府在简政放权、服务企业、环境建设等方面的成效,以及地方政府服务招商企业的成效,包括合同履约、项目开工建设、竣工投产等情况,重在引导责任部门加强区域投资环境建设,重视项目审批流程的优化和推进协调机制的健全,着力提高项目落地速度和建成投产效率,推动地方经济社会发展。

根据上述对地方政府招商引资绩效考评内容的综合考虑和分析,可以设置一级、二级、三级指标:5 个一级指标,12 个二级指标,27 个三级指标。在具体工作中,可以根据地区的经济发展状况、产业结构状况、具体经济工作状况,对不同指标给予不同的权重系数。

地方政府在加快对外开放速度、加大招商引资力度、实现地区快速发展的同时,更要重视对招商引资绩效的科学考评,充分发挥考评的"指挥棒"和"红绿灯"作用,引导和保障地方政府招商引资健康发展。

资料来源:郑传贵. 经济新常态背景下地方政府招商引资绩效考评指标体系创新研究[J]. 领导科学,2016(27):22—23.

招商引资绩效考核的实施

目前,在地方政府作为招商引资主体的情况下,如何对其成本效益进行考核,是值得关注的问题。政府生产的是公共产品,政府的精力和资金应该用于改善基础设施、健全法律法规、保护知识产权,以及营造重诚信、讲规则、有秩序的市场环境,只有这样才能实现政府资源的最优配置,这也是招商引资的长久之策。

全面开展招商引资的绩效考核

为改变政府在招商引资中轻视成本收益的观念,地方政府应在财政可持续发展的基础上考虑招商引资绩效问题,加强成本核算,加强对投资项目的动态控制。目前,有些地方政府开始意识到招商引资的绩效问题,并尝试建立一套绩效考核体系,这是非常必要的。

通过信息化系统中各招商引资项目的跟踪数据,可以对每月招商引资工作结果进行统计汇总和分析，年终以每个项目的系统上报为依据进行严格考核。利用绩效考核机制，促进各部门招商引资的积极性、主动性和服务性。

资料链接 12—4　谁来为“招商败笔”买单？

辽宁新富集团未经履行环评审批手续，擅自建设年产 10 万吨镍铁合金的冶炼厂。辽宁鞍山岫岩县政府两年前以“重点项目”引进新富集团，今年又将“鼓励新富集团提高产能”写进政府工作报告。这家企业违规生产 10 个月，因严重破坏当地环境，多次引发群众上访。

一家严重污染企业的入驻，打破了村民们原本清静祥和的生活，烟尘包围着村庄，村民不敢在院子里晾衣服，庄稼大幅减产甚至绝收，岫岩县政府绕过环评审批而招商引进的“重点项目”，迅速变成了毒化乡村环境、危害百姓健康的“招伤项目”。冶炼厂每天获利在数十万元以上，是数一数二的利税大户，县里自然要予以重点扶持，甚至破天荒地将“鼓励新富集团提高产能”（提高产能的结果必然是扩大污染）写进政府工作报告。地方政府在利益驱动下盲目招商引资，放弃监管责任，由畸形 GDP 崇拜导致政绩观严重迷失，在这起环境污染事件中得到了最充分的体现。

长期以来，许多地方对于如何招商引资、如何考核招商引资成绩、如何奖励招商引资积极分子有一套堪称完备的制度，唯独在如何追究“招商引资败笔”责任的问题上出现了重大的制度缺失。以辽宁新富集团污染事件为例，事态已经恶化到了相当严重的地步，但至今仍未见当地政府以及上级政府追究有关人员的责任。原因恐怕就在于，县里自始至终就只顾招商而不管问责，因此尽管招商“招”出了大问题，相关问责程序却迟迟无从启动。

大量事实和教训表明，招商引资本身并没有错，地方政府重视招商引资也没有错，错就错在招商引资缺乏严格的问责机制。该是给地方政府的招商引资行为订立规矩、严格问责制度的时候了。那种不顾国家产业政策、无视地方社会经济发展实际、什么样的项目都敢要、什么样的优惠政策都敢给的“盲目招商”、“野蛮招商”，再也不能继续下去了。

资料来源：潘洪其．谁来为“招商败笔”买单？[N]．北京青年报，2011—04—27(7)．

建立科学的招商引资绩效考核机制

地方政府在下达招商引资计划任务时,应当根据地方政府所属部门的相关职能以及所辖区域的经济发展水平和可能条件,合理分配计划,不能以招商引资指标完成情况作为绝对标准,搞"一票否决",否定有关职能部门履行其基本职责和完成中心工作的业绩。

招商引资考核不能盲目追求数量规模和增长速度,应当保证招商引资的数量指标与本地经济增长速度呈现合理的比例关系。

然而,一些政府招商引资走入指标化、政绩化的误区,出现了破坏环境、重复建设、低水平的"形象工程"和"政绩工程"。新形势下,必须改变传统招商引资绩效考核方法,建立一套科学合理的考核机制。

首先,随着市场的日渐成熟、市场机制的逐步完善,政府应逐步退出招商引资的主舞台,充分发挥行业协会、中介机构的招商引资作用。同时,加强对政府招商引资综合成本的核算,有助于减少资金的浪费,最大限度地保护财政资金的效率和效果。

其次,在质量指标上,应当建立招商引资项目的资金到位、项目验收、投资周期、投资收益、财政增收、行业分布、产业关联、吸收就业、技术含量、资源消耗、环境保护等多种指标,设计指标加权模型和综合评估方法,建立科学的招商引资评估机制。

最后,建立投资环境综合考评制度、重大招商项目评价制度,建立科学化、可操作、定量化的合理考核标准,使得地方政府由对招商引资数量的考核逐渐转化为对综合经济实力增强、群众生活水平提高、经济社会协调发展、政府职能转变等方面的考核,促使政府的主要任务转变为营造良好的投资环境和投资平台、提供完善的行政服务和法律服务。

健全绩效考核反馈激励机制

(1)提高对绩效考核结果的应用强度

把评估结果作为评估对象工作好坏及干部政绩的重要依据,这是招商引资绩效考核结果应用的最基本原则。具体来说,当地招商引资绩效考核结果可应用在以下几方面:①根据绩效评价结果进行人事制度安排,建立绩效评价的激励系统;②将评价结果与政府预算相联系,以实现公共支出效益最大化;③通过绩效评价结果的比较功能,实施标杆管理;④以绩效结果为导向,实现公共服务市场化,提高公民的满意度。当地招商引资绩效评价的结果也可用于政府决策优化、绩效评价方案的完备、政府审计、机构重组以及资源的有效配置等方面。

(2)增加绩效考核行为的透明度

建立相应的法律、法规等,强制要求公共部门和评估对象公开有关信息,克服由于信息资源的缺失而使评价结果有失公正的现象。具体而言,可以通过新闻发布会,以申请公开、社会公示、听证会、培训会以及专家咨询等形式公开绩效信息,建立切实可行的公众投诉渠道。此外,招商引资绩效考核的结果应如实地在新闻媒体和内部刊物上予以公布,以接受社会公众的监督和制约。建立多渠道、多层次、多种类的信息沟通机制,将招商引资绩效考核结果反馈给公众。反馈是促进地方政府招商引资绩效考核工作的重要手段,也是招商引资绩效考核工作的点睛之笔。

当地政府及有关评估主体、对象单位必须及时将招商引资绩效考核结果反馈给公众,避免公众对评估公正性和公平性的怀疑,增强公众对招商引资主体单位和工作人员的信任。

(3)建立招商引资绩效考核责任机制

当地的招商引资绩效考核以结果为依据,就是要建立一种新的公共责任系统:既要放松具体的规则,又要谋求使命的实现;既要增强公务员的自主性,又要保证招商引资人员对结果负责;既要提高效率,又要切实保证效能。

(4)畅通招商引资绩效考核申诉渠道

招商引资绩效考核申诉是一种解决失当问题的特定监督形式,其核心功能是促进公平,保障评估的顺利进行,增强社会、公众对公共服务的满意度。

尽管地方政府招商引资绩效考核应该依照法律法规和规范进行,但由于不可避免的主观和客观因素的影响,会使绩效考核结果存在一定程度的不公平和不客观,引发绩效考核主体和客体之间的矛盾,影响绩效考核主体的权威性,挫伤绩效考核客体支持配合评估工作的积极性。

为了加强当地招商引资绩效管理,通过监督来促进招商引资工作,必须建立招商引资绩效考核申诉制度,由特定的组织依照法律或规章的要求,对公民、法人或其他组织提起的申诉进行审查、调查并提出解决办法。

严格实施绩效考核奖惩措施

依据绩效指标打分之后,绩效考核并没有完成。评分之后紧跟着的就是各种奖惩措施,而这些奖惩措施,才是真正对下属部门和单位形成压力的实质性措施。通常情况下，招商引资绩效考核奖惩措施包括以下 3 种（见图 12—5）。

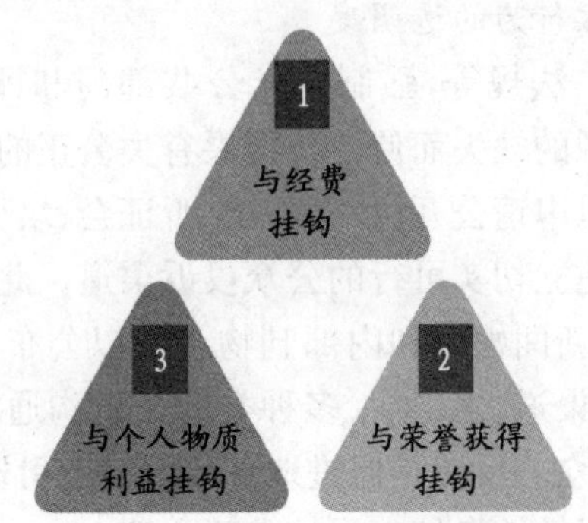

图 12—5　招商引资绩效考核奖惩措施

（1）与经费挂钩

纳入招商引资年度指令性计划考核的单位，将其当年的引资实绩与单位部分工作经费挂钩：对于完成任务的单位，据实拨付，节约部分可用于奖励职工；对于完不成任务的单位，扣减年工作经费。受招商引资绩效影响的经费量，一般是部门总经费的 10%。但是专门负责招商的部门，如招商局、资本运营公司、各驻外办等则要高很多，往往达到 30%以上。定性考核的部门，虽然没有明文规定绩效结果与部门经费挂钩，但是如果绩效考核指标不合格，单位会失去获得各种奖励的机会，同样意味着单位整体利益会受损失。

（2）与荣誉获得挂钩

每年召开招商引资总结表彰大会，严格按照出台的招商引资奖励办法，对招商引资先进单位和个人进行表彰，对项目第一引荐人和单位兑现奖惩。对不能按时完成任务者，给予通报批评直至取消其评先评优资格。然而，实际情况远不止如此，招商引资任务完成不理想的单位，其所失去的荣誉获得机会并不会局限在招商引资领域，在其他领域也会受到影响，特别是政府综合性的表彰，一般都不会得到提名。

（3）与个人物质利益挂钩

对于完成招商任务业绩较佳的个人，政府将给予其额外的资金奖励；而如果没有完成目标任务，绩效成绩不合格，则承担相应责任的个人将会受到减薪甚至罚款等处罚。

资料链接12—5　××市重大产业项目招商引资绩效考核办法

第一章　总　则

第1条　为高效利用国内外资本，大力引进优质产业项目，加快建设我市现代产业体系，根据《××市重大产业项目招商引资责任制》规定，特制定本办法。

第2条　以全面落实科学发展观为指导思想，按照建设法治、服务、责任、效能政府的要求，加强招商引资工作的责任目标管理，进一步加大招商引资工作力度，优化引资结构，加快我市现代产业体系建设步伐，促进全市经济社会又好又快发展。

第3条　按照客观、公正、公开、透明的原则，采取日常工作与半年检查、年终考核相结合的方式进行考核。

第二章　考核组织与考核对象

第4条　××市重大产业项目招商引资工作协调服务领导小组办公室（设在市贸工局，以下简称领导小组办公室）采取审报告、听汇报、查资料、专项调查和实地核对等方法，对考核对象提交的考核报告进行审查，开展年终考评。

第5条　考核对象为各具体项目的责任单位和配合单位。

其中，"责任单位"包括市贸工局，各区人民政府，市×××新区管委会，高新区、保税区等园区管理机构，以及市发展改革、科技信息、旅游、金融、物流等产业主管部门。

"配合单位"包括市教育、公安、财政、人事、劳动保障、国土房产、建设、规划、水务、卫生、环保、税务、工商、外事、海关等部门。

第三章　考核方法、考核内容及考核结果

第6条　市贸工局、各区人民政府、市×××新区管委会，以及高新区、保税区等园区管理机构等责任单位的考核采用评分制，由基本分与重点工作附加分两部分组成。其中，基本分满分100分，重点工作附加分满分20分。考核内容和计分标准设置如下：

（一）基本分

1. 组织领导（20分）。主要考核责任单位根据市委、市政府招商引资工作部署，在明确落实领导分工责任制、组织专门工作力量、拨付专项经费、制订年度工作计划和制订重点事项协调推进计划等方面的工作完成情况。

2. 项目推进（50分）。依据领导小组办公室拟订的年度招商引资计划和目标，主要考核各责任单位推动重大招商项目取得的实质性

进展。

3. 活动组织(15 分)。重点考核各责任单位重大产业项目招商引资工作方面的实际举措,主要包括组织有规模和影响的推介活动、产业专题招商活动、重大宣传推广活动以及创新方式方法的招商引资探索实践等。

4. 日常管理(15 分)。主要考核各责任单位重大产业项目招商引资工作日常信息报送情况、专项材料报送情况、重大招商项目信息共享情况,以及配合领导小组办公室和市投资推广署组织的各项招商工作开展情况等。

(二)重点工作附加分

1. 凡实质性引进单个投资额在 1 亿元人民币及以上的项目,并完成项目前期工作的,加计 5 分;实质性引进单个投资额在 3 亿元人民币及以上的项目,并完成项目前期工作的,加计 10 分。

其中,“实质性引进”是指项目“完成工商注册登记手续”。

2. 凡与国内外 500 强企业和国内产业 50 强企业建立合作关系,签订合作协议的加计 5 分,项目落户加计 10 分。此项加分与第 1 项可同时使用。

其中,“国内外 500 强企业”是指商务部公布的《财富》世界 500 强企业;“国内产业 500 强企业”是指中国企业联合会和中国企业家协会公布的“中国企业 500 强”、“制造业 500 强企业”、“服务业 500 强企业”。

3. 考核各责任单位日常接待企业来访和为企业服务的情况,全年无投诉事件发生,加计 3 分。

第 7 条　市贸工局、各区人民政府、市×××新区管委会,以及高新区、保税区等园区管理机构采用评分制考核的责任单位,总分达到 85 分及以上为优秀,总分在 60～84 分之间为合格,总分不足 60 分为不合格。

第 8 条　市发展改革、科技信息、旅游、金融、物流等产业主管部门,根据各自职责和领导小组分工,完成了《××市重大产业项目招商引资责任制》规定的相关职责的,考核即为合格;除完成规定的职责,积极主动配合招商部门开展工作、主动提供招商项目信息的,即为优秀。

第 9 条　市教育、公安、财政、人事、劳动保障、国土房产、建设、规划、水务、卫生、环保、税务、工商、外事、海关等其他部门,在规定时限内完成各项配合工作,年内未接到投资商有效投诉的,考核即为合格;积极配合招商部门开展工作、主动提供有关招商引资信息的,即为优秀。

第四章 考核责任与奖励办法

第 10 条 各被考核单位要高度重视考核工作,定期、及时向领导小组办公室报送重大产业项目招商引资具体情况,如实提供考核所需资料和数据,不得弄虚作假。对提供虚假认定材料和数据的,给予通报批评;情节严重的,追究相关责任人员的责任。

第 11 条 年终考核为优秀的领导小组成员单位以及在招商引资工作中作出突出贡献的人员,由领导小组办公室给予通报表彰。

各区人民政府、市×××新区管委会,以及高新区、保税区等园区管理机构可参照本办法制定本地区的招商引资绩效考核办法实施细则,有条件的可以安排一定数额的奖励资金,用于保障招商引资工作顺利开展。

第五章 其 他

第 12 条 考核具体工作由领导小组办公室在次年 1 月组织实施,考核结果经领导小组审定后,由领导小组办公室负责对外发布。

第 13 条 本办法由领导小组办公室负责解释。

第 14 条 本办法自发布之日起施行。

招商引资是一种方法论

毛泽东曾把工作任务比喻成过河,把方法比喻成桥和船,指出:“不解决桥或船的问题,过河就是一句空话,不解决方法问题,任务也只是瞎说一顿。”招商引资需要一系列创造性的技能或技巧,具有丰富的内容和多样的形式。

如今,全国各地都把招商引资作为借助外力拉动经济发展、促进本地经济结构调整的一项重要措施,纷纷出台各种优惠政策,采取种种招商方法。在各地投资大环境和优惠政策都相差无几的情况下,只有突出地方个性特点,实施个性战略,充分利用本地特色资源来进行招商,才有可能赢得投资商的青睐。

各地政府应该根据自身的区位特点、本地特色资源、人文环境,“人无我有,人有我优,人优我特”,找准定位、凸显特色来招商引资,有效地聚合优势产业链,把上下游产业的企业聚合在一起,以特色产业的聚集效应带来产业链效应,带动本地产业结构的重新调整,推动整个经济的发展。

总体来看，地方招商引资部门应该立足于自身，充分展示现有优势，深挖潜在优势，通过集中、整合、放大，使本地的特色和优势释放出更大的能量。招商引资是一个地区集聚生产要素、加快自我发展、扩大对外开放的必然要求。新常态下，地区之间竞争激烈的招商引资局势表明：哪个地方有实力、有特色、有优势，哪个地方对投资商的吸引力就大、竞争力就强。

注释：

[1]郑传贵．经济新常态背景下地方政府招商引资绩效考评指标体系创新研究[J]．领导科学，2016(27)：22—23.

[2]张谛．我国开发区招商引资绩效评价模型构建[J]．现代商业，2015(21)：211—212.